全国中小学教育科学研究优秀成果

杜郎口教学改革创新实践与名师成长之路

MINGSHI CHENGZHANG RIZHI

崔其升教育书系

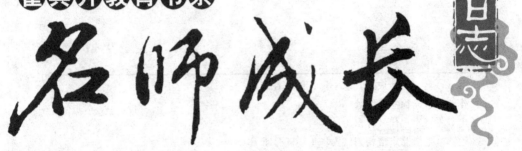

名师成长日志

——杜郎口在思源

崔其升◎顾问

邓放国◎编审

涂立峰◎著

现代教育出版社

图书在版编目（CIP）数据

名师成长日志：杜郎口在思源/徐立峰著.—北
京：现代教育出版社，2012.12
ISBN 978-7-5106-1524-5

Ⅰ.①名… Ⅱ.①徐… Ⅲ.①中学教育-研究
Ⅳ.①G63

中国版本图书馆 CIP 数据核字（2012）第 278534 号

书　　名	名师成长日志——杜郎口在思源	
作　　者	徐立峰　著	
出版发行	现代教育出版社	
地　　址	北京市朝阳区安华里 504 号 E 座	
邮　　编	100011	
电　　话	(010) 64251256	
传　　真	(010) 64251256	
责任编辑	杜晓沫　郝　娜	
策划编辑	余佳惠	
装帧设计	云时代工作室	
正文排版	云时代工作室	
印　　刷	北京市俊林印刷有限公司印刷	
开　　本	710mm×1000mm　1/16	
印　　张	15	
字　　数	210 千字	
版　　次	2013 年 1 月第 1 版	
印　　次	2013 年 1 月第 1 次印刷	
书　　号	ISBN 978-7-5106-1524-5	
定　　价	35.00 元	

编　委　会

代 序

崔其升教育需要成千上万个徐立峰

徐立峰老师的《名师成长日志——杜郎口在思源》一书即将付梓，他请我为该书写几句话，我感到特别的荣幸。

近距离接触徐立峰是在 2010 年 5 月 7 日他代表杜郎口中学首次到广州思源学校授课，因为那一天清早广州突发大水，亚运会期间学校附近的奥体路施工导致下水管道严重堵塞，学校操场积水达到了创纪录的 90 厘米深，操场上还抓到了附近池塘里游过来的三条鱼。而正是这一天我邀请了杜郎口中学的崔其升校长和徐立峰老师到我校做专题报告。虽然周边多处道路被淹，学校也在紧急排洪抢险中，整个活动被迫推迟到下午 13：30 举行，但没想到天河区许多中小学的校长、主任与学生的家长依然十分积极，慕名而来，到场人数达到了800 多人，这是我第一次亲身感受到杜郎口教育品牌的影响力。然而接下来的活动能否成功，作为广州思源学校的掌舵人，我依然没底，事已至此，只能走一步看一步了。崔校长一个小时精彩的报告结束后马上赶往机场，徐立峰老师紧接着上场，记得是讲《斑羚飞渡》，只有一节课的时间与学生提前见面，如何讲？我也纳闷！但 45 分钟后，让现场所有的人惊讶不已，在杜郎口模式的课堂中原来我们的学生也有非常精彩的表现，后来当我再次翻看当时的录像后依然感慨不已。

那次的经历很震撼，永生难忘——不单是一场突如其来的洪水给我特殊的考验，预示着我的"再造杜郎口、打造新思源"之路前路漫漫，更因为崔校长当众宣布："我的后半生要交给广州，交给广州思源学校，与邓校长在一起"，标志着广州思源学校与杜郎口中学结盟迈出了关键性的一步。

促使我下决心邀请崔校长到广州思源学校扎根，仍然离不开徐立峰老师。2009 年底我第三次带队到杜郎口中学考察，在大报告厅听徐立峰老师分享，当时报告厅挤满了去参观学习的人，记得立峰说："来杜郎口参观的领导与老师已经有数十万人次，但许多人都是雾里看花、水中捞月，不知道杜郎口的根在哪里,回去照搬杜郎口的课堂,结果失败者居多。"我心想,这不正是说我吗?再后来是我太太给我一本徐立峰著的《高效课堂》,起初我不太重视,架不住她一再催促,有一天夜晚拿起来随便翻翻,越看越兴奋,一晚上就将整本书看完了,才初步明白杜郎口精彩的课堂是如何打造出来的,心想要是崔校长肯派徐立峰老师来思源支持我搞课改该有多好啊!慢慢我对立峰多了一些关注,我发现立峰细心,随时随地将自己听到的、看到的、想到的都记录在案。

到2011年底跟随崔校长搞课改一年半了,但思源的课堂一直不见起色,特别是2012年初执教初三年级两个班的语文教师突然因病上不了课了,真是心急如焚啊!危机之中,崔校长电告我:"杜郎口中学决定正式派语文学科主任徐立峰老师来思源长期支教,已经买好了机票,请安排接机。"终于美梦成真,崔校长的这一举措对我无疑是雪中送炭,也加快并坚定了我投资杜郎口中学学术交流中心的步伐与决心!

立峰老师来到思源以后,很快就发现广州的孩子不像杜郎口的学生那样好教,正如他所说:"前面十年的经验一切都归零,全国名师在这些学生面前都不起作用。"即将面临中考,我也只能听天由命了,看他的造化。没有想到的是,广州思源学校网站上9(1)班"徐老师的博客"慢慢知名起来,我才知道立峰的付出与在思源的成长。原来他将进入思源每一天的工作心得一一记录下来发表在学校的班级博客上,周周如此!这就是《名师成长日志——杜郎口在思源》一书的由来。2012年春节前我去美国访问期间也坚持过每天记录考察心得,形成了两万字的成果(《美国西部中小学教育考察报告》,参见《广州日报·新闻蓝页》2012年2月16日A版报道),我才知道立峰的坚持是多么了不起的一件事。

要了解杜郎口的成功,不是只看杜郎口的课堂就可以的,我们既要从崔其升、张代英两位校长身上去解剖,更要深入了解他们的名师是怎么炼成的。立峰只不过是杜郎口众多优秀老师快速成长的一个缩影,要超越杜郎口并不是一件容易的事,难就难在坚持,难就难在信仰!我追随崔其升,不怕任何打击与挫折,我愿意付出余生与所有去成就一个教育品牌——崔其升教育,实现我的承诺:让一千年后子孙后代仍然记得中国教育界有一个人叫"崔其升"!我愿意向立峰老师学习,坚持到底就是胜利。

崔其升教育,需要数百个崔其升、张代英,更需要成千上万个徐立峰、徐利,我相信这样的未来不是梦。因为,在立峰的带动下,思源学校已经开始在变化、思源的老师在进步,我相信《名师成长日志——杜郎口在思源》一书将会催生一大批"思源徐立峰",到那时,广州思源学校才有资格真正称得上"南方杜郎口"。

邓放国

2012年10月17日晨

目 录
CONTENTS

三月 /45

曝晒问题也是一种美丽

四月 /119

换种方式上课，如何？

五月　　　/165

做一名有魅力的教师

六月　　　/213

打捞记忆碎片，珍存那些幸福

缘　起

人生中总有许多意想不到的事情发生。

俗话说，三六九，向外走。龙年过后的正月初九（也就是 2012 年 1 月 31 日），我收到了张校长发来的短信：

立峰，有一事。年后维博老师因淑芹身体原因不能再去广州，思考再三，从你专业知识、发展前途等各方面考虑学校决定让你去锻炼四个月。至于家庭问题学校会考虑的，借到北方来上课，常回家看看。好好考虑一下，思源学校正在稳步提升，过程中有困难正常，困难中见一切，邓校长也看好你。考虑好回信。

看到短信时我已经吃过晚饭，正在陪孩子看动画片，心里多少有些不平静。思源学校我曾经去过四次，对于学校的情况虽然不是太熟悉，但学生的情况还是比较了解的，最大的问题就是学生基础差并且自我管理能力不强，上课教师需要拿出很大的精力来维持课堂秩序。所以，首先我的压力并非来自于离家的距离和时间，更大程度上是面对几乎最弱的生源，既要保证课堂效果，还要进行大手笔的课堂教学改革，难度可想而知。并且，以前四次去是短时间内上一两节课的公开课，在学生好奇心的驱动下课堂效果还不错，而这次去需要在四个月的时间内上完毕业班的课，压力之大，可想而知……看来，只能第二天给张校长答复了。

难捱的一夜。睡眠质量很好的我竟然出现了失眠。

那一晚，我终于深刻理解了什么是"辗转反侧""彻夜难眠"！心中盘综错杂的回忆与遥想使头脑愈来愈痛，几乎到了神经崩溃的边缘。

看着身边熟睡着的女儿乖巧的小脸，我的心在隐隐地作痛：小杭，我的女儿，你平时的表现已经非常懂事了，总是在爸爸故意说受伤之后送上湿热的小嘴，总是在吃东西时不忘记给爸爸留上一些，也总能在爸爸做家务时急着帮忙。小杭，我的女儿，爸爸何曾不想每天陪伴着你入睡，给你讲些最爱听的故事，何曾不想揽你在怀中一起看巧虎的动画片。

还有我亲爱的妻子，那略显疲惫的脸上承载了多少操劳。回忆往昔的一切，在简单的生活中让我很容易体味出幸福的真谛。忘不了在你帮我换洗衣物中嗅出的爱的清香，忘不了吃你做饭菜后全家的赞声于耳，忘不了你偷偷塞进我被窝的暖水袋，忘不了的还有我一次次喝酒之后你悉心的照料。没错，地球少了谁都可以转动，但我的世界里少了你就是到了生命的末日。

不忍心再听到隔壁屋中的咳嗽。经常手脚麻木清早头晕的母亲，儿子愧对您的养育与期许。记不清多少次已经为人父的儿子与您顶嘴，记不清多少次儿子没有听您少喝酒的劝告。我知道，已过花甲之年的您难以割舍自己曾经有过的教师梦想，虽然您因为我的出生错过了教师转正的机会，但是儿子向您保证，儿子将一辈子扎根教育，将您心中做优秀教师造福教育的理想传承下去！

参加工作已经有十多个年头了，从自己参加工作时的懵懂无知到2006年开始跟崔校长走出杜郎口作报告近二十个省市，由第一次在淄博市十一中学作报告的散乱无章到北京人大附中的镇定自若，由刊载为指导教师的《小博士》读物到国家级出版社出版的《高效课堂》、《杜郎口密卷》等个人专著，以及参加中央电视台《小崔说事》杜郎口专题栏目后的自豪无比……所有这一切的由来皆是因为自己身在杜郎口中学这个大集体！

放眼窗外漆黑的夜，心中犹如恣意泼墨后的无奈与畅快。对我，已经很少有这样的夜晚去独守着属于自己的寂寞。问责今晚失眠的原因，好像去广州的问题在难以割舍的亲情面前显得那么微乎其微，心中的顾虑更多的是因为我心中牵挂的情思！这是亲情的力量，感恩的驱使，也是人心原始的底色。

我，该怎么办——仍在犹豫。

人的最高能力是自我调节能力，不是我曾引以为豪的原创文字吗？

改变是进步的开始，不是我曾经常给学生讲的道理吗？

做一名思考着的语文教师，不是自己写书时序言的标题吗？

这样的思量与犹豫一直持续到第二天上午的10点34分，我终于在家人的支持和自己的勇气下给张校长回复了短信：

为了学校给我的提升平台，更为了给自己一个锻炼自我的机会，我会好好把握这四个月的时间，请您和崔校长放心，困难我会想办法克服。以后工作中有不当之处，请多批评指正。

尘埃落定，一切又回到了春节的氛围中。接下来除了赶赴高中同学聚会，参加亲戚朋友的送行宴之外，我还没有忘记带母亲去检查身体，为她拿够治疗颈椎病调节脑神经的药物，也不曾忽略带着姥姥去聊城预约手术日期，以及临行前写好给妻子放在枕下的信件……为了不给自己留下太大的遗憾，凡是能够在离开之前做到的，我要尽量地考虑周全并且做好。此时的我，才更清楚的知道：珍惜拥有原来是件多么幸福的事情！

二
月

崭新的太阳冉冉升起

思源第一天

2月10日

时间：21点30分，地点：广州思源学校教师公寓A07房间内。

龙年来了。已过而立之年的我已不再感叹岁月流逝的无情，也无暇理会生活琐屑带给自己的苦恼。曾经，在世事的烦扰与世人的纷争中我极力地逃避，追逐一种与世隔绝的静谧与安详。总想让日子如行云流水般度过，没有惊涛骇浪的激越澎湃，没有愤世嫉俗的悲观仇恶，当然也不会有全力争前的强烈念想。于是，在这种思想支配下的行动自然是得过且过，流露于色的表情是淡然与冷漠。甚至连自己也不好判断，这种心境的练成是对是错，是好是坏。毕竟，我在生活，而且是在曾经的现实中真实地生活过。所以，请原谅我曾经的懒惰与消极。

或许，每个人对于人生意义的思考与阐释总是在与时光的打磨中逐渐熠出光彩；或许，在我们生命完结时甚至还不曾给自己的人生下一个完美的定义就匆匆而去。

但不管怎样，我们的生命确确实实是在不停地改变后变得更有意义，不是吗？

在乘坐了两个半小时的飞机后，我到达了广州白云机场。当飞机触地的那一刻，我的心并没有因为顺利到达而放松，相反，是一种适应异地工作生活的畏惧与紧张，甚至还有一丝独闯天涯的悲壮与豪迈。接下来又等到了从石家庄来的张龙老师和王慧慧老师。我看了一下时间——正好晚上24点半。当邓来军老师接我们到思源学校，秦晨虎主任帮我们安排好宿舍，我又收拾完所带的行李，已经是凌晨两点多了。

异地他乡第一晚休息的质量通常不会很好，当然我也不例外。早晨6：30起来洗漱，7：00早餐，8：00从杜郎口来的几位老师集中在办公室开会。细心的秦主任将我们来思源学校后的安排让杨博打印出来，并且做了详细的讲解。计划安排如下：

初中部2011——2012下半学期开学前时间安排

2月10日

上午：

1.9：30，学科主任开学，部署动员接下来的活动安排。

2.10：00，全体老师会议在小报告厅，邓校讲话并做头脑风暴。

下午：

1.14：00，全体老师会议在小报告厅，部署任务，各学科主任带领任课老师组织商讨。

2.14：15，各学科分头组织评价排名教案，读书笔记，评选出最佳教案一、二、三等奖，最佳读后感一、二、三等奖，并对所有的教案进行展评。

由获得一等奖老师发言。

3.15：20，分学科组讨论以下三个问题（形成电子稿），分学科组汇报。

（1）"身教胜于言传"作为一名老师，我们应该为学生做到哪些表率？

（2）你们学科组本学期准备做到什么程度？学科组采取什么具体措施？如何检查落实？阶段性的目标完不成怎么办？

（3）自己的课堂准备做到什么程度？采取哪些措施？做不到怎么办？学科组长怎样起到表率作用？

4.17：00，评选最佳学科组，奖励水果基金50元。并把相关内容形成定稿。

2 月 11 日

上午：

1.8：00，在小报告厅集合，分班组老师，以年级为单位，商讨本学期，每个班级在班级管理方面的目标和具体措施。评选最佳年级一个，奖励水果基金50元。

2. 汇总在班级管理中经常出现的问题？以及准备采取的措施？

3.10：00，开学准备工作。各班组商讨开学事宜，包括作业检查，对于作业优秀的进行奖励，开学第一节班会……

下午：

1. 写本学期的教学计划，整理上学期的教案。

2. 整理个人物品，打扫卫生。

2 月 12 日

下午：

14：30，全体老师到岗，准备开学。

谦虚的秦主任一再征求我们对一些问题的看法，只可惜我对思源学校内部管理的一些事情并不知晓，只谈到了自己对学生管理的看法。我建议开学后最好不要急于开课，先从学生的思想抓起，树立本学期的班级管理常规，只有从一开始就"树好规矩"，接下来才有可能"旗开得胜"。

上午10：00全体教师集中在大会议室，邓校长做了激情洋溢的演讲。讲到了与央视网、中国教育网的合作构想，以及之前去美国考察所带给他的教育思索，决定对新学期的作息时间、教师酬劳、学校特色凸显等做进一步的调整。拣选对我有影响的几句话列举如下：

教育也有蝴蝶效应，抓住一点做文章，就可以带来许多意料之中的变化；

我们培养孩子的目标是什么？应该是为孩子的一生而考虑的；

用是学的标准，而非"考是学的标准"；

从作息时间上讲，教师的思想上是没有星期天的；

初中部要做好课堂教学改革、家长学校、传统文化、第二课堂、疯狂英语等特色凸显；

教师不要向校长提价钱，而要改为提价值。我们将拿出学校全部收入的百分之四十以上分给级部所有老师，实现自劳自酬，依价值大小论酬劳。只有提升自身价值，做大班级规模，才会提高酬劳。

下午13：00，初中部所有老师又集合在大会议室，进行假期备课、读书笔记的展评。秦主任让我在黑板上划出了一个简单的评价表格：

初中部教师假期材料评比一览表

语文组		数学组		英语组		政史地组		理化生组	
备课	笔记	备课	笔记	备课	笔记	备课	笔记	备课	笔记

评价的内容是由各学科组长带领本学科的组员共同评选的，人人参与，无一例外。在评价时都要写出两项内容的评语，即优点和建议。学科组长将教师排序板示在表格中，然后将各学科推选出的优秀材料进行集中展评。秦主任让各学科主任和几位教师参与对优秀材料进行排序，最终确定了两项材料的一、二、三等奖的各一、二、三名教师，进行现场的表彰和奖励。

活动进行到这里，我认为效果已经非常不错了。没想到秦主任又让优秀教师进行了典型发言，对于一个在杜郎口待了十多年的老教师，我不得不承认秦主任已经领会到了学校管理的一个真谛：将优秀推到极致，使进步追随榜样，让落后感到压力。

崔慧的发言让老师们认识到了什么是"追求卓越"。她在假期中给自己进行积极的自我暗示，从一开始备课就给自己树立了很高的标准，正如她所说的"当你想成为什么，你就可以成为什么"。

庞倩的发言虽朴实却耐人寻味。面对放假回家后只有两天准备结婚的仓促，以及室温寒冷的挑战，走亲访友的时间消耗，她克服了"畏难"的心理，为新学期的工作"开了一个好头"。

确实，新的环境，新的学期，新的挑战。工作的质量不在于我们原来曾经做过什么，而在于现在以及今后的我们将会怎样去做。

接下来就是各学科对于"身教胜于言传""学科组具体实施措施"的分组讨论，要求每个学科将讨论结果呈现在大白纸上，然后争先展示讲解，各科教师热情高涨。这也是我第一次发现竟可以用这样的方式解决教研课题，看来此次来广州的收获定会超出我的预想。我和孙圆圆、庞倩、杨娜也不甘示弱，用语文教师特有的方式呈现了我们的成果，如下：

2012学年广州思源学校初中部语文组
"身教重于言传"教师工作常规及措施

一、工作常规

1. 穿戴工装，端庄整洁。
2. 遵规守时，诚信待人。
3. 节约粮食，杜绝浪费。

4. 人走桌净，精品意识。

5. 管好手机，专注课堂。

6. 以礼待生，民主平等。

7. 做事严谨，凡事用心。

8. 热心公益，团队意识。

9. 集体活动，积极参与。

10. 专心办公，精心备课。

二、课堂教学

1. 激情洋溢，以情动人。

2. 板书仔细，工整端正。

3. 声情并茂，抑扬顿挫。

4. 效果落实，沉淀知识。

5. 作品引领，抛砖引玉。

6. 按时下课，放松休息。

7. 敢于担当，责任意识。

8. 一视同仁，不偏不倚。

9. 借鉴学习，共同提升。

10. 坚持读书，记录整理。

三、实施措施

（一）工作常规

众人监督，一次提醒。犯者过三，水果承担。

（二）课堂教学

1. 备课：

一周时间，五个备课，四次检查。及时上交，评价公布。原创生成，重在实效。

2. 课堂：

每周一轮，相互借鉴。及时评课，直言提醒。整改进步，共同提升。

3. 材料：

师生材料，双色利用。书写工整，注重效果。

我们的承诺：

以上各项，三次倒数，组内反思，自我批评。再无改观，学部反省。

会议第二项是各学科组的学期规划及实施措施。语文组经过我们四人讨论后，由孙圆圆老师列举如下：

语文组学期规划

远期计划：

1. 展示课学生参与度争取达到 80%。

2. 全区考试排名争取提升两个名次。

3. 每周两次集体备课，说课（周一、周二下午）。

4. 课内背诵人人过关，第二课堂规范有序。

中期计划：

1. 建立健全学生资料本，检查评价。

2. 养成学生基本课堂习惯。

3. 全部通过过关课。

4. 进行第一次水平自测。

近期计划：

1. 建立学生互助对子，明确责任。

2. 强化课堂常规。

3. 与学困生进行思想沟通。

4. 完成兴趣小组的报名及准备工作。

措施：

实行分工检查，各个负责。

备课检查：徐立峰　听课记录：庞倩　学生材料：孙圆圆　课堂抽测：杨娜

内容细则：

1. 备课：a生成作品　b环节时间　c学生活动　d知识储备。

　　措施：每周日上交两个，周一、周二、周三各一个。每天排序公布，整改提高。

2. 听课：a书写　b双色笔　c深入思考　d个人借鉴及建议 e数量。

　　措施：每周一评，写清评语。

3. 学生材料：a双色利用　b保质保量　c统一格式　d生成沉淀

　　措施：每周一次，排序反馈。

4. 效果抽测：a随堂检测　b注重基础，提升能力　c及时反馈，跟踪改正。

　　措施：每周三次，汇总排序，周五上交。

奖惩措施：

科组经费，机动奖励，倡导优秀，激励进步。

连续倒数，累计三次，书面检讨，自我惩处。

会议结束前，有两位没有完成作业的老师和一位学科组长做了检讨自罚。秦主任安排党老师对于各学科在讨论排序时的状态进行了评价，下午的会议圆满结束。

晚餐是靳永利和崔慧精心准备的，杜郎口中学的几位老师一一到齐。吃着过年的藕合，喝着从山东带来的面叶汤，我终于找到了一丝心灵的归属感。

晚饭后收到妻子的短信：徐苇杭小朋友获得了人生中的第一张奖状……我急忙给小杭打了电话表示祝贺。晚上让圆圆做向导买了些生活用品，心情因为小杭的奖状而变得兴奋不已。

2月11日　班级管理公约的诞生

早晨醒来，一看表：7：03！匆匆起床洗漱赶往餐厅。由于今天是加班，厨房师傅还没开饭，到饭堂吃饭的只有两个老师。十分钟后，一盘炒河粉被我消灭的一丝不留，又吃了个鸡蛋，可惜并没有喝到粥。

上午8：00。同样的地点，同样的形式，只是换了不同的主题——班组活动。

因为对这里的情况不是很了解，我便认真聆听记录另外三位级部老师讨论九年级学生的问题。从他们的讲话中，我不难觉出学生管理的难度，诸如学生上课打瞌睡、嚼口香糖，甚至曾有一位班主任被学生联名上书开除等现象，这在杜郎口中学是闻所未闻的事情。

在聆听之余，我也谈了杜郎口中学九年级比较有效的做法，即实行学生的档案管理，用红黄卡片纸让学生重视评价，个人记录成长历程，进行自我管理和约束。表格如下：

（红纸）

个人成就
自我认识
教师评语
签 名： 日 期：

（黄纸）

出现问题
自我反思
教师评语
签 名： 日 期：

经过我们四位的商讨，最终形成了九年级班级管理公约，内容如下：

日常公约

坚持晨练，身体过关；个人物品，收拾齐整；就餐有序，杜绝拖沓；宿舍干净，扫除彻底；

集会迅速，休息按时；团结同学，尊重他人；穿戴校服，课间守纪。

课堂公约

入室按时，准备物品；全身投入，仔细聆听；积极发言，有序有效；不吃零食，拒上厕所；

独立作业，绝不抄袭；质疑解惑，虔诚虚心；适度紧张，当堂达标。

实施措施

总体原则：一提、二警、三"喝茶"（广东话即谈话）

1. 迟到早退，劳动补偿。
2. 锻炼缺席，加倍找回。
3. 排队无序，人前尔后。
4. 舍长带头，听课整顿。
5. 集会误时，静站反思。
6. 冒犯他人，赔理道歉。
7. 乱吃零食，人皆有份。
8. 效果不佳，课后补差。

评价方式：红黄褒贬，奖惩分明。

其他级部也都针对自己年级的问题列出了具体的解决措施，让我看到了思源学校老师对工作认真负责的态度。

展示之后，秦主任又组织老师们分学科讨论兴趣小组的构建及保障措施。

活动到了 11：43，午餐一如既往是米饭。

下午是休息时间，睡了一会之后，孙圆圆老师带我去镇上买了摄像头、水果。晚上步行去校外吃饭，本以为终于有机会吃到北方馒头了，不巧的是老板卖完了，只能凑合着吃了两碗汤面，滋味肯定不如山东的好吃。离开家了，才回想在家里吃的每一顿最平常的饭菜是那样的可口。有点小庆幸的是，在离家的那个中午，我喝到了母亲亲手给我做的玉米粥，熟悉的滋味至今仍在味蕾上留有余味。

当我整理完这些资料的时候，时间已是凌晨一点多了。虽然有些累，但想到或许会有充实的感觉萦绕在香甜的梦中，嘴角便多了一丝甜蜜。睡觉！

2月12日　　希望的曙光在召唤

早晨七点半的闹铃，响了三遍，终于有勇气坐起来重新修改完善昨天的材料。

十点多王慧慧叫门，让我看她昨天写的班会构思，内容很详实，看来我也要多学习学习，好好准备与学生的见面课。就在刚才上网时，偶尔翻到博客上自己写过的一篇日志，重新读起，却有了别样的感受。

再回首，莫等闲
——写在假期结束

眼看着，寒假就这样结束了。虽然，不想说再见，但新学期终究是要来的。

整整一个假期，我沉浸在书的世界、情的海洋，生活变得单调而充实，日子变得简单而厚重。

节日的氛围增加了人与人之间交往和交流的可能性，拉近了大家之间的心灵距离，这一点毫无疑问。合家欢聚的时刻，总能让人忘却不必要的烦恼。虽然生活中也难免磕磕碰碰，拌几句嘴，嚼几回舌，但这是生活的佐料，只是调剂一下口味罢了。毕竟"有人的地方就有矛盾"，这是世界的定律，并不影响假期里的心情。而相比之下，节日的氛围变得不再重要，好像只是在无意中作了一下渲染。

有书的日子，内心更多了一份宁静。这个假期，我努力使自己的心平静下来，在书香的熏染中自我陶醉，在与家人的相处中放松自己紧绷的神经，营造更多的快乐，传递更多的真情。

这个假期，我学会了坚强。人，这个苍茫宇宙中的弱小个体要想让自己变得强大，就要学会以真情换真情，不要封闭了久涸的心扉。

这个假期，我学会了珍惜。看似久远的目标于我并非渴望不可及，珍惜眼前的幸福，当下的快乐，这才是人生的价值所在。

这个假期，我学会了追求。任何机遇都垂青于有准备的人，不要总在乞求中度日如年，追求的过程可能会很辛苦，但成功的孕育正是历经磨砺的结果。人生在世，不索何获？"杞人忧天"的古训告诉我们不可翘首以观，行动起来，你会有意想不到的收获。

这个假期，我学会了坚持。自认为耐性不强的我，在有意识的克制自己的惰性，锻造坚守的品格，"人无我有，人有我优，人优我全"，其实我们杜郎口的老师更应该在机遇面前抢先一步。坚持付出，坚持创新，坚持发展。只要坚持，必会有成功的可能。

回望假期的日子，充盈着的满是岁月播撒在路上的光芒。

展望新学期，希望的曙光在召唤。假期已过，这是残酷的现实，勇敢面对，才是明智的选择。

下午14：00，班主任集合开会，秦主任就学生开学的相关事宜做了强调和补充。

会刚结束，我就到了九年级一班的教室。已经有一位同学坐在座位上收拾自己的物品，我问了一下他的名字：刘润甫，又向他了解了一下班里的情况，示意他如果没事可以帮着排一下班里的课桌。为了便于统计学生到班的情况，我随即在黑板上写下了这样的话：请同学们到班后先在黑板上按顺序签到，然后到宿舍整理内务，五点钟请在教室集合。

我在教室里待的一个多小时里，班里又陆续来了六七个同学，看着他们签完到，我都喊着他们的名字，分别告诉他们可以为班里做些什么事，之后让林婕把这些同学的名字及主动做事情况写在了表扬栏里。下午17：30统计，班里还有一个同学没有到，打电话给家长说明天早晨送来。

晚上三节课，第一节分小组检查作业，例如一组组长带领组员检查语文，二组数学，依次类推。每个小组用ABCD四个等次来对本学科全体同学统计，最后汇总每个同学所得到的等次个数就可以看出每人假期作业的完成情况，表格如下：

姓名	语文	数学	英语	物理	化学	综评
周恩培	A	B	A	B	A	B
廖园园	A	A	A	B	A	A
黄梓权	D	C	B	C	D	C

第二节班会，我向学生做简单的自我介绍。其实已经有不少原来上过课的学生认识我了。就在我开始讲话时，总有不少学生难以安静下来，担任体育委员的卓一镇就大声喊：别说话了。可一句大嗓门的放声之后，个别同学并没有任何的回应，仍然在说笑。这种场面在我做班主任以来是从没有碰到过的。看来，在相当长的一段时间里，我要在学生行为习惯上下力气了。等我的眼光在一个个学生的脸上略过，并且略加严厉地在个别同学身上定格，班里的秩序稍稍有了好转，因为不少的眼光会一同望向我一直注视的同学。等全班同学都调整好自己的座位，将身体和眼神面向我的时候，我完成了与他们的第一次"交锋"。在之后剩余的时间里，我把今天到班后同学们的表现列举了优缺两大方面。在讲话的过程中，有两个随意插话的同学被我叫到了身边。

第三节课，我给每人发了一张白纸，让全班同学写学期计划。主要包括：个人定标、过去不足，改正措施等。通过个人反思后的发言，不少同学能够对自己有一个正确的认识。可惜到放学时，发言的同学才三分之一左右，剩余的同学只能让其将纸贴在课桌抽屉内面了。班会最后，特别规定了明天到班的时间，以确保开学的第一个早晨能够及时起床。

晚上21：25放学后，我随学生一起检查宿舍。学生到宿舍后的秩序并不是很好，我一一进行督促，心里不禁暗笑自己：在杜郎口中学查宿舍，我有时还抱怨学生休息的速度太慢，与今天晚上这里的学生相比，原来自己所处的环境不知要强多少倍！杜郎口的老师在学生管理上比这里的老师相比，要清闲的多呢！

回到宿舍已是晚上22：35，写完本学期的教学计划得马上休息了。

2月13日　　　　　　蜗牛精神

　　早上5：50起床。洗脸时，竟然在陶瓷的面盆上发现了一只蜗牛。巧小的外壳上还沾满了泥渍，头上敏捷的触角不时地探测前行的路。对于一个在异乡的人，我突然间对蜗牛的处境深有同情，小心将它拿在手心，用毛巾拭去它身上的污浊，然后又小心翼翼的把它送到了门前的芒果树上。蜗牛用坚硬的壳隐藏起内在的柔弱，这不正是我现在所欠缺的吗？

　　快跑去五楼查宿舍，大多同学还没有起床，我随后纠正了两个宿舍卫生问题。5：30到班情况不错，所有同学全部到齐，后来听学生讲，这在原来是很少出现的场面，连二班的岑老师也向学生打探原因。其实，在昨天的班会上，我只是向同学们说明了我很重视今早的到班并且要重点评价罢了，看来这里的学生并非在潜意识里没有一点纪律意识，只是我们老师对于学生管理的方式要优化，对于同样的一件事情，"老师很重视了，学生才有可能重视"。接下来开宿舍长会，我重点了解了昨晚熄灯后的男生宿舍纪律，反馈的情况还是很不错的，回屋将排序写在了黑板上：①506、507、508　②511，随后又将今早打扫卫生的速度排序同时板写下来：506、511、508、507。宿舍卫生存在的问题是508的垃圾桶未清理干净。通过向宿舍长了解情况，我在全班对打扫卫生最快的506宿舍长雷德彬以及在宿舍坚持学习的黄伟嘉进行了表扬，但愿对他们的表扬能起到一定的带动作用。

　　上午早餐后是一班的晨读。我将背诵内容写在了黑板上：

　　1. 背第24课《诗经》两首。①完成后请按顺序签名，最后签名的几位午饭后留下老师检查；②签名后两人互查，以10分为单位将得分写在效果反馈栏。

　　2. 读熟第21课《曹刿论战》，如再有余力，请翻译第21课。

　　晨读结束之前，我又在黑板上将互查满分的同学名字圈划出来，写上：向满分同学致敬。同时对完成21课翻译快的卓一镇进行特别表扬。反思今早的晨读，课代表蒋捷检查的效果比较好，与教师抽查相结合，避免了个别同学存有侥幸的心理，总体效果还是不错的。

　　语文学习效果的保障，很大程度上要依靠背诵。背得多了，且能够反复记忆，内容就会烂熟于心，积累自然也就丰厚了。现在回想我能记忆犹新的背诵片段，大多是在学生时代就背过的，参加工作之后看的书倒有一些，可背诵的时间和内容都大大减少了。所以要让学生在读书时代多记忆，多积累，勤巩固，再加上写作和表达，那么，学生的语文素养就会慢慢形成。又想到自己原来在杜郎口曾总结过的早自习检查方法附在此处，今后或许有些可以用上。

　　1. 限时记忆法：限定时间，明确目标，适用于短时记忆效果较好的情况；

　　2. 组长检查法：组长抽选内容逐个检查，评价打分或列出等次、排序等；

3. 教师抽查法：针对弱势群体或个别有侥幸心理的学生，抽查过关，也可用来评价组长或各组，以此激发其小集体荣誉感；

4. 对桌互查法：适用于具体的学习任务，对面两同学评比，"胜者为王，败者寇"，师可列出板面前"王"后"寇"，个人书写，激其斗志；也可全班齐背，个人自测，同时对面互看口型，师总体查看，了解学生掌握是否熟练。

5. 小组竞争法：限定时间，教师找一名同学统计各组完成人数，公示于黑板，最后给小组排序，激发小组竞争意识。

6. 男女生对抗法：男女生进行评比，主要从人数上或男女互相提问记分的方式进行评价。

7. 两班评比法：限定时间后，教师统计两班完成人数，以此激发其班级之间的竞争意识；

8. 自我评比法：教师列好板面，谁完成后主动到列出的板面上写下自己的名字，最后统计时没完成的要写出自己哪些没完成，什么时候完成作好自我评价，教师掌握总体情况。

9. 随机演示法：教师如发现不太认真的或效率低的学生到黑板上去板示，让全班学生监督其掌握效果；也可谁完成谁板示，没完成的没板示的上课开始再去写，达到人人过关、人人板示的目的。

10. 物质奖励法：教师如已准备好一些糖果或其他物品，谁完成的快且已通过验收，即可得到一定的物质奖励，以此刺激其成功欲望。

11. 教师激将法：教师先说这部分有难度，可能没有同学能完成，如能完成说明其智力非同一般，可引起学生不服输的精神，挑战极限。

12. 过失惩罚法：在教师规定的时间内还没有完成就要擦黑板等小小的惩罚方法（先民主通过），学生易于接受且不至于有抵触情绪。

13. 结队打赌法：让学生自由结队，任意打赌，师做裁判，赌注可以是一块糖或其他小物品，在学生的接受范围内，不宜过大。

14. 以退为进法：对于很难完成任务的学生或程度较弱的同学，教师以和蔼亲切的态度给予比其他同学任务量小些的目标，促其完成。

15. 情感教育法：先给学生用较短的时间做通思想工作，再完成任务。

16. 全体起立法：任务不宜过大但要具体易于完成，完成时间不宜过长，10分钟内为宜，便于教师统计完成人数，学生也产生一种适度紧张感，便于效果的达成。

17. 全体离位法：全体离开座位，谁先完成谁先归位，要求同上。

18. 走出教室法：条件适宜的环境，适宜的温度，谁先完成谁回教室，（一楼为宜，但要学生集中精力，不能为外物所扰）。

19. 特殊命名法：记忆最快的前十名，最聪明的十名，设奇人榜，秀才榜等。

20. 个别表扬法：当发现学生的闪光点随时对个别学生进行表扬，能起到榜样带头作用，既能促进其本人，更能带动其他人。

上午7：40，小学部、中学部的全体师生集中在报告厅，举行了新学期的开学典礼。一个多小时的时间，会议严密而有序。谭红海、张琼芬老师中英文主持贯穿始终；奏唱国歌后向先师孔老夫子行三鞠躬礼；全体师生唱思源学校校歌《跪乳歌》；邓校长宣布新学期领导班子任命；表彰上学期优秀班主任及假期作业优秀同学；各学部新教师做自我介绍；邓校长进行总结讲话，其中谈到第二课堂，学生异常兴奋；最后全体师生齐唱《中华民族》结束。

上午第一节课，我在九年级一班听许老师的数学课。学生在课堂中插话的现象依然严重。

第二节课后课间操，学生做操的标准并不是很高，集合时向学生宣布纪律：以后到队列最晚的同学负责查操，公布不到位同学；做操标准不高的同学留下重做。先将要求后，让每位同学考虑半分钟，有问题让其到聚焦点当面讲出，当场解决。如有的同学提到了教师拖堂问题，就让他负责提醒老师及时下课。

上午语文课给学生讲了一下今后课堂中需注意的几个方面。特别针对学生的乱讲话和不投入现象做了说明：上语文课打铃后，只要有一位同学讲话，教师就在门口等着；凡课堂随意插话一次者，到老师附近陪站，两次以上者到教室外，与教师单独谈话。

课后检查语文组备课。写给孙圆圆老师的话：每天微笑，生活才有味道；每日积累，工作才有意义。坚持下去，真诚付出，总会有意想不到的惊喜。

下午第二节课是体育，全班同学都在户外活动，我在教室里利用板边给学生写下了近几天的评价：

请保持：1. 黄伟嘉坚持在宿舍学习 2. 跑操级部表扬 3. 昨晚宿舍纪律很好 4. 检查背诵效果不错 5. 今早全部及时到班 6. 孙赐然有很大进步，协助老师检查宿舍卫生 7. 上午课堂的投入度较高 8. 卓一镇提醒同学关灯、起床 9. 雷德彬宿舍速度最快 10. 中午一组卫生非常彻底 11. 班长微虹帮一组擦黑板

请改正：1. 宿舍卫生岑老师检查：共性问题挂衣架、拖鞋摆放、门口卫生 2. 跑操口号声音度 3. 课间操提高标准 4. 擦黑板要及时

今天重点关注：1. 人走桌净，凳子到位 2. 穿校服情况

明天重点关注：1. 早晨集合 2. 宿舍卫生 3. 课间操

下午年级召开会议，我就上午听到的几节课后的思考与老师们做了分享：

晚自习第三节，同样给学生加了一个小班会，我从学习方法上对学生进行了指导，比如建立口袋书，坚持记忆；对语文、英语、化学等科目需要记忆的内容分化背诵；程度高的同学尝试进行中考题的研究。

晚上第三节正好是语文自习。我拿出一段时间召开班会，重点讲了自习课的纪律问题，并且与学生一同商讨制定出了九一班班级约定，如下：

1. 周一早晨6：30之前到班进入学习状态，以读背为主。周二至周五6：25到操场集合。

措施：晚到者到英语或语文老师处领背诵任务，课外活动取消。周二至周五迟到者加倍晨练。

2. 早晨宿舍卫生出现问题的，舍长带出现问题的同学回宿舍整理。

措施：出现问题者到英语或语文老师处领背诵任务，课外活动取消。口号不响亮，全班留下齐喊，直到响亮为止再去就餐。队列不整齐的同学离开跑步队列，观看学习。

3. 课间操在第二节下课后 2 分钟内楼下集合。队列步伐整齐。

措施：课间操集合时到队伍最晚的同学负责在队伍前查看做操情况，集合后负责点评到人。

做操标准不高的同学，听课整顿，留下重做，直到达标。

4. 各组擦黑板责任到人，在预备铃前需擦拭完毕，卫生打扫彻底清理，不留死角。

措施：出现一项问题，该组延续值日一天，延续时间仍有问题，继续推延。

5. 上课投入度要高，独立思考，积极发言，认真聆听，勇于质疑，热烈交流，及时记录，落实效果。

措施：找出课堂最不投入或说闲话严重者抄写语文古诗，不少于十首，或抄写英语单词，不少于 100 个（加汉语意思）；课堂抽测效果很差者，改正错误，交给老师。课外活动进行补习，直到过关。

6. 入室后保持安静，课余时间小声交流，不能大声喧哗或大闹。

措施：找出情况最严重的，同第五条措施。

7. 晚餐后 6：50 前到班，进入学习状态。晚自习如教师不需讲解，前 30 分钟保持绝对安静，

后 15 分钟可进行交流疑难。

措施：晚到者在班级做个人反思，经常迟到者写 300 字随笔张贴在教室墙壁。

8. 离开座位时要做到人走桌净。

9. 与人交流文明礼貌，不随意打断别人的讲话。

10. 贵重物品，自我保管好，如若丢失，责任自负。

2月14日　　快乐的集体情人节

今天是西方的情人节，一早给妻子发了短信。

初三办公室是个很和谐的场所。在这几天，我吃到了黄老师分发的姜糖、茶叶、薯干，还有许老师从海南带来的椰子角、椰子糖，特别是岑老师在家里自己做的泡水喝的陈皮。虽然身处异地，但周边同事的关心实在让我感动不已。还有学生微虹送的糖果，王东亮送的茶叶和苹果，让我感受着这个集体的温馨。

上午晨练全部到齐，我在班里对同学们进行了表扬。早自习安排学生进行背诵《得道多助，失道寡助》和《曹刿论战》的课下注释，分为目标一和

目标二，先完成的同学在小组板面姓名后画"√"号，学生的整体表现还是不错的。评价表格如下：

晨读背诵内容过关报到站														
一组			二组			三组			四组			五组		
姓名	目标一	目标二	姓名	目标一	目标二	姓名	目标一	目标二	姓名	目标一	目标二	姓名	目标一	目标二

上午检查初一、初二年级的课堂反馈：

圆圆《伤仲永》后10分钟让学生在预习本上翻译课文，学生节奏较慢。对于教师的指令性语言以及课下的加分评价从表情上看出学生没有听进去。

反思：教师的课堂评价一定要使学生有所触动，可以采取多元化的评价方式，评价的周期不宜太长。只有学生从心理上重视老师的评价，评价才会起到其应有的效果。评价的结果积累下来，汇总成表格，至少以一周为单位进行集中评价；近期内级部应该在校会场合对优秀同学进行表彰。建议本周初一初二变奖状为喜报。发给学生家长。喜报的内容可以是：某某同学的家长，您好，恭喜您的孩子……

在近阶段内，面对课堂中的问题，只能采取哪一点不好就抓哪一点，用杜郎口的话来说：抓什么就来什么。

与王慧慧老师上课后交流，她认为学生最大问题是学生散乱、课堂无序，尤其是在黑板板写的环节说话。我给她的建议是：评价抓两头。课堂纪律最差的就让其中午留下，背英语单词10个。当然得先做好学生的思想工作，再根据学生的程度灵活一点。

总结查课的共性问题：学生聆听状态不好，投入度不高。根据教师讲话时学生投入状态进行排序：崔慧、孙圆圆、杨娜、王慧慧。另外建议个别班级在黑板打上格子，确保学生的书写质量。

今天上课给学生布置语文作文：

书写80分，内容20分。时间40分钟，满分100分。

1. 做优秀的自己　2. 其实我很优秀　3. 找回真我

4. 改变，从现在开始　5. 新学期的快乐点滴　6. 九一班的幸福生活

写作建议：真人真事真情感，忌假忌大忌空洞。

要求：任选其一，重视书写，分清层次，保证质量。字数不限，文体不限，下课上交即可。

中午12：40开班组会，进行课表安排。下午一二节语文组集备时，我将近几次备课做了点评：庞倩最注重效果落实，建议坚持教师创作；杨娜课堂设计思路清晰，建议突出重点，落实效果；圆圆注重学生活动，建议提高课

堂效率。

孙圆圆又将语文组本学期的要求发给每位老师。

1. 常规分工：备课检查：立峰老师　听课记录：庞倩老师　学生资料检查：圆圆老师　学科抽测：杨娜老师　要求：每周上交各项检查的排序，并做简要评价。

2. 学科教研活动：周一，周二下午进行学科集体活动，无特殊安排每周进行。

3. 备课：提前上交备课，每篇备课上课前必须附有徐立峰老师的签字。

抽测：每节课必有抽测。每天将自己的课堂单下午六点前放至学科组长橱柜。若无，另附纸条说明原因事由。由学科每日统一上交至杨博处。（统一格式的抽测纸，并算出达标率。）

学生资料：预习笔记本，抽测纠错本，阅读随笔本。

听课记录：组内成员的课自主轮听一轮。

4. 课堂方面：a. 提前备课说课过关。b. 学生的关注度。

5. 学科社团活动的安排：报名时间：截止至周五中午12点，下午第三节课前将名单上交。文学社辅导安排：周一：庞倩老师　周二：圆圆老师　周三：杨娜老师

第一周社团活动安排及主题的确定。

→ **2月15日**　　　# 有阳光的地方，总会有温暖

（一）

今早到班，利用板边对昨天查到的情况进行了反馈：

1. 表扬昨晚放学后坚持学习的有智勇、凌风、德彬；

2. 宿舍排名：506、507、508、511；

3.6：20到班学习情况反馈，二班15人中15人学习，一班6人中只有1人学习；

晨读二班课代表统计，下午活动课前完成，五人没检查，晚自习要名单，唐莹莹、尹冰、陈志强、梁柱杰、李坤明，一一做思想沟通工作。

根据作文书写、内容，将表扬同学名单写在黑板上，寄语：

1. 我们在惊叹别人的成功时，更应该想到自己与他们的差距在哪里。只有真正认识到了自己的不足并尽全力追赶，你才有可能超过他们。

2. 成功很少有偶然发生的，大多有必然的征兆因素。成功当然也并非永远的，正如失败有时仅仅是暂时的一样，只要用心、在意、重视，你便可将不利的局面扭转。

3. 取人之长，补己之短。唯有谦虚谨慎，才会走得更快更远。请记住：态度在成功的要素里面永远是第一位的！

（二）
由《皇帝的新装》所想到的

有雨的天气，视线和心里同样的茫然。不必误解，心里茫然的感觉更多来自于对课堂的思考。我相信，每一位上课的老师都曾有过对课堂内容茫然无措的时候。某日上午第三节，我随七二班学生重又学习了安徒生的《皇帝的新装》一文。

相信这篇童话的寓意，早已被你我熟知。无非是一个皇帝被两位骗子蒙蔽穿衣，而在众人面前上演的一场闹剧。文中出现的角色还有一个天真无邪的孩童，以及一个忠于职守的大臣。

如果按照惯有的思维，或许不少老师都会在文章学完后，让学生尝试编排课本剧。用这样的方式来进一步分析人物的性格或概括人物的形象，最终得出对学生今后学习生活有益的启示。这种课堂思路设计的本身是没有问题的，问题在于学生在对文中人物分析时，是否能够真正拓宽思维，且有个性化的解读呢？

在杜郎口中学"三三六"自主学习模式中，真正有价值的课堂不仅仅是开放的，而且是互动的。开放彰显课堂的主色调，互动能够呈现课堂的真思维，二者并举，才能将课堂效果落实到实处。

在课堂生生互动的过程中，学生往往能够通过质疑、追问、点评、纠正来实现对文本个性化的解读，从而调动大多学生的参与热情，产生思维的碰撞、情感的共鸣，以及对文章深层次的阅读。

譬如，在课堂学习过程中，当学生谈到骗子这个人物角色时，大多的学生是说：通过文中内容可以看出骗子很狡猾太可恶，而有的同学却说骗子很聪明，他能够利用皇帝的弱点赢得钱财，是"以其人之道还治其人之身"，且骗子还有很高明的沟通技巧，讲话的艺术性肯定也比较强，最终皇帝游行的尴尬也是其自食其果的下场。骗子通过这样的方式来教育皇帝，也不失为一种良策。

面对学生的这种"逆向思维"，我们教师应该首先肯定他们的独到见解，然后再从行为的出发点和目的性来加以引导，使学生不至于偏离了正确的价值取向。

再如，对于大臣这个人物，有学生认为他很虚伪，还有认为他也是明哲保身，出于无奈；对小孩的分析，有的学生认为其纯洁可爱、天真无邪，发现问题后敢于提出，还有学生认为在那种场合下说出实话会引来杀身之祸。甚至对于皇帝爱穿新衣的癖好，竟有学生认为"爱美之心人皆有之"。

以上这些观点的碰撞，是老师在备课中所无法料想的，毕竟课堂的问题或亮点是"可遇而不可求"的。我们并非是要否定这些观点，而是在观点出现后，教师的主导作用应该如何来发挥。教师如果只是轻描淡写一笔带过，忽略了这些教学细节对学生带来的巨大影响，那么，课堂上就很难体现我们所努力追寻的"真思维"。

通过这则寓言，教师应该既让学生认识到在我们周边的社会群体中，确实有一些人愚妄无知、虚伪阴险，上演着现实版的"皇帝的新装"。同时，更应引导学生要有坚强的意志力、良好的心态，杜绝社会中不良因素的影响，改正不好的行为习惯和思想。相信谎言总会被揭穿，真理和正义终能战胜谬论和邪恶。

我们身处一个和谐温暖的社会大家庭中，周边有太多的人给予了我们太多无私的帮助，我们学校也是在备受外人关注中逐渐成熟完善的。求真、至善、尚美是我们永恒的人生信条。一则《皇帝的新装》的寓言，折射的是整个现实社会，文中人物的性格也只不过是社会众生的缩影罢了。

雨渐渐停止。相信吧：有阳光的地方，总会有温暖！

2月16日　　改，一定是进步

九一班的全体同学们：

你们好。第一次用这样的方式与你们交流，希望大家不要介意。

自2月10号来思源学校到今天已经有五天了，其中与你们相处的时间也有三天多了。虽只有这看似短暂的3天，却让我感觉犹如3年般的漫长。别误会，说这话的意思并非是嫌恶这个班级，而是因为在新的环境中，我还没有完全适应这里的工作和生活。

生活方面的不适应主要是因为南北方饮食的差异，这一点自不用多提，但愿肠胃能够体谅慢慢适应米饭的摄入。但工作的压力确实让我有些"心有余而力不足"的感觉。

经过这几天的相处，我对你们有了大致的了解。在你们的身上也有不少的优点：诸如见老师时大方自然的问候，晨练时准时的参与其中，运动场上激情澎湃的身影等等。

其实，我最想跟大家谈的还是我班同学的习惯养成。最明显的就是课间的打闹、宿舍的闲谈、课上的插话以及对学习的满不在意。这几天发生的一些事情，是我所始料未及的。化学课前不少同学的迟到现象，昨晚男生宿舍里很差的秩序，听其他科目课时的低效耗时，饭后到班人声鼎沸的喧嚣，老师给建议时的满不在乎甚至置之不理，如此等等。所有这些，在我看来，都是源于习惯养成方面的问题。思忖许久，我的心情仍久久不能平静。

或许，你有优越的家境，在你的头脑中从未有过对于"贫困"的感知。从小到大，你享受着父母给你的丰厚的物质恩赐，太多珍贵的物品早已勾不起你眼球的视觉刺激。很可惜的是，无忧的生活状态却让你丧失了对于生活的理解，以及对未来独立前景的勾画。

或许，你早已习惯了放任和叛逆，在别人为你指出存有的不足时，你总有百般借口万种理由来搪塞自己的过错，因为你曾做过的事很少会有人评头论足，所以你始终认为自己做的就是对的，即便错了，也能找到别人的责任推脱自己的惩罚。就连别人默默的付出，你冷漠的心啊，也已熟视无睹，认为是理所当然的义务。难道你忘了，父母为你送行时期望的眼神？难道你忘了，老师为你解决疑难时赞许的眼神，还有与你诚心交流时鼓励的话语？

朋友，你知不知，你的行为伤透了多少老师同学的心，又辜负了父母多少日夜的期盼和养育的艰辛？这些你都忘了吗？对于你的种种所为，在这个世界上除了无奈的笑容，还有善意的指责。试想，恐怕没有一个人愿意自我充当一个批评者的角色，之所以会将"矛头"的方向指向了你，是因为在你身上承载了太多人期许的目光；有时候，别人的忍耐也有一定的限度。亲爱的朋友，请别怪他人的无情。教育本不是万能的！在别人一次次的希望变成失望，一次次温情的提醒抵触到冷面无言的尴尬抑或随心所欲的顶撞，别人的心也会碎的。噢，心碎不代表懦弱后的屈服，而是为他们自己的良知罩上一层坚强的外衣，聪明的你，可懂？

或许，你还会怪，怪责身处环境太差，学习的氛围不好。可是，你想过没有，依照你原来的学习能力，你为什么没有考到广州市最好的学校，现在的学校虽然没有你想象得那么好，但至少也给你提供了一个可以收获知识的空间，展示精彩提升能力的平台。你再想，还有哪一所学校会不计前嫌的给你一次又一次读书的机会，这里的老师又何尝不想教基础好能力强的优秀生？

朋友们，请原谅我直率中的毫无遮拦。杜郎口中学作为一个普通的乡镇中学，那里的孩子做梦都想学有所成，然后改变其家庭的困境和家乡的落后，为父母的脸上争得一份荣光，更为他们自己的将来奠定厚实的基础。他们在"知识改变命运"的梦想中为青春涂满了亮丽的底色，他们用精彩的表现赢得了外来教师的认可和尊重。

一月80元的生活费，支撑起他们人生的求索梦；一辆破旧的两轮自行车，奏出从家庭到学校、从学校到社会的幸福乐章。他们的父母是贫穷的，是辛苦的，可又是踏实的幸福的。他们在课堂中能够自主探究地学习，在家庭里能够力所能及地劳动，在舞台上也是毫不逊色，群芳争艳般的竞相绽放自己的光彩。他们没有华丽光艳的外表，只有母亲亲手做的花袄套上免费的红石榴校服；他们也没有虚荣的奢望，最多穿件仿冒的名牌还觉得很不好意思；他们几乎没有品尝麦当劳、肯德基的机会，只要能填饱肚子最多吃顿米饭或偶尔的肉包，他们就高兴地不得了。

忘不了，杜郎口中学的孩子冻裂的小手；忘不了他们套在校服里贴身的棉袄；同样忘不了的是，他们宿舍里叠放整齐的被褥，教室里洋溢着的灿烂的笑容，当然还有他们犯错后羞赧的愧疚。

所有这些，对现在的我来说也只是回忆。想想杜郎口，看看思源，同样的教材，却将要面对不同的学生；同样的字体，却要表述不同的心迹。

我不得不承认，我的心在杜郎口；但我也绝不否认，我身在思源的日子会尽自己最大的努力，让这里的学生有所改变。

朋友们，不管是思想，还是行动，至少你应该懂得：变，有可能后退；改，一定是进步。

你们的大朋友

2月17日　致初三学生家长的一封公开信

难得的周末，难得的轻松。

曾经我对办公室里的同事说：每天都在盼着周五下午放学的到来。这是玩笑话，当然也是实话。让生活瘦下来，适当的给自己放个假，这也是工作所不可缺少的。

面对今天上午大多学生课间操不认真的举动，我和岑老师与班组其他老师做了交流。据初三毕业还有三个多月，如果想要营造紧张有序的学习氛围，单靠给个别学生不计其数的思想工作，可能也不会奏效。商讨结束，岑老师让我草拟一份给学生家长的公开信，然后各老师进行修改或补充，签上教师的名字，然后让学生家长看完签字后上交。下午放学时，我们给各位同学下发了一张公开信，内容如下：

致初三学生及其家长的一封公开信

尊敬的各位家长：

901、902班的各位同学：

一晃开学已有一个星期了，这周也许是新学期，班上大多学生呈现是你追我赶的学习热潮，我们很高兴，也很欣慰！因为临近中考，时间短促，只有在一个良好的氛围中学习才会保证效果，人人该到自觉的时候了，可仍有极个别的同学，上课时抄作业、聊天、吃东西、顶撞老师，宿舍里有个别同学乱串房间、聊天，甚至11多点还不休息，让学校值班老师不好管理。更令我们匪夷所思的是，有个别学生对于学校的制度以及班级的管理不理不睬，甚至拒不接受老师的建议。这哪像初三毕业班学生的表现？

震惊愤怒的同时，我们反思了自己：班规虽有，但处罚力度不够，对个别违纪同学，本该转移环境，却总寄希望他能改进，所以出现了严重的问题。更有个别同学混起日子来。班里出现这种种不良现象，难道不令老师心焦吗！

各位家长，你们把孩子交给了我，对我是一份信任，更是一份责任。我想跟你们说的是：初中时代，尤其初三，是每个孩子人生的一个重要转折点，它决定着孩子的一生，而你们，家长们，正手握着决定孩子一生的大权。

在初三时期，每个孩子都有很强的可塑性，所有孩子都有成为英才的可能。

在此情况下，我们召开了紧急班组会，所有毕业班老师达成共识。凡累计出现以下情况者，老师会通知家长到校，严重者请家长带回家中反思：

1. 宿舍纪律差，不听从老师建议或屡次出现影响他人休息者；

2. 课堂精神状态不佳，无听课学习的意识，虚度光阴，得过且过者；

3. 上课及晨练迟到三次以上，晚自习秩序差，影响班级学习氛围者。

怎么办？希望同学们认真掂量！何去何从？两天双休，家长能给我们一个真心的答复吗？期待你们的回音！

同学们，初三是一个充满挑战的征程，但机遇与挑战共存！祝福你们全力拼搏，共创佳绩。

初三年级组全体老师

2012.2.17

后补：

黄伟嘉同学家长：希望严格遵守，能把孩子教好，把成绩提高，学会做人做事，有您们的一份功劳，谢谢，支持！

江嘉奋同学家长：初三这个学期是非常时期，冲刺的阶段。学校老师对他们严格是应该的；对一些不听劝的学生应加大力度严控，不让他们影响其他好学的学生，以上学生老师的建议本人非常支持。

周恩培同学家长：没有规矩不能成方圆。有了好的制度，须配合有效的执行力才能达到事半功倍的效果。

付鹏运同学的家长：公开信的内容很切实，希望学校能付诸行动，各方面的制度一定要落实。

冯瑜琳同学的家长：作为家长我很支持老师们的做法，这是对孩子的负责任。

江帅同学的家长：谢谢老师们的意见，家长愿积极配合，也希望江帅能加倍努力，争取老师的信任，以回报老师。加油，江帅！

易康健同学的家长：由于我们工作原因而忽略了孩子的学习情况，如今易康健同学已进入紧张的学习阶段，即将面临中考，他更应该努力学习与复习，可是他对学习的热情似乎不太高，在家总喜欢往外跑，如：打篮球、串串门，偶尔在家玩玩电脑，造成对学习的危害。希望这次的教诲能对他有影响，更希望老师们在学校里对他严格，让他在学习方面得到更大的兴趣与提升。

陈微虹同学的家长：我女儿平时学习刻苦，但可能暂时还没有找到比较正确的方法，学习效率不高，希望老师多予以指正。由于面临中考，她心里压力比较大，对自己缺乏信心，希望老师给她多一些鼓励，让她自信乐观地迎接挑战。

附：广州思源学校中学部作息时间表

早 晨	起　床	6：20
	晨　练	6：40——7：10
	早　餐	7：10——7：40
	早　读	7：40——8：10
上 午	第一节	8：15——9：00
	第二节	9：10——9：55
	课间操	9：55——10：20
	第三节	10：20——11：05
	第四节	11：15——12：00

中午	午　餐	12：00——12：40
	休　息	12：40——13：10
下午	第五节	13：10——13：55
	第六节	14：05——14：50
	第七节	15：00——15：45
	活动课1	15：55——16：40
	活动课2	16：45——17：30
	晚餐—洗澡 自由活动	17：40——19：00
晚上	晚自习第一节	19：00——19：55
	晚自习第二节	20：05——21：00
	熄　灯	21：30

→ 2月20日　课堂问题诊断与建议

中午饭后秦主任召集初中部各学科组长开会，我对秦主任讲到的课堂问题，补充了自己的两点想法：

一、投入度

1. 讲解展示时：一人发言，其他关注。关键部分，随手记录。

2. 预习、作业：独立思考，不能闲聊。虚心求教，小声交流。

3. 达标检测：独立、真实。

二、积极性

1. 情绪状态：主要看学生的面目表情。

2. 参与面：避免出现精英展示，关注弱势群体。

3. 学习效率：加快课堂节奏。

4. 参与质量：声音洪亮，语音清晰，价值性高。

在秦主任与其他各位学科主任一道商讨梳理后，几位老师明确了近阶段内课堂应该特别关注的三个方面，并进行了分数分配：

课堂总分为10分。投入度5分；积极性3分；板书质量2分。

下午将我整理好的语文课堂教学材料复印给每位语文教师：

第一部分　教学常规要求

一、板写方面

1. 速度：紧张有序

2. 质量：实在有效（自由汇报或相互交换）

3. 内容：先写板边（激励语或学科知识点），然后认真书写内容

二、课堂展示标准

1. 声音 2. 语速 3. 感情 4. 表情 5. 眼神 6. 聚焦点

7. 站姿 8. 无口语病 9. 脱稿或基本脱稿 10. 肢体动作

三、现代文记录批注建议

1. 总结概括：写了什么？

2. 一处感悟：写的怎样？

3. 一处疑问：为什么这样写？

4. 一个创作：尝试来写。

四、互助对子

1. 组合方式：自由选择与教师建议相结合。

2. 效果落实：树立帮扶者的责任意识；展示环节把更多的机会给待转化同学；反馈环节重点关注薄弱生的保底以及优秀同学的拔高，尝试分层次学习。

第二部分 预习

语文预习（双色）笔记建议

1. 个性化书名设计 2. 留有合适的边框 3. 每页积累的名言

4. 自拟栏目小标题 5. 学会的基础积累 6. 个人的内容分析

7. 疑问及初步思考 8. 结合文本小创作

现代文预习指导

1. 读：①初读感知，夯实基础。②深入研读，批注记录。

2. 析：拓控文本，感悟提升。

3. 悟：作者意指，写法借鉴。

4. 获：创作生成，盘点总结。

现代文研读方面

1. 初读感知 2. 精读悟析 3. 研讨重点 4. 成果展示 5. 收获盘点

阳光随笔

1. 生活随笔 2. 读书感悟

读书摘抄

1. 生字生词 2. 佳句美段 3. 整篇文章 4. 人物情节 5. 文章评论

第三部分 展示

现代文展示环节建议

1. 自然导入 2. 总体概括 3. 个人解读 4. 质疑提升 5. 拓展生成

6. 盘点总结

写作交流课展示环节建议

1. 总体评价 2. 交流感受 3. 佳作推选 4. 生成收获

写作交流

1. 温馨提示，静心创作。
2. 互批互改，学习借鉴。
3. 作品展示，师生评价。
4. 总结归纳，共同提高。

阳光随笔

1. 激趣导入，思路启发。
2. 师生同写，情怀抒洒。
3. 作品展评，师生共赏。
4. 两点结合，总结提升。

文言文

1. 通读顺译，质疑解惑。
2. 内容分析，主旨把握。
3. 知识归纳，诵读熟记。

古　诗

常读能拓展，诵读通文意。赏析找重点，质疑有提升。
展示激涟漪，心灵互碰撞。生成求创意，盘点完双基。

第四部分　反馈

反馈层次

1. 个人反馈　2. 对子互助，组内反馈　3. 全班共性反馈

纠错笔记主要针对

1. 黑板上出现的错误纠正　2. 练习过程中错误的纠正
3. 阶段测评中错误的纠正　4. 相互出题检测的错误纠正　5. 年级学科抽
测的错误纠正

反馈课类型

（一）基础反馈课
1. 分工板写　2. 互助过关　3. 共性反馈　4. 达标测评
（二）分层反馈课
1. 相异专题，分层汇报　2. 对子互助，保底目标
3. 余力提升，潜能过关　4. 共性反馈，盘点收获
（三）反馈提升课
1. 对子互助，浏览报到　2. 标注疑难，个别展示　3. 分工板写，达标
自评
（四）反馈课思考
自我梳理要超前，总体把握巧构建。夯实基础必为先，突出重点解疑难。
强化易误养习惯，归纳联系适拓展。对子互助共过关，提速增效乐欢颜。

共性暴晒众围观，分层达标可多元。口头表达辅书面，沉淀收获自评鉴。

语文组自主构建活动汇报材料

一、关于自主构建的思考

1. 先要有模板框架支撑，让学生有章可循。

2. 不同课型应有不同的构建方式，不可千篇一律。

3. 要从大语文观出发，视野宏观，不圄于教材。

4. 要对不同层次的学生有不同的建构目标或要求。

5. 教师作用不可缺少，由原来学生的学会到会学，放手的同时，加强指导。

6. 倡导学生在独学、对学，群学的基础上，自主汇报、展示交流、质疑提升、创作生成，盘点总结。

7. 要动员一部分优秀生超进度完成学习内容，在班内给其他同学引领、示范。

8. 自主构建要循序渐进，注重课堂中学生的广泛参与，教师退居幕后，做好相应指导。

二、各课型构建：

现代文（李维博）

1. 初读感知　2. 精读悟析　3. 研讨重点　4. 成果展示　5. 收获盘点

阳光随笔（杨伟丽）

1. 激趣导入，思路启发。

2. 师生同写，情怀抒洒。

3. 作品展评，师生共赏。

4. 两点结合，总结提升。

写作交流（史金凤）

1. 温馨提示，静心创作。

2. 互批互改，学习借鉴。

3. 作品展示，师生评价。

4. 总结归纳，共同提高。

文言文（于娜）

1. 通读顺译，质疑解惑。

2. 内容分析，主旨把握。

3. 知识归纳，诵读熟记。

古诗（庞东）

常读能拓展，诵读通文意。赏析找重点，质疑有提升。

展示激涟漪，心灵互碰撞。生成求创意，盘点完双基。

现代文（徐立峰）

1. 读：①初读感知，夯实基础。②深入研读，批注记录。

2. 析：拓控文本，感悟提升。

3. 悟：作者意指，写法借鉴。

4. 获：创作生成，盘点总结。

古　文

1. 读　2. 译　3. 析　4. 诵

三、给学生的建议：

现代文记录批注的四个建议

1. 总结概括：写了什么？

2. 一处感悟：写的怎样？

3. 一处疑问：为什么这样写？

4. 一个创作：尝试来写。

现代文展示环节建议

1. 自然导入　2. 总体概括　3. 个人解读　4. 质疑提升　5. 拓展生成

6. 盘点总结

写作交流课展示环节建议

1. 总体评价　2. 交流感受　3. 佳作推选　4. 生成收获

四、语文组备课要素：

备课纸中间部分：1. 课题解读　2. 作者档案　3. 基础在线

4. 背景了解　5. 文本解读　6. 规律方法　7. 拓展链接　8. 作品生成

9. 达标测试

边框部分：1. 学情调查　2. 环节预设　3. 时间设置　4. 亮点设计

5. 重点帮扶　6. 课堂用语　7. 多元评价　8. 学习辅助　9. 盘点反思

中间：1. 课题　2. 目标

今天班级博客建立了。我计划将每天班级公告栏中的内容充实进去，以便学生周末回家时参照，也有利于各位家长对孩子的在校情况进行了解。

1. 表扬早饭后到班最早投入学习的同学：瑜琳。其他同学应思考，你到班后做了哪些事情？

2. 今早男生宿舍出现的共性问题：床下的杂物和灰尘太多。

3. 表扬语文课书写较好的同学有：微虹、梦影、德彬、瑜琳、江帅、飞霞。

4. 提醒上体育课时，没有做好人走桌净的同学有：启锵、文彬。

5. 中午12：40没有及时到班的同学有：一镇、德彬、林婕、绮雯、鹏运、启锵、文彬。

从今天上午开始，我已经给一镇、瑜琳等几个同学写了短笺，希望他们能够明白老师的苦心。晚上自习课间，对于一镇近来的问题，又让他写了承诺书，至于效果，只能拭目以待。

2月21日　打造浸渍心灵的高境界课堂

（一）

面对近来在学科教学和班级管理中的问题，今天抽空做了一些表格，计划在教室墙壁张贴公布，看看效果如何：

九年级一班学生课堂主动参与次数统计表

姓名	周一课堂	周二课堂	周三课堂	周四课堂	周五课堂

九年级一班学生课堂效果抽测统计表

姓名	周一课堂	周二课堂	周三课堂	周四课堂	周五课堂

九年级一班学生作业检查得分统计表

姓名	内容及得分	内容及得分	内容及得分	内容及得分	内容及得分

九年级一班学生背诵内容完成情况统计表

姓名	内容及得分	内容及得分	内容及得分	内容及得分	内容及得分

九年级一班学生宿舍纪律、卫生问题情况统计表

姓名	宿舍纪律问题反馈	宿舍卫生问题反馈

今日班级公告栏记录：

1. 语文晨读表扬：黎飞霞、智勇、梦影、一镇、微虹、林龙、敬尊、蒋捷、瑜琳背诵认真。

2. 政治课表现最优小组：三组

3. 物理课堂表现优秀的同学：智勇、文彬、宏基及所有女生；有待加强的：一镇、俊杰；有进步的：志鹏、赐然、梓权、江帅。

4. 英语课表现优秀的同学有：微虹、智勇、文彬、梦影、捷、婕、圆圆（主动发言）。

5. 数学自习提醒：康健、一镇、东亮、赐然。

6. 化学课表现积极的同学：智勇、一镇、宏基、圆圆；走神的同学有：俊杰、佳桦、李昂。

7. 男生宿舍重点关注：李昂、文彬、宏基、一镇、康健。

8. 语文课表扬：梓权有很大进步，微虹主动读语文课文；提醒林龙上课投入度需要提高。

（二）

教学随想

1. 去年暑假在聊城市骨干教师培训会会场上，我听邻座的一位老师讲：高境界的课堂不是雷声轰鸣大雨倾盆，而是润物无声，浸渍心灵。教学不仅是一项技术，更是一门艺术。我想，技术的含量完全可以用科学的方法度量，而艺术的价值却是大多数人很难估计的。如此，我们的老师是不是不仅仅满足自己是一名优秀的技工，更要做一位卓越的艺术家呢？

2. 高尔基说过：爱孩子，这是连母鸡都会做的事，但是要教育他们，这却是需要才能和广博生活知识的伟大事业。看到这样的文字，我也写下了几句这样的话语：老师，应该让学生喜欢你的学科；教师，应该让学生喜欢你的课堂；教师，更应该让学生喜欢你的为人；教师，就应该是学生想要成为的那个人。

3. 现在教育的目的是让受教育者能够进行自我教育。有时我们教育孩子往往带有急功近利的色彩，殊不知，人的最高能力是自我调节能力，鲁迅《一件小事》后对劳动人民的讴歌，《风筝》一文中与弟弟的歉语道白都是源于他强烈的爱国精神和自省意识。这样，我们教育的目的便达到了崔校长所说的"求知是育人的一个范畴"的论断。

4. 2008级初一（二）班李付林同学是当时班级内学习程度最弱的学生，却是去年那个假期里给我发短信最多的学生。我想这就是源于我在教他一年里给他的一些鼓励。其实现在想来，当时同样鼓励的话语用在不同层次的学生身上竟会有这样大的差别。由此得出，对于优秀的同学，赏识的价值可能仅仅为1，而对于较弱的同学它的价值性可能会超过100。所以，我们没有权利来选择鼓励哪一部分学生，只有义务尽全力来培养每一个孩子的爱心，让他们都能成为一个个懂老师的人。

5. 有一次外出给其他学校的老师评课中，我这样讲到：会教的老师首先是会学的老师；会评价学生的老师，首先是会进行自我评价的老师；但像我一样坐在台上给别人评课的老师却不一定是会上课的老师，所以，我总对那些能走向舞台上课的老师充满敬意，他们勇于展示、敢于实践的精神，理应是本节课最大的成功之处。

6. 其实，很多时候，我总认为干工作就是为自己干的，而不是干给别人看的。所以，干好工作在别人看来，可能是羡慕不已、惊叹不绝，而对于自己来说，却只是完成了份内的事情罢了。

7. 理想的学习，是让学习者忘记自己在学习；理想的课堂，是让学生忘记自己在课堂上。

8. 的确，我们应该有理由相信学生的潜力无穷，同时，我们也应该意识到在现阶段，学生的个人能力确实非常有限。所以，我们不是不相信学生，而是不能太过于相信学生。

9. 在对学期的工作总结中，我是这样认识反思的：没有反思，就没有进步；如果一个老师脑袋里只剩下了反思，他便往往丧失了自信；而如果一个老师一旦把反思当做了一种负担，那么，他丢失的有可能是创新实践的智慧。说这句话的意思是，只有将反思、实践、探索、改正全部装进智慧的行囊，我们才能将反思的压力转变为前行的动力。

2月22日　请看看镜子中的自己

窗外，是一片阴沉的灰色。这是来广州之后，我遇到的第一个糟糕的天气。纷繁的思绪伴着轻柔的风，就这样潮湿了整个心迹。

此刻的我正坐在九年级二班的教室里。这节安排的是语文阅读，我将明天下午语文周测的内容发给学生后，在黑板上写下了两行醒目的大字：同样的时间，或许会有不同的结果。聪明的你，在这节课上应该知道怎么去做……

是的，这里的学生的确很聪明，只是聪明的表现形式有所不同罢了。又抬头看，有几个平时不怎么投入的同学开始试图挣脱老师的监督范围。比如某某同学低头看故事书，还不时抬头瞟上几眼；还有一位同学把衣服放在膝盖上，也不知下面放着什么东西，反正当我起身的时候，这个学生是急忙用衣服掩盖住的。此时的我，实在不想多说些什么。嘴角的一丝微笑已经被个别同学捕捉到。知道吗，同学们？这种微笑是苦苦的滋味。依我的性格，在以前是绝不容许有这样的事情发生在语文课堂上的。而现在，面对这几个"非常特殊"的学生，我深感自己的无能为力。我不知道其他老师或是如果有个别家长看到这里的时候，又会生发怎样的感想。哪怕是再不屑的语言，我都可以很心平气和地接受。

朋友，如果你是思源学校的老师，或许你应该能理解我的苦衷。在这样的环境中，你需要的是一种与学生对话的耐心和恒心。在这些学生还不太了解你的时候，他们会有很多"对付"管理的办法，让你措手不及。虽然我们也都知道，对学生的管理工作不能仅靠强行的制度来生硬的实施，否则他们会产生严重的叛逆心理；但是，在老师一次次"不厌其烦"之后，在这些极个别的同学们一次次"玩世不恭"之后，我们再柔弱的心也会结成一层厚茧的屏障。

同学们，请原谅老师的不负责任吧？现在的你们，也已有十四五岁的年龄了吧？如果依照这个年龄来看，孰是孰非、孰轻孰重在你们心里都应该会自我判别了吧？虽然我知道你们的家境条件已无需你们更多的努力，便不会让你产生生存的压力；你甚至在父母的庇护下也不用考虑自己的前途命运，或者以你们现在过千万过亿的家产，已无需你们再为生活而奋斗；可是，可是你们想过没有：父母现在的财产是他们奋斗的印证，而你们又该用什么来证明自己在这个社会上的价值和作用？

也可能有同学会反驳：我为什么非要证明自己在社会的作用？我自己生活得很好不就得了——我很清楚这是你们所惯有的思维习惯。人活一世，草长千秋。你们学习并非为了考高分、上大学，也不是为了拥有向别人炫耀自己的资本。你们学习更是为了用掌握的知识来适应社会的发展，也是为自己赢取一个更大发展的空间。因为我们每一个人在这个社会上都不是孤立存在的，我们要通过与外界的交往来获取对自己有价值的认可，而所有交往的内容都是以知识为载体的，这便是人的本质属性即社会性的原理。

在杜郎口中学那样的环境里，单从管理这个角度来说，即便是再不好管理的学生，至少他们懂得一点：老师的建议或批评是为了他们的快速成长，这种逆向的力量几乎可以与鼓励相提并论。在我十几年的教师经历中，还从来没有因为批评学生得到他们的不认可。如果您是思源学生的家长，您更应该理解您的孩子给这里的老师带来的愁苦和无奈。他们的基础相对来说是较差的，这一点，做老师的肯定不会抱怨什么，只能尽全力带领他们慢慢地赶；他们上课听不懂或不会讲题，老师们也能理解，因为他们欠缺的知识正可以充分发挥老师的作用；而不能理解的就是，他们面对老师行为付出之后的"不理不睬""我行我素"甚至"恶语相向"！

记得，第一次来思源学校，首先映入我眼帘的便是教学楼上的两行大字：坚持面向人生的教育观，培养走向未来的现代人。同学们，当初进入思源学校时你们或许是不幸的，但在你别无选择的情况下选择思源学校应该是你们的幸运，这里虽然没有高档的硬件设施，也没有高职称或省市级别的骨干老师，但这个学校是对你们的人生发展负责任的，这里的老师为你们的成长注入了太多的心血和精力。白天课堂上老师一声声温馨的建议，中午午休时老师一次又一次的督促，晚上宿管老师一次又一次的提醒……你们知道黄老师、龚老师多少次舍下自己的孩子不管不顾！你们知道初一年级张龙老师带病上课差点昏倒在教室里吗？你们又怎么会知道，当你们晚上 22：30 还在宿舍里打闹的时候，老师正在楼下的操场上翘首仰望？你们试着体会过老师被你顶撞后的伤心不堪吗？你们感受不到这些老师默默的付出，都是出自一种对你们高度的责任心和爱心？如果，聪明的你们连这一点都没有感觉的话，我只能怀疑你们心房的颜色，再也无法用干瘪的语言来应对。

正如这节课阅读的内容：此时的课堂中，有的同学如愚公般的"大智若愚"，他们会付诸艰辛的努力，为自己的目标而奋斗；而有的同学却如智叟般"自作聪明"，殊不知"聪明反被聪明误"，他们在试图蒙蔽别人双眼的同时，更为自己的前行设下了一层厚屏障。

窗外的天，仍是灰黑的颜色；但分明又有大抹的绿奢侈地炫耀在我的眼帘。

最后一句话：醒醒吧，同学们！请看看镜子中的自己！

2月23日　怎样做一名合格的思源教师

写下这个题目的同时，连我自己都有些惊讶。

做为一名暂时的思源学校的老师，却要来谈论这样一个看似"悬空"的话题，一定会让大家见笑吧？

思源学校是一所怎样的学校，思源学校的学生又是一些怎样的学生已无需多言了吧？因为你们整日身处其中，感触最深，也最有发言权。而我，来的次数不多（五次而已），待的时间不长，对思源的评价或许也不够全面。

来思源学校近两周了，上了不多的课，转了不少的课，也思考了不少的问题，所以，就请大家原谅我斗胆的言语吧？

很想点击这几个关键词，与大家一同分享：责任与耐心，方法与魅力。

先说说责任吧。来思源后，我曾经对孙圆圆老师说过：如果在这儿做一个不负责任的老师，倒也是蛮轻松的。比如：见学生在课堂上睡觉不管不问，只关注那些听自己课的学生，随便你听与不听，反正我把知识都讲给你们了，表面上倒也说得过去；上完自己的课，拍拍屁股走人，管你有没有问题。有问题可以到办公室来问我，前提是必须得在工作的时间内，因为放学后我可能还有其他事情要做。这样的老师倒也落个清闲，图个随便，悠哉，乐哉。

可是，如果真要追问起来，其良心上真就问心无愧了吗？可能这些人还会振振有词的说：学生不听不学，关我什么事？这样的老师至今我在思源学校还没有发现，所以，我认为思源的老师都是很有责任心的。面对相当一部分"心如死灰"的学生，他们尽全力使"死灰复燃"。可敬的——思源学校的老师们！

如果说杜郎口中学的老师是辛苦的，这一点我不否认；但我要说的是：思源的老师更辛苦，这里的辛苦是真的"心苦"。每位思源的老师把太多的时间和精力都放在了学生习惯的培养上，且在不断的反复中煎熬着自己的耐性。虽然我曾经怀疑，这样的煎熬会不会增加教师职业倦怠感；但思源的老师的的确确是为学生付出了最大限度的心力。

我来思源后，听岑宾老师说的一句很经典的话：管理这些学生就得拿出像是和谈恋爱一样的耐心来。是的，谈恋爱不正是需要足够的勇气和耐心，且在不断的磨合中逐步了解对方，最终修成正果。这个比喻说法的本身虽然不很恰当，可它所反映出来的教育现象和教育方法，却不得不引起我们深入的思考。

同样不可否认，我们对学生真心的付出不一定就会换来他们的回报，甚至我们也从来没有想过想要得到他们的那些回报，只要在自己手下的学生能够身体健康、心情快乐，对周围人的付出多一些应有的理解，多一些真诚的回应就足够了。可以试想，如果我们老师缺乏耐心，对学生的要求期望值过高，那么这里的学生可能真得很难从老师的呵责、训斥中找到自信，我们也就更难看到学生的进步了。大家都清楚的知道，老师对学生的态度应该是严爱有加、恩威并举的。因为，过于严格的老师不利于学生发散思维、独立能力的形成和建立，而过于松散的管理又很难形成学生的自主学习习惯。所以，这个"度"的把握就显得尤为重要。

其实，不管是学科教学也好，班级管理也罢，只要肯想办法，我们总会想出一些切实可行或行之有效的措施。在尝试的过程中，或许会出现一些难以预测的问题，但在一段时间之后，我们会发现所有的这些问题都只不过是前进路上的小小顽石，甚至简单到无足挂齿。

说到底，管理学生的关键还是在于这位教师在学生心目中的位置。即便是再优秀的老师，如果只是高高在上，放不下架子，走不进学生的心，那么他也会失去学生的信任，最终失败在学生的认同上。反之，即便是能力再不强的老师，只要能够用真心对待学生，他也会以自己独具的人格魅力征服学生。说到这里，我总认为，教师人格魅力的体现是多个方面的，不一定单是深厚的学识，也不单是风趣的语言，只要是教师本身能够被学生接受且喜欢的，能够对学生有熏陶、感染、教育作用的都应该属于人格魅力的范畴。

特殊的环境需要有特殊的教育方式，而特殊教育方式的背后一定是我们的责任、耐心、方法和魅力在起作用。我愿与周边的各位同事一道争做一名合格的思源老师。

祝我们成功！

2月24日　打造精彩而有效的思源课堂

开学两周了。新学期以来，我每天的工作忙碌而充实。

虽然有时免不了在学生管理上下点功夫，但我们老师有时也要感谢那些所谓的问题学生，工作中正是他们引发了我们的教育思考，磨练了我们的韧性，同时也增长了我们管理学生的能力。

今天下午，初中部七八年级在学校礼堂举行了四节公开课。这几个班级赛课活动的出现正是围绕"转变学生的课堂习惯"而开展的。在评价几节课之前，我还是想从课堂评价标准开始说起。

我们来评价一节课的好坏，不应该有固定的一成不变的标准。在不同的学校，或者同一所学校的不同时间段内，根据近期工作的侧重点会有所不同。学期开始，我们最需要的是抓好学生思想的稳定，下大力气规范学生的课堂行为。

在第一周听课上课时，我能够很明显的感觉出学生上课时不在状态，特别是在老师讲话时，有不少的学生游离于课堂之外，根本不注意老师上课所讲的内容。记得当时和秦主任交流时，他对此也非常重视，认为这一点是开放课堂的保底工作。试想，如果学生在课堂中根本不能听清老师所说的内容，那么只能出现：课堂的开放度越高，课堂效果越要打折扣。所以说，学生习惯的养成是开放课堂很关键的一步。

杜郎口中学张校长曾经说过，学生投入是课堂中最美的一道风景。同样，老师投入课堂的时候，也是最美丽的时刻。真的是这样，在课堂中能有什么比师生都投入其中忘乎所以更美的呢？记得安塞腰鼓中那些茂腾腾的后生"一捶起来就发狠了，忘情了，没命了……骤雨一样，是急促的鼓点；旋风一样，是飞扬的流苏；乱蛙一样，是蹦跳的脚步；火花一样，是闪射的瞳仁；斗虎一样，是强健的风姿。"那是一种最原始的生命状态，是从骨子里发散出来的热情激昂。我们的学生也应是如此。当他们从心底充满对知识的自我渴望时，才成了课堂的真正主人。要想做到这一步，并不是我们所想象的那么难。只要在课前做到精心备课，优化设计，认真选择学生所喜欢的学习方式，让他们感到有兴趣可言，才有可能沉浸于课堂之中，课堂所呈现出来的效果自然不会很差。

十二点四十分，第一节课开始了。我跟随赵婷婷老师和七年级一班的同学一起学习了政治课《我能行》。她的课堂设计板块比较明显：

一、学生听写，板写重点，专人评价。

二、视频观看，疯狂英语，引出课题。

三、结合生活，举出实例，说我自己。

四、课堂情境，其他评价，谁最自信。

五、作品生成，展示共享，基础再现。

在本节课上，教师基本上没在舞台上出现，做到了零参与，课堂完全交给了学生，可以很明显地感觉出老师的"放手"力度很大，也体现了课堂的开放度。这种"零参与"本身的教学思想并没有错，从某种程度上讲是基于对学生的信任，与本节课的课题也能相吻合。可是，需要注意的是，我们彻底放手的前提一定是学生有一定习惯养成，倘若学生（特别是小主持人）连最起码的课堂规范都组织不好的话，课堂的效果就会受到一定的影响。所以，这节课总体感觉是可以的，但有一些值得注意的地方，点击关键词，如下：

一、连贯

虽思路清晰，但不够连贯，当然问题很大程度上是与主持人有关。以上列举的板块有种割裂的感觉，环节之间连贯性不强。基础再现部分可穿插在课堂展示中进行。应该多让学生举一些自己学习生活中的例子进行补充，证明自己能行，从而增强自信心，以更积极的态度面对生活，赢取一个又一个成功。

二、板写

板写时要注意有效性。板写的目的无非是为了巩固基础、积累应用或达标自测。如果学生们在写完之后，版面上是全对的，或者老师没有根据学生出现的共性问题进行点评，我们就不得不怀疑这种板写的价值性。黑板所充当的角色即是检测学生学习效果的有力武器，我们要通过学生的问题反馈来达到全班强化的目的，而非只是让学生利用双色笔简单的改一改，画个分数那么简单。

第二节课是张龙在九年级二班上的数学课。两大环节：知识回顾和分组展示。在这节课上，学生的情绪状态还是不错的，特别是到板面旁讲解的同学，声音清晰、标准较高，整节课的展示氛围很有点杜郎口的味道。存在的问题主要是：学生在黑板旁讲解时不能做到侧转身体，以至于其他同学不能很好地看到板面上的题目，所以就有一些距离稍远的同学在课堂中仅仅充当了"观众"的角色。他们可能更加关注本组的展示，而对其他小组的讲解就不太感兴趣了。建议在预习环节最好不要将任务非常明确的分给每个小组，在上课前可以采用抓阄的方式，现场确定讲解小组，然后再给他们小部分时间进行准备。在展示中如能结合同学们出现的问题引导质疑思考，产生生生互动，那么课堂才有了真正的"增长点"，学生的当堂收获才更多。所以说：展示不是预习的翻版，而是在预习基础上的再提升！

第三节课是杨娜的语文课《五柳先生传》。几天前我和杨娜已经沟通了课堂思路：

一、学生主持，推荐背诵，自然导入。

二、分别活动，交换出题，对子互助。

三、自由展示，对子捆绑，突出重点。

四、多元方式，小组任选，写作展示。

本节课最大的亮点就是学生在老师不出场的情况下，主持人的作用发挥得很好，课堂有条不紊，展示的精彩度也有提高，从中可以推断出杨老师在课前做到了精心准备，也是她平时课堂付出的一种成果再现。学生的作品质量整体也不错，有个别作品还需要老师课前的把关。例如对联的内容及横批不够规范，个别小写作的感情基调有些消极等。自从检查语文组备课以来，杨娜老师的备课每次都是非常用心，而且还能够把在其他老师课堂上学到的好方法及时用到自己的课堂中，这种谦虚好学的态度也值得我好好学习。

团队的凝聚力是来思源学校后给我很大触动的地方。初三办公室里的各位同事、学科组、年级组内的其他队友，在协作中总能让我汲取到对自己成长有益的营养。回想我能够在这么短的时间内适应这里学校的工作和生活，背后都有很多思源的同事给予我的支持和鼓励，谢谢你们。最后一节是朱老师的物理课。在他上课之前，整个理化生组的老师都能够主动地上台帮助准备，这一幕深深印在了我的脑海中。记得崔校长说过，从会做事到会操心，这是质的飞跃；假如主动做事的意识是无价之宝，被动接受地做事一文不值……犀利言语的背后，不禁可以看出崔校长的眼光敏锐，更是出于他对工作的一种高度责任心和自我追求。

在朱老师的课堂上，采用幻灯片，让学生"试一试"、"想一想"，直接醒目地显示电路图。主持人很有激情，其他学生的回应却不怎么积极，所以学生的参与面也不是很广。我想，这应该与老师课前的设计有关，特别是与平时在课堂中对学生的调动有关。虽然今天下午在舞台上上这一节课，确是老师们近阶段课堂成果的显现，所以很大的功夫还是在"课外"的。

回顾这几节课，我想最受益的除了学生之外，应该是四位上课的教师，他们通过亲身的实践体会到了教学的真谛，也明确了今后教学的方向。另外，他们用自己的辛勤付出为我们提供了一个可以反思课堂教学的平台，也提升了我们对课堂标准的认识，感谢他们！

　　四节课上完了，我们对课堂教学的思考还没有结束。正如秦主任在最后的总结发言中所说的：今天课堂的标准即是明天课堂的起点。相信我能够与身边的老师们一道，打造精彩而有效的思源课堂。

　　加油！

班级	科目	学生投入度（2分）	展示精彩性（3分）	课堂参与度（3分）	课堂规范性（3分）	总计	排名
七（一）	政治	2	1.5	1.5	1.5	6.5	4
七（二）	数学	2	2	2	1.5	7.5	2
八（一）	语文	2	2	2.5	1.5	8	1
八（二）	物理	2	1.5	2	1.5	7	3

2月27日　　温情的家

　　又是周一，新的一周已经开始了。

　　看了一下电脑上的时间：23∶05。本该是我以往休息的生物钟点。

　　广州下雨的次数比家乡要频繁得多，常常是在倾刻间天空飘洒下清冷的雨滴，这种突然的造访不会有太多的征兆留给我们去准备雨具，有时连续几天或一周，甚至更长，屋里的被褥楼道的地面都是湿漉漉的，更别说压堆的衣服让人生出一种莫名的烦闷。不过，也不必太为难自己的心绪，就权当是雨的顽皮与机智带给我们对自然敬畏的考验吧。

　　今夜的窗外，仍是淅沥的雨声。寂静的夜晚，任思绪在微微润湿的空气中蔓延。这样一个安详的时刻，正是有了雨的点缀，一切纷繁复杂的情思才有了外在的张力，氤氲生长，如门前树上的芒果肆意飘香。

　　今天，班里的情况有了很大的改进，晚自习前，我在前板上做了梳理，具体表现在：

　　1. 昨晚男生宿舍纪律很好，得到值班老师的高度评价。

　　2. 今早检查宿舍卫生，除508宿舍有个别问题外，其他宿舍卫生标准明显提高。

　　3. 中午午休时同学们能及时到班，总体秩序也不错。

　　4. 晚饭后润甫、恩培、智勇到班里即投入到学习中。

　　5. 昨天看完视频后，有一些同学能够主动把观后感交给老师批阅，个别质量较高。

　　整整两节晚自习的时间，我都在翻阅同学们写的观后感，内心也有很大的触动。胡斌，一个很普通的名字，普通到连我听完他的报告后，还要再问岑老师以确定一下，可在他的身上却有着不普通的故事。看着视频中清爽的面庞，我们很难与玩游戏、打架、砍人、飙车等联系在一起。我不知道同学们在看的过程中们有没有对照自己的行为反思。不错的，"命运是可以改变的"，《弟子规》胡斌不仅是看完了，更是用心领会了。

同学们，你们是怎样对待自己父母的呢？有没有个别时候冲着父母发火，宣泄自己的怨气？你可曾想过他们的感受吗？你们是如何看待自己的学业？是因为基础差，还是因为自己学习用的心思不够多？你们又是如何面对老师的管理呢？是嫌弃老师的太严格不近人情，还是认为老师的管理有些多余……我的思想在同学们写的观后感里难以挣脱。

把蒋捷的文章又读了一遍，写下了这样的评语：读完之后对蒋捷有了新的认识，丰富而细腻的情感中裹藏着一颗善良纯真的心，你所写的内容也正是这颗心的呈现，让我读时触动很大！相信父母读此文也会有感触。希望在接下来的六七十天里，能够看到一个奋发向上，积极乐观的蒋捷。祝你成功！

温情的家
——《胡斌演讲》视频观后感
九一班 蒋捷

原本就有些喧闹的教室，在微虹的催促声后变得更为沸腾。"作业还没做完""可不可带过去啊""你想被收就带啦""看什么电影呀，有什么好看的"……在万般无奈下，奉着"师命不可违"的宗旨，九一班三十人下了楼，聚集在大厅门口，只见里面九二班的同学不知何时已坐好在位。

正闲晃着，不知是谁喊着让大家排好队，我便乖乖依着队伍就座。"就这样的电脑，还能看电影？"不难听出同学们语气里的不可思议，亦或是有一丝丝嘲讽？我也并不作他言，边静静地等待着，边背着我的英语小短文，想着离中考还有108天，应该如何才能练好口语。周末我在家的每一天都在倒数，提醒自己近了，又近了。记不得谁说过，所谓放假就是从学校走进补习班的日子，时间总是不饶人，溜得太快，让尚未早做准备的我们措手不及，扳着手指细数着余不下多的日子，竟有些心惊胆战。

倒是挺惊讶霎时间鸦雀无声的众人，视频被放大，播放开始我看的并不怎么认真，但总得对得起这额外安排的时间。不知为什么，看时虽然对我的触动不是很大，却忽让我忆起了什么，讲说人的经历并不是寻常人所有过的，当大家在他声泪俱下中倍受感动，为他有那么个好母亲而庆幸不已时，我也不由地对比起自己的父母。

我母亲是个大大咧咧的人，爸爸有时就怪她把我照顾得不好，认为有些该说的该管的她都没有在意。我和父亲的关系是近两年才有所缓和的，从小我便是被"打"大的。在我印象中当过武警的父亲力气特别大，所以打在身上很疼，而且他体格过人，只可仰望不可攀附。对于他说的话我必须一丝不苟地执行；否则，脾气火爆做事雷厉风行的他可不是好惹的。他生气时我一句话都不敢言，即使在心中酝酿千百遍，也不能扳开牙门，冲出喉口。

渐渐的，人也长得不算小了，会给父母找麻烦了，也是这时我才发现，原本让人心生畏惧高大威猛的父亲也开始不知拿我怎么办了，原本在人前光鲜亮丽，时时把灿烂笑容写在脸上的母亲也有了苍老的痕迹，岁月的刻刀在他们脸上将风霜刻画。我也才渐渐明白岁月的无情，尝试着去体会了解并理解他们的苦楚。

虽然我屡屡犯错，老师让家长到办公室"喝茶"也基本上成了初二下学期的常事，可父亲对我的学习仍不抛弃，不放弃，他说，"蒋捷！只要你还能上得了学，我就养你，十八岁后你恨我也好。即使你去讨饭，我和你妈也不会出现在你面前；可我现在是你老子，你吃我的用我的穿我的，你就要听我的。"这是父亲特有的方式，虽然听起来很难听，也很粗暴，也许让大多数人不能接受，可那一刻我以"女儿"的身份，真正知道了这个如山的大男人，我们家的顶梁柱，此生最爱我的男人——我挚爱着的父亲，给予了我多大的厚望，且当成他精神的唯一寄托。

记得曾经一家三口开着玩笑，父亲对我妈说："即使卖了你我，也不能丢了这么个宝贝女儿。"当时只做是桌上茶余饭后的玩笑，可我现在知道，那是不善于表达情感的父亲不经意间流露出的"爱"。不仅我在改变，父亲也开始不那么高高在上了，闲时和母亲闲聊，母亲问道："你不觉得你爸变了吗？其实这样也挺好的。"是的，这样生活真得很好。

记得有一次我们宿舍有一位小女生，她母亲送来的一份煲好的汤，却在宿舍楼下找不到了。当她父母得知时，将她数落得不轻。我们都觉得不可理喻，当她找到班主任的时候，也并没被重视，自然她也哭成了泪人。当时我们除了尽心安慰她，也暗自庆幸没有遇到这样严厉的家长。我记得父亲曾说过："我打你，从来不为了别的，只有学习。"的确，在家里被我破坏的物件不在少数，爷爷也曾说："你这丫头，调皮得就差没上房揭瓦了。"但父母却从未因此而打我甚至连说我也不曾，只道："小孩子弄破东西很正常，为了那些死的东西，打你我们不心疼么，要打伤了，多不值。就算打你，也回不来。"我感激并欣喜我有如此深明大义的父母。

而母亲，是生活在我和父亲中间不可或缺的一员，连系我们的纽带，父亲经常说："你有什么想和我说的，又不好意思说的，可以找你妈。"在我和父亲僵执的时候，是她无声的收束我俩的不满；当我和父亲关系融洽时，总合伙"挤兑"母亲，母亲也并不着急，只是用一双眼斜我们，似乎不乐意，却也面带笑容。无一例外，我的母亲也总爱唠叨，特别是最近几年，岁月流逝，时光荏苒，当她不复年轻，身材走样，行动迟缓才思也大不如从前，便会特别没有信心，虽不至于自怨自艾，却也将精力转移，开始注重脸上的皱纹新增了多少，身上赘肉又多了几圈。

其实，我并不是不懂，母亲曾经是众人目光下精明能干的女强人，没有人不夸她。可当她从一线退下来，转做内务人员时，聚焦少了，再加上年岁渐长，时代变迁，便觉得自己似乎被淘汰了，被人搁忘，光环不复。这种事业、人际给她带来的失落是持久而沉重的,可她为了我为了家,还是一脸灿烂,即使不若曾经意气风发。调皮的我即便有时仍用一种略带打击性的语气、方式对她,她也总是一笑而过,依照她的方式活出属于这个年龄的精彩。

母亲,请原谅我年幼的不懂事,我知道在你们眼里我永远是小孩子,可我真的把这间不算大的房子,人不算多的地方当成了"家"啊!在这里,我可以卸下所有思想的包袱,而不只是把它当成休息的地方,家更是让我的心灵得到慰藉,也只有家里的你们,才是我永久的依靠。希望现在这样的醒悟还不算太晚,我真的不想等到"子欲养而亲不待,树欲静而风不止"的时候再去忏悔,那就真得太迟太迟了。

还记得从我不懂事起,父亲第一次远行,去巴基斯坦待一年(毕竟国外的钱会比国内挣得更多,工程也大)。一年后父亲回来了,我们家在广州有了真正属于自己的第一套房子。"有电梯的"这是父亲对我说的关于新房的第一个描述。因为我很小很小的时候曾对父亲说:"我希望我们家可以像小姨家那样住有电梯的房子。"那只是一个啥事不懂只会吃糖的小孩,不是太认真的希望。当时妈妈还没有工作,从巴基斯坦回来的父亲也瘦黑了不少,可我的父亲,却凭自己的双手一点一滴地将它实现。印象中搬家那天,看到新屋子,我真的觉得那种感觉太棒了,对于一个刚被父母从家乡接过来的土小孩,这已经是很好很好了,当时我才读完小一。我们在新家吃了一顿面条,晚上睡觉都美美的。现在回想起来,那是一种多么单一纯真的幸福!

后来三四年级的时候,我很不理解父母为了工作连吃饭都不能陪我。我那时经常埋怨父母:"就算一家人能天天一起吃顿饭,即使喝白粥我也愿意。"可母亲总说:"没有工作,就没有好的物质生活,一家人吃饭都成问题你乐意?"而我无一不答:"我愿意。"不是故意和他们对着干,而是当我每次放学回到家,一个人孤寂地站在客厅,总会格外地希望父母回来陪陪我。要是寒暑假独自一人,我干脆不吃,因为一个人吃饭真得很难受,所以我通常都是前两顿不吃,只吃晚饭,实在饿过头也就不饿了,从小二到近年,大多个长假期都是这样过的。父亲有时候会打电话叫我去外面自己吃晚饭,我经常一个人迅速吃完再小跑回家,虽然路上红灯绿酒,但心里不是滋味,想快点到家等着他们。有时候凌晨四点多,母亲才拖着疲倦的身子到家。大多数我是撑不到那么晚,都是看着电视十二点左右睡着了,母亲不知什么时候回来帮我关的电视和灯。因此我才更期盼父母柔和的关怀,而不是严声厉色地打骂,也不是物质所能满足的。可我知道父母不在家也是因为工作的原因,心里肯定也有一丝无奈。所以,我更加庆幸和珍惜每一个父母在家的日子,因为:有家的感觉真好。

有一句话说,我们总是对最亲近的人发脾气,也总是伤害他们;而对于陌生人,我们则显得格外客气。其实,如果转换过来,也就不会让爱自己的人受伤。但我们也只有在最亲近的人面前,才会真正放下心防,除去伪装,才敢肆无忌惮,甚至张牙舞爪,换个对象,早给你一个大耳光抽过来了。确实,我们该珍惜这些一路伴我们前行的人,更该对我们的亲人,特别是父母一定要好好的。放心吧，现在已经懂事女儿会在心里祈福：愿岁月待您们安好。

准备睡时已近凌晨，我却辗转难眠。窗外的雨仍在不停地下着，不像是滴落在地上，倒像是滴落在心里。

→

2月28日　　　　学科教研会

今天上午第三节参加政史地组的学科教研会，我就备课及课堂谈了自己的一些想法：

一、备课

备课的立足点应该是为生活服务，只有学科的知识和生活密切接轨，学生在课堂中的兴趣才会浓厚，课堂中才能呈现出投入的状态。现在看到的不少课堂中，学生虽然活跃，但没有最基本的秩序，以至于课堂节奏慢，老师备课中的内容处理不完。我认为学生之所以不愿参与或不够投入，一个很大的原因就是因为教师所设计的课堂内容对学生吸引力不大，再加上如果不能采取较为有效的学生活动形式，那么课堂中教师"就知识论知识"，学生肯定会感到索然无味。政史地是一个与生活紧密联系的学科，如政治课上的生活实例分析、历史课上的事件人物评价、地理上的方位图标等都是指导我们当今生活的重要组成因素。事实也证明，只有当知识与生活联系在一起的时候，学生才会真正感到学习的价值和意义，从而提升课堂上的兴趣。

二、预设

教师的备课很大程度上是上课前的预设，有了充分的预设，课堂中教师才会做到胸有成竹、游刃有余，才会充分调动学生的参与积极性，使课堂有条不紊地开展和进行下去。

1. 学情预设。通过口头或笔头了解学生在课前对知识的掌握程度，合理筛选展示讲解的内容，才不至于做"白费力气不讨好"的事情。学情调查的真实可信度往往会直接影响到教师对课堂内容的处理以及课堂效果的落实。

2. 环节预设。首先我们应做一位明白老师，要在课前对课堂进行优化设计：课堂大致分为哪几个环节？哪一个环节又是不可或缺的？在一节课45分钟时间内"掐头去尾"，"头"即课始的回顾旧知、激趣导入或预习达标，"尾"即每节课剩余的几分钟时间让学生梳理记录或对进行分层达标检测，这样每节课中间的30分钟时间即为本节课重点学习的内容。只有课堂思路清晰了，环节设计符合学生的认知，体现学习的梯度，才能够更好地落实课堂效果。

3. 时间预设。对应每一个环节所用的时间，进行科学分配，才不至于出现"到下课时，教师所预设的问题还没有处理完"的现象。时间的安排也应该考虑到学生对于知识的接受程度，在实际的课堂教学中还要灵活的调整。

4. 学生活动。每一节课学生活动的形式不一定太多，但在一个阶段内教师所预设的学生活动形式一定是多元化的，最好每节课老师想一种评比评价的办法，让学生常有新鲜感，这样更容易调动学生的参与积极性。比如在近阶段的语文晨读和课堂中，我分别采取了个人签名报到、对子互助完成报到、分目标画"√"报到、男女比赛、小组竞赛、抢凳子游戏、捉鱼（不投入者即为漏网之鱼）、师生情境对白、纠错计分等方式来调动学生的参与积极性。

5. 知识储备。知识储备无疑是教师备课必不可少的要素。我个人认为，知识储备不一定越多备课就越实用，所有的知识储备都应该是为本节课服务的。

①突出重点。每节课切忌"眉毛胡子一把抓"，可让学生以关键词记录的方式进行沉淀。我们可以设想一节历史课，课前教师在黑板上只写了 20 个数字，上课后对同学们说，我们这节课就来学习这些数字，然后整节课就围绕这些数字将历史事件串联在一起，学生的兴致能不高？课堂效果的落实能差得了？

②疑难问题。我们在课前应该预设到课堂中学生有可能在哪儿出现问题，如果出现问题我们应该怎样来指导学生，包括点评的语言也可做一些预设，这样通过课堂中教师的精讲点拨，才会出现"一石激起千层浪"的效果。

三、课堂

1. 投入状态。前两周初中部重点关注的学生课堂投入度已经有很大提高。现在我们重点要做好怎样将课堂的"活"与"实"相结合，使课堂活而有序、活而有效，课堂中学生既能够在教室的组织下积极参与课堂活动，又能够保证每节课每个层次的同学都能有课堂效果的落实。学生的投入度也是课堂的保底工程，希望我们的老师都能够在心里引起足够的重视。

2. 学习效率。我们可以根据每个年级学生的兴趣特点，采取一些不同的评价方式，如报到站、评比树、男女赛等来提高学生的参与节奏，使每节课上学生能够适度紧张，增强效果落实。

3. 有效表达。让每个学生在表述时要清晰明了，提高讲话的价值性，教师进行适当的联系拓展，将知识与生活接轨。

4. 效果落实。课堂效果的落实不仅仅是知识的沉淀，还包括方法的总结、规律的提升等，这是更高层次的收获。效果的落实也不是通过几张纸或几个同学的抽测就能说明问题的，当堂的抽测只是给老师一个效果反馈的信号，却不能代表所有同学对于知识掌握的程度，我们应该参考学生抽测的情况，找出共性的不足进行查缺补漏。当然，对于被抽测到的同学更应该让其及时纠正或跟踪反馈。

总之，课堂永远是我们向往完美追求卓越的理想地，愿我们都能够在通往理想的路上洒下属于自己的一片芬芳。

→ 2月29日

给九一班的同学们

九一班的全体同学们：

你们好！当你们看到这篇文章的时候，应该是周末回家了吧？

卸下了一周的疲惫，享受着家的温馨，此时的你一定是在放松的状态下满心的欢愉，对吗？那么就请原谅老师用这种特殊的方式打扰了你的时间，也请你耐心地把它看完，好吗？

从山东到广州，乘机飞行三小时，跨越四千里，我来到了思源。

从现在到中考，仅在三个月之后，在校两月有余，你们即将离开学校。

来去之间，便是你我相聚的日子；装点行囊，便是你我挥手作别的时刻。

有人说，相识是一种缘分；相知是一种情愫；相守是一生的福分。那么，我想问：相惜是否可以认为是你我离别后美好的牵念？

试想四月后的今天，你我已不可能相见。你们终于有了一些属于自己料理的时间，可以随心所欲地玩耍，可以肆无忌惮地叫喊。你们早晨再也不用在起床号的催促中发出哀怨，身上不用再穿"广州思源"的校服，视线里不会再出现那些熟悉或不熟悉的身影，耳畔也不可能有严厉的口令让你保持安静，更不会听到同学老师在课堂中对你善意的提醒。你不用再为晨练而辛苦，不用再为洗澡而等候，不用再为迟到而反思，不用再为作业而烦忧。或许这些对你来说都没有太大的感觉了吧？抑或你还会有一丝庆幸？

再请你认真思考一下：你们的庆幸真的来自于自己的解脱与独立吗？按你们的年龄应该还未成年，如果你能独立了，那么真的要恭喜你了，因为你已经提前步入了担当责任的成年人行列！可是独立的象征又是什么呢？恐怕除了想法的独立外也应该包括经济的自酬自理和能力的自强自立？相信大家也不想做众人鄙夷的啃老族、富二代吧？那么"独立"二字对你来说是不是还有点差距呢？既然你们还没有完全独立，那么就会有家长的一些心血会被你享用。或许有人还会说，父母的钱物自己的孩子来用是应该的，可你们在享用时的心情是觉得天经地义还是感恩戴德呢？如果你们享用了父母的心血却让他们伤心了，你们说这样是不是感觉受之有愧呢？

在成长的过程中，父母已经为你们操碎了心，费尽了力。世上没有哪一个父母不盼着自己的子女能够有所成就。父母成就感的由来绝不是为了偿还他们养育子女的辛劳，更非满足他们向外人炫耀子女的资本。父母最大的荣耀就是自己的儿女能够通过个人的努力，实现能力的提高，从而生活得更好。说了这么多，也许你们早就听烦了。从幼儿园到初三，已经有过太多的老师给你们讲了太多这样的"大道理"了吧？话虽是说多了点，但心愿只有一个：好好学习知识，多多培养能力，报答父母养育。

你们在思源，三年了！三年的苦，三年的笑，三年的汗水，三年的收获。好像现在我说再多都抵不上你们亲身的体验更真切。同学们，三年了！三个月后，三年熟悉的空间都会因六月中考的到来而变得模糊不清，也许在你头脑中还会残存初三生活少许的碎片，可是尽管你费劲心思去拼凑，也再现不了头脑中初三那一副副完整的画面。运动会远去了，朋友们分别了，课堂上的争论不可能再有了，老师的表扬批评、提醒建议都没有了，聪明的你又会作何感想？同学们，这就是想象的美好，也是回忆的无奈。

三年的往事会随着记忆的褪色，在时光的长河中渐行渐远。也许在若干年后，记忆的潮水会再次浸上思念的边岸，让我们再次用心丈量走过的痕迹。所有回忆往昔点滴的一瞬间，你我又是否会将一份美好定格在彼此记忆的相册中？

或许你会在与朋友的高谈阔论中，追念班级同学们紧张学习里的快乐：语文作文书写康健的最高分，翻译课文时微虹的积极参与，上操时智勇的飒爽军姿，润甫的漫画杰作，瑜琳每次到班后最投入的状态以及绮雯自初二以来发生的巨大改变。

当然，可能还会有一些在课堂中调节神经的花絮：开班会时一镇的插话截舌，讲解发言时林龙沙哑特质的嗓音，好似从战场归队的伤员子辉，总理解不透庄子惠子对话的林婕，男女互查翻译时被无奈推举的代表启锵等等。这些共存的回忆都属于九一，更属于在九一班待过的每一个。

也许你会在独守的夜里有一丝温存的遗憾：饭后教室里大声喧哗的吵闹，课堂中因发呆错过的重点知识，到班迟到丧失的宝贵时间，同学打闹出现的友情创伤，顶撞老师带来的置之不理，课堂上躲避老师眼光的掩耳盗铃之事。同学们，想一想吧，假若时光的超前流转真的可以让我们未卜先知，我敢说：现在我们班里有很多同学会很后悔自己现在的行为！那么，我们为什么非得等到时间过了，错误有了，失败的结果已经铸就了，然后再去追悔莫及呢？我们可不可以先把结果想到最坏，然后再用最大的努力去试着改变现在的自己！

好了，说了这么多，也不知道对大家有没有必要，有没有价值。之所以还能在这里说这些略带伤感的话，只是看到了一些同学的表现确实不能让家长欣慰让老师满意，不想让你们伤透了最爱你们的父母的心，更不想让你们在今年六月的中考之后再留下太多无可挽回的遗憾。

又是一个周三，又是一个雨天。永远相信：崭新的太阳总会盛开在心田。

信虽是提前了两天写的，但还是祝你们周末开心！

你们的徐老师
00：14

三
月

曝晒问题也是一种美丽

→ **3月1日** # 对三节课的评价与思考

今天上午第一节，我在高二四班听了丁威老师的英语课，现将课堂的环节及对应的优点、建议汇总梳理如下：

环节	优点	建议或思考
板写检测	学生书写质量较高，板面清晰。	黑板上互相批改后全是对号，板写的价值性该如何体现？
情景对话	表演较为精彩，参与人数较多。	学生表演情景剧的内容是否积极、健康、向上的？能否给学生一个正面的导向作用？
分组讲解	①全班同学投入度高。②相信并发动学生讲解，教师进行点拨。③注重参与面	①参与讲解的节奏有些慢，个别表达不清晰。②课堂中应该更多一些生生互动。③对学生的赏识、鼓励应更多一些。④学生讲解句型词组多，应用少，可尝试进一步发动学生进行造句、连词成段等。
补充总结	教师能进行适当补充、强化。	应留有时间让学生对本节课内容进行记录整理，以更好的落实课堂效果。

总体上来说，这是非常成功的一节课。课堂的最大成功在于，身为高中的教师能够敢于尝试放手发动学生，利用主持人来自己组织课堂。整节课学生的投入度也很高，从外观上没有发现一个学生走神。另外，在以上的建议和思考中最应该引起我们注意的是：

1. 节奏。保证课堂适度紧张感的方法有很多，我们老师可以尝试通过讲解完毕及时提问、当堂达标测评、竞争比赛、多元评价等方法来提高课堂的效率。

2. 应用。将学到的知识让学生以连词成句、成段、成文或者对话等方式，将知识用到生活中。

3. 落实。我感觉整节课上学生口头说得多，动手写得少，我们老师应该让学生养成随笔记录的习惯；另外，建议丁老师可以尝试进行分层次教学，在每节课上让不同层次的同学有不同程度的提高。

上午第四节，在高三一班听了尹志刚老师的物理课。说实在话，高中物理课的知识我是听不懂的，只能从课堂的形式上进行评价。尹老师设计课堂的两个环节是：

一、板写，纠正。

二、改编，讲解。

本节课的优点是：

1. 大多学生投入课堂，且思考积极，参与踊跃。

2. 以小组为单位改编题目，进行变式训练。符合新课标对学生能力提高的要求，说明教师备课用心。

3. 学生的改编题目对老师课堂驾驭的能力有较高的要求，尹老师能够对学生出现的问题在第一时间内进行纠正强化。

我对本节课堂有如下思考：

1. 优化各环节对应的时间，进行合理分配，展示讲解时还有半节课的时间，以至于课堂有点前松后紧。老师要争取给学生留有更多思考、记录、沉淀的时间。

2. 老师讲得多，学生思考的就少，长时间下去会让学生养成"惰性思维"，效果落实到底怎样，教师很难把握，所以尽可能多的给学生独立思考的时间，使效果最大化。

总结以上两节课，让我们一起来思考一个问题：我们应该怎样来判断一节课的价值性？

我认为应该包括以下几个方面：

1. 有足够量但不过量的知识基础。这要求我们教师备课中对知识的储备要全面。

2. 课堂中有对知识的归纳、总结、变式、适当的拓展联系等对信息的整合。这要求老师备课时既要统筹兼顾，又要突出重点，敢于打破教材的限制进行自我重构建。

3. 对于规律、技巧的探究及方法的形成。当学生一旦掌握了一个好方法以后，学习就会事半功倍。例如在杜郎口的课堂中，学生总结的口诀有：

数学学科

（一）概率

树状图法求概率，细心认真别大意。开始分类别忘记，加上箭头还有 P。最后还要看仔细，答和问题要对立。

（二）分式方程

分式方程不算难，一化二解三检验，四个步骤要齐全，最后总结才算完。

（三）圆

圆的证题不算难，常把半径直径连。有弦常作弦心距，它定垂直平分弦。若有直径莫忘记，圆周直角立上边。同弧圆周角相等，证题用它最常见。同弧圆周圆心角，一半关系记心间。若知线与圆相切，常把圆心切点接。若证线与圆相切，垂直半径过外端。

（四）找不等式组解集

同大取大，同小取小。大小小大中间找，大大小小无处找。

历史学科

隋朝

抗战四起隋统一，炀帝游玩兴水利，三点四段五水系，南北经济连一体，木鹅搁浅头落地，

暴政难忍众起义，垂死挣扎难再立，呜呼哀哉，隋朝去。

地理学科

山东省

中国大陆居亚东，一大内海渤海南，京九京沪铁路穿，今天带你来参观。
户户垂柳家家泉，京沪线路过泰安。孔府孔林孔庙建，黄海明珠和崂山。
扇贝鲍鱼虾居冠，青岛烟台渔业展。公铁海陆航空点，运输方式足齐全。
海尔青啤大集团，冲出国门世界看。青岛经济领发展，海洋资源尤为全。
黄海明珠美名传，东方瑞士盛誉遍。龙潭喷雨奇景观，有空免费你参观。

政治学科

在科技飞速发展的时代里

（一）科技

现代变化因科技，有它存在改天地。科技第一生产力，高新技术带经济。
人类文明是标志，创造两富无止息。信息技术蓬勃起，生命科学打天地。
空间技术显国力，中国发展了不起。

（二）创新

创新具有大意义，力量之源发展基。促进发展高科技，民族兴旺有动力。
创新起点是好奇，思维闪光要谨记。观察想象和求异，积累知识是前提。
实践运用提能力，高唱创新主旋律。

所以，我们接下里需要考虑的是：学生学会了多少知识？学生对知识总结、归纳的哪些？学生是否学会了方法并解决了哪些实际的问题。由纯知识的记忆到对信息的整合，再到方法的形成与应用，最终内化于心，构建成头脑中记忆的体系，这才是我们课堂所要孜孜追求的。

上午第三节，我在初一一班听孙圆圆老师的语文课《孙权劝学》。

在这节课上，学生的状态非常投入，就连平时很好动的骆奕燊同学也有出色的表现。圆圆的课堂进步很大，具体表现在：

一、细化了课堂评价。

1. 注重了对于学生聆听状态及展示标准的评价，如老师在课堂中表扬投入度比较高、状态好的同学以及聚焦、板书、坐姿、声音、语速、教鞭等。

2. 关注全员参与，注重细节，鼓励平时少于展示的同学抓住机会。

二、明确分工，当堂检测，落实效果。

让骆奕燊同学担任课堂检测员和主持人，增强其责任意识。在小组讨论时效率高，效果好。整节课学生投入其中，纠错及时，达标提问，落实效果。

三、整合信息，板块清晰，体现了层次性。

板书内容中的名言积累内容很好，从前板中的"智力直通车""能力提升""拓展延伸"等可以看出老师备课用心。最后总结"一部""2成语""3人物"概括性强。

圆圆需要改进的几点有：

一、对子互助的效果还不是很明显。

二、仍要关注班级内的薄弱生。

三、翻译文章后的抽测前，可以再给学生留有少许时间进行巩固强化。

四、进一步提升学生展示的标准，如本节课最后出现的不拿教鞭、不面向同学等现象。

3月2日　课堂教学策略与反思

（一）

今天上午第三节，我在七一班听赵婷婷老师的政治课《自信是成功的基石》，课后整理如下：

优点：

1. 评价细化，板写进步很大。

2. 学生投入度比原来有很大进步。

3. 教师的教态很值得我学习。

建议：

1. 课堂的严谨性还要增强，例如在幻灯片上文字每段的空格等。

2. 心理学家对于跳蚤的实验，不能太绝对，以免让学生形成思维定势。

3. 还是感觉学生结合个人案例或生活实际谈的有点少。

下午第三节课后，我先在高中部对本周听的两节课进行了分享，只可惜时间有限，有些问题没有和老师们进行碰撞交流。

之后，我又匆忙赶到初中部参加总结会。在秦主任的组织下，老师们把自己负责检查的工作如查课、餐厅卫生等做了梳理。身为一名初中部的班主任，我也谈了自己近一周来的感受：

一、学生管理

很感谢初三年级所有班组的老师，对于初三一班学生管理给予的帮助，来到的三周时间，让我真切的感受到思源学校的老师是伟大的。记得岑宾老师昨天参加区教研会后深有感触地说：重点学校的老师真是不知足，守着最好的生源还炫耀自己工作的成绩；如果把思源学校的学生交给他们，真不知道会是什么样子。况且有了好的教育资源还独自专有，不愿和民办学校的老师资源共享。当时听到这话时，我是很有同感的。我们经常听到某某重点学校的老师抱怨自己的付出多，工作的辛苦，如果和这里的老师比起来，他们真得会很知足的。

针对九一班学生的情况，我近段时间采取了"抓两头"的方法。对于每个组一两位有学习欲望的同学，教师单独交流或采用博客留言、写小纸条等方法，多鼓励他们，使他们建立足够的自信心，能够在小组内起到督促他人静心学习的作用；对于班级个别自控力很差的同学实行错误累计制：一次警告，两次让其和家长通电话，三次及以上让家长到校与老师沟通，问题非常严重的同学通知家长带其回家反思。

事实上，学生的管理工作，除了老师在学校的教育之外，很大程度上与地域、学校情况、学生性格、家长教育等有关系。如果只是一味的讲求措施、制度都非长远之计。在思源，要想做好学生管理工作，必须有足够的耐心和适合的方法，最主要的是要让学生从心底接受你，认同你乃至欣赏你。用耐心和爱心感化学生的心灵，总比坐等其成效果要好得多。

二、课堂教学

1. 投入状态。通过近两周的查课、听课，我感觉初中课堂中学生的投入度有了很大提高，可这并不意味着我们已经做得很好了。对于同样一个班级，不同老师的课堂上学生的投入度就有很大的差别，我想根本原因在于学生的自制力差，习惯养成不好，直接原因还是因为我们老师对于课堂的把控能力有差别，或者说是因为老师们在备课时备知识备得多，对于学生备得少。只要在课堂中引入一些趣味性强，能够充分调动学生的方法，我们的学生还是能够"配合"老师的正常教学的。

2. 课堂效果。现在摆在我们面前的一个更重要课题是：分层次教学。据我了解，思源学校每个班学生的差异性比较大。如果我们在同一节课上设置相同的达标内容，那么对于基础弱的同学来说，他们肯定找不到学习的自信，从而会丧失学习的乐趣。其实课堂中最苦最累的学生应该是那些基础最弱的学生，他们在课堂被迫无奈的过程中煎熬着身心。请我们的老师对他们多一些关注，多一些耐心，多一份责任，或许他们成不了学习上的领头雁，但谁又能说他们飞不出自己的天空？

记得在杜郎口中学时，有一年我带初一的班主任，在一次月考后班里不少同学找我愿意调换座位。我先在班里说明为什么要调换座位：1、不少同学有意愿；2、小组重新确立后，程度大致平衡便于评价；3、给自己一个全新的环境接触同学，锻炼自己的适应能力4、对视力也有好处。在征求全体同学的意见，结果是百分之八十以上的同学同意换位置。如果按原来的老方法就是要么组长挑选组员，六人一组，每名组长选一个，组长挑时实行轮流制；要么从班级一号开始选位置，同样是每组坐一人，轮流顺延。而那次，我将一个重大决定告诉全班：这次调换座位，先从每组六号（待转化生）开始挑选，六人一组，每人选一个小组。这样就避免了会出现剩余的一两个同学组长都不愿挑选的情况。

对于这些程度不好的学生，课堂效果的落实与学生的学习兴趣有着直接的联系，所以优化课堂，尝试进行本学科的分层次，不仅是我们应该思考的，更是我们要付诸实践去探索的。

三、博客反思

初中部老师对于博客都倾注了自己的一份感情，不仅班班有特色，而且人人有反思。这种良好反思氛围的形成，有助于老师们对教学进行深入研究，大家既能在相互学习中提高自己的课堂水平，还可以促进学科专业化的成长。如果老师们能够把课堂案例和对教学现象的思考联系在一起的话，我想老师们的成长进步就更快了。

总之吧，在思源学校这样一个大家庭中，我们老师面对的学生已无可改变，那么，就请让我们从改变自己的教学思想，改进自己的教学方法开始吧！

（二）

对各班语文程度较弱同学的帮扶措施

一、做好思想动员

首先从思想上，让他们树立"语文不难""语文能学好"的意识；基础差不是问题，不想学是最大的问题。

二、结好帮扶对子

将这几个同学与科代表或责任心非常强的同学对接，必要时教师要亲自关注，亲自帮扶或抽查。

三、明确学习任务

每节课让其知道该做些什么，怎样去做。事实证明对这些同学任务越具体，效果落实越明显。

四、鼓励赏识到位

必要时将这些同学一点点的进步最大化，让他们也能树立信心，在同学们中有尊严，尽量多发现他们的闪光点，及时鼓励赏识。

五、提供展示舞台

给这些同学以机会，让他们也有属于自己的展示舞台，能够在众人面前显露自己的能力，证明自己的进步。

（三）

第三周物理课堂反思（章秋菊老师）

2月27号　周一

今天的物理课堂上同学们很积极，但有序性要多加强。特别值得一提的是，孙赐然、张文彬、傅鹏运、廖园园和江帅，他们进步很大，多次参与课堂活动，当然一直优秀的智勇谁也无法超越。另外我们的起哄第一人胡宏基同学，插话大王卓一镇同学，还有随意性较强的李林龙同学都需要不断改变，我相信你们会变得更好的，虽然老师给你们提出了要求，但也深深地寄予期望，希望你们在老师的温馨提示下，能变得更好！你们都是聪明的小孩，一定会有一番大作为的！

通过这两周听徐立峰老师的课以及查本学部的课堂，我学到了很多对教学方面有用的措施和方法，同时我也认真的思考了自己的课堂和本学科组今后课堂的发展走向。

首先，我们在教学策略上体现在以下几个方面：

一、教学内容能否贴近学生经验，回归现实生活。

二、教学设计是否考虑学生接受能力，并遵循学生身心发展规律。

三、内容呈现是否生动有趣，能否吸引学生的注意力。

四、教学过程是否重视学生的全员参与。

五、教学手段是否过于单一枯燥。

六、教学方式是否重视学生的自主、探究或合作。

其次，我们在自己的课堂驾驭效果、动态生成情况体现有以下方面：

一、你有效地评价学生了吗？

二、你收集到学生的哪些反馈信息？你处理了吗？

三、面对突如其来的意外，你的应变措施得当吗？你的教育机制发挥作用了吗？

四、面对学生起伏不定的注意力状态，以及由此带来的课堂秩序问题，你的调控措施生效了吗？

五、师生之间、生生之间交流时生成了哪些新问题？你将如何处理？有进一步研究探讨的必要吗？价值何在？

另外，从学生层面反思学生的课堂参与效果：

一、集中授课时，学生做到专心倾听了吗？

二、多元互动时，学生全员参与面如何？

三、学生学习本学科的习惯、能力如何？

四、一节课结束了，学生收益、目标达成怎样？

总之，对于以上的每一个方面都需要我们花心思想办法，做好细节，努力钻研，加强学习，多听课，多交流，多合作。作为青年教师，我知道，任重而道远。我会踏实工作，积极进取，做好本职工作，争取做一名学生喜爱、家长敬重、同行认可、领导肯定的好教师。

2月29日　周三

今天听了一节语文课，看到同学们可喜的变化。就我所坐的那个小组而言同学们都能投入到课堂上，连平时爱说些小话的李昂也积极配合，参与课堂，伟嘉、梓权相对上学期来说更是进步特大，尤其是梓权，化学老师都经常表扬他，动手实验积极，而且乐于帮助他人整理器材，物理成绩也是在不断提升，每次检测成绩都较好。另外就是卓一镇的表现了，这几天特别的乖，懂事，课下乐于与老师交流，关心老师，课上睡觉的毛病也少了，常积极问问题，不过还是要多注意课堂纪律。九一班女生不用说有多乖了，绮雯进步很大呢；蒋捷爱学了；梦影在努力；林婕在追赶；飞霞在突破；瑜林在奋发；园园在超越；微虹在飞跃。

3月1日　周四

同学们对实验课和看物理视频比较感兴趣，也许这是孩子的天性吧，都喜欢一些感官的事物。但如果总是依赖看和做，而没有实际的练习或者思考，那么同学们的生成会有多少呢？笔头落实效果在哪呢？所以希望我们班的同学能除去一些浮躁，静下心独立思考各个知识点间的联系，掌握学习的诀窍，深层挖掘其中的内涵。宏基、一镇、建成、文彬要多戒骄戒躁！

（四）

第三周化学课堂反思（黄小燕老师）

2月27日　周一

今天的化学课堂感动于两位同学，没有想到，我布置的家庭小实验，我们班两位同学陈微虹、廖园园同学居然把实验的每一步都用相机拍了下来，上课我们只需将她们实验的照片打开，很多问题就迎刃而解了。"做，你才有发言权"这句话又一次得到应证。同学们开始争论面粉是否溶于水时都坚信自己的生活经验是正确的，但动手实验者园园把实验的过程说出来时，全体都无声了：信服！事实胜于雄辩！所以，同学们，还是要多动手做，说话权才在你身上，说出来才具有说服力！相信我们课堂上同学们会呈现越来越精彩的展示！

2月28日　周二

在第二周的时候，听了徐老师的两节课，对徐老师课堂上"兵教兵、兵强兵"——即对子合作、监督、检查的做法很感兴趣。学生在课堂非常活跃，往日像在我课堂上会走神的学生都非常积极地动起来，读啊、对子间急忙互译字词啊、背诵等等。背完后赶紧到黑板去报到，对于提问答不出的同学到老师身边站着来听课等。于是在周末自己酝酿一下，把徐老师让对子互译字词，对子检查背书等做法，引用到我课堂里化学现象对子互说，化学方程式书写互相监督的默写。在周一周二的课堂中，我也采用了这种做法，自己在课堂上操作，但是我发现我用起来根本就不是那么回事。让对子互说现象，没有几个人真正认真的开口说，让他们互相监督下完成化学方程式的默写，但我看到的都是他们懒散地翻书抄或是不动笔，让他们把老师刚讲过的题目对子间互相讲解一下，不会的同学对子互相教，都看不到学生紧张投入的状态。这样上完这节课下来，我心里感到很泄气，想不通自己究竟在哪些环节出了问题，怎么一点效果都不起的。

晚上再回想，反思了几个原因：首先，我为了节省时间，没有将对子捆绑着评价，没有建立报到站。更糟的是没有将落后或优先的对子如何实现评价说明在先，这就导致了学生不重视、不积极参与、没有动力的场面。其次，徐老师有他特定的人格魅力，这是不同的人哪怕采用同一种方法效果也是不一样的。所以，在日后学习的过程中，不能简单的搬用，一定要结合自己的特点想好怎么该怎么用、什么时候用效果才能发挥。同时也再一次印证了"评价是武器"的说法。不过你用什么方法，要让学生"受用"一定要采用学生"怕"的评价，学生才会动起来。

3月5日

幸福是一种心态

（一）

昨晚，全校同学在大报告厅观看了《咱爹咱妈》《一个女大学生的自白》的视频，两个视频都是与"感恩""孝亲"有关的。给我留下深刻印象的是那个只有29岁生命的女大学生，在她自白的过程中流下更多的是愧疚的泪水，当原有的"好强"演变成后来可悲的"虚荣心"，她终于用生命的代价开始思考一个简单的问题：什么对于我们什么是最重要的？是的，人在成长的过程中，有时要懂得示弱。示弱既是为了锻造自己的品性，又是为了更好地提升自我。

晚上回到班级，我给每位同学下发了一张稿纸，让每位同学写三个方面的内容：1、列举父母对我的好；2、列举我有愧于父母的方面；3、个人成长宣言。放学后收上来看了一下，准备让同学们重新抄写一遍后，张贴在墙壁上。

冯瑜琳同学在第一方面是这样写的：

1. 在我遇到困难或挫折时，父母会鼓励我，给我自信和勇气。

2. 每次在我生病时，不管有多晚，父母总会带我去看病，陪我打点滴。

3. 父母再怎么辛苦，再怎么累，都没有在我面前抱怨过什么，还鼓励我好好学习。

4. 我很小的时候，晚上睡觉总是好哭，母亲就一直把我抱起怀里，而自己整晚不睡。

5. 每次放学回家，母亲总是买好菜，做我最喜欢吃的菜。

6. 每次回学校，父亲或母亲总会亲自送我。

……

陈微虹在"我愧对父母"栏中写到：

1. 2010年暑假因为不想工作跟母亲顶嘴。

2. 2010年前，母亲生病躺在床上的时候，自己都没有端过一杯水给她。

3. 初一时又一次跟父亲去购物，要求父亲带我去吃西餐。

4. 有时心情不好时，父母问话不回应，甚至带着耳机装作听不到。

……

孙赐然同学的成长宣言是：只要努力过，不管结果如何……

真得很希望我们的学生能够记住自己曾经说过的话，并且把言语落实到自己的实际行动中，让父母因为子女的进步而骄傲。

（二）

晚自习第二节，在杨娜老师的帮助下，我与八一班的同学有了一个课前预习的时间，因为明天有香港的领导到思源学校参观课堂，我需要借班上一节公开课。

原来有过几次来思源学校我是用八一班上的课，所以对于这个班同学的表现，我还是比较有信心的，记得在八一班第二次上课的时候，我曾经把自己写过的一封公开信读给他们听，去年暑假来时又对他们写的文章——批阅，并且有详细的记录为证，现在就把我去年曾在思源学校写过的两篇日志补充如下：

写给思源学校初一·一班的同学

2011年2月18日 星期五

2010年5月，我第一次来到思源学校。首先吸引我眼球的是齐整的树木与楼房。在这片充满生机的校园里行走，嗅着沁人心脾的芬芳，满心荡漾的是如沐春风般的清爽。不必说那和悦生姿的桉树，也不必说那温馨怡人的芒果树，单就道旁那绿意醉人的藤蔓，就足以让人对生命有种说不出的感动。接下来接触到的便是很调皮的思源学生，其实更直接的一个词应该是很难"调教"的。还记得在前一天的晚上和上课的学生见面，让我这位久经课堂考验的老手自信心一丝丝地消失在学生的言谈举止中。老师讲话时，注意力不集中的占绝大多数，还有部分在做其他动作，诸如喝水、照镜子、梳头的，甚至还有极少数离开座位找东西或借故离开教室的。这些现象虽以前也遇到过，却不曾想过会发生在一个如此幽雅静谧的校园环境中。于是，一向对自己严格要求的我对第二天的课堂便没有抱太大的希望，只想勉强上完就可以了。在晚间见面快要结束的时候，我甚至有些激动地质问那些上课的同学：你们明天的表现是让徐老师听天由命，还是大家试图在偌大的舞台上拼死一搏？也许是我的直白表露触动了学生，或是那些孩子本就善良的心被些许的震动。第二天课堂的表现竟出乎我的意料。也就是在那一场大雨过后的午后，在大会议室外的主席台上，我第一次见证了思源学子的风采。那次的体验在我众多外出上课的经历中是较为深刻的，课后的感动与感激汇成了一股暖流让我久久未能平静，到现在想来，我始终认为，同学们的表现完全是出于一种本源的善良与纯真，所以那节课唤醒的不仅仅是学生，更是让我对"育人"的涵义有了重新的认识。

第二次到思源学校是在 2010 年底参加完《中国教师报》在广州白云区组织的第三届课博会，上完公开课的第二天中午，我和白云区民航学校的几位领导吃完饭后就匆促赶到思源学校。因为没做任何准备，高老师临时决定让我上一节课，所以就有了和初一·一班的你们相识的机会，这种机会于我是一种挑战，于你们是一种改变，当然，现在应该更确切地说于我和大家来讲，是一种缘分。

不知大家是否还记得，我在黑板上给你们写下的"敢、变、抢"三个字，还能否想起，我对大家讲过的"改变是进步的开始"的话语；还是否回忆到我问大家"天上的街市既然这样美，你愿不愿意上天"的问题，那次的上课，尽管只有两节课的时间，可我和你们是在愉悦中一起度过的，你们的表现让离别思源仅半年时间的我看到了巨大的变化，也感受了教改的巨大魅力。就在今天下午，你们的数学课上，我真切的看到了一张张沉浸快乐的脸庞，一双双求知若渴的双眸，一个个踊跃参与的身影。身为一名旁观者，身为一名认识和了解你们的朋友，我怎能不为你们的进步倍感骄傲和自豪？虽然，在你们之中还有极少的同学学仍没有胆量争抢到机会，可这几位同学在课堂中的投入和专注不也是一幅幅美丽的画面吗？有人说：一个人用心的时刻是美丽的时刻，徐老师同样相信初一·一班的 30 名同学一定可以将你们的精彩在今天的课堂中延续下去。同学们，一定要坚信自己的勇气可以战胜胆怯，拼搏可以赢取胜利，最终，你们辛劳的付出定会绽放生命的异彩，结出肥硕的果实。为了父母的期待，更为了给自己一个交代。请记住我们课堂的口号是：

我自信，我参与，我成功，我快乐！大家准备好了吗？

我在思源的日子里

打开手机看了一下时间，屏幕显示：6月17日，周五。屈指一算，来思源学校已经有4天多的时间了。4个细雨飘洒的日子，微微润湿的思绪扯开了我4天将逝的记忆。不知怎的，现在的我，记忆的时段愈发的缩减，让我常怀疑自己30出头的年纪提前进入衰老期。请原谅我的直白，杜郎口中学的诸多老师许是迫于工作事务的繁琐，这一点恐怕已成通病。所以，我要尽快将这几天温存的片段定格于纸面，这是我长久语文教学的习惯，也算是给思源学校的朋友交上一份草拟的答卷。在此，我必须要感谢杜郎口中学给我的每一次锻炼提升的机会，感谢思源学校的邓校长、靳校长周全的照顾以及我曾经的同事杨博老师费心的整理。

6月13日

上午第二节在七一班听了杨娜老师上一节预习课，郑振铎先生的《猫》。

第三节课，我与七一班同学做了一节课的交流，回顾大致的内容如下：

同学们大家好，这次是我第四次来思源学校了。课前翻看了一下记录本，四次时间的记录分别是：2010年5月，2010年11月，2011年2月和这次的2011年6月。两年的时间，四次来到思源学校。上一节课，我目睹了同学们精彩的表现，明显的感受到同学们的进步，不管是从书写质量，还是在展示的标准方面都有了很大的改观，这是课堂中值得我们称道的地方。可能大家整天在这个环境中意识不到自己的变化，可徐老师和大家分别四个月后再相见，就能非常明显感觉到变化，特别表现在两个方面：1、懂礼貌了；2、会学习了。

由初一的懵懂无知到现在的成熟完善，这是成长带给我们的礼物。除了成长本身本身的作用外，还有思源学校老师、同学带给我们的收获，传递给我们的方法。当两年后的今天你也像九年级的同学离开思源的时候，你一定会有比他们收获更多的知识与快乐。这种快乐不是仅仅留在口头上的，更是蕴含在心里的。除了快乐，还有充实，还有勇敢，还有睿智，所有这些将会化为我们人生"幸福"的元素，浸润在我们的生命体中。

因为徐老师跟大家是熟知的老朋友，所以要直言不讳的把上节课的建议说给大家，这是为大家的进步着想，也是对上课老师的负责。我认为大家应该从三点上改正：

1. 基础的夯实；2. 纠正的负责；3. 课堂的节奏。

大家都想学好语文，下面徐老师为大家揭开语文学习神秘的面纱，告诉大家要想成为语文学习中的佼佼者应该怎样去做。从三个方面做起：

一、有目标，有标准

有目标：目标既是方向，也是动力。一个人没有目标，就好像一艘航船在大海中找不到灯塔一样。其实大多人都可以成为你心目中想要成为的那些人，切合自己实际的目标叫理想，不切实际的目标叫幻想。进步请先从树立目标开始，一个连想都不敢想的人，又何谈去做。一个字总结：远。

有标准：标准代表着自己的眼光。我认为同学们的书写、展示还有很大的提升空间。给自己树立一个高标准吧，你的人生将会变得更加精彩。以后大家走向社会，要面临着激烈的社会竞争，谁能买上这飞速提速的车票，谁就能赶上时代发展的步伐。例如课堂中展示的标准：1. 声音　2. 语速　3. 感情　4. 表情　5. 眼神　6. 聚焦点　7. 站姿　8. 无口语病　9. 脱稿或基本脱稿　10. 肢体动作等。一个字总结：高。

二、好习惯，好方法

好习惯：习惯的养成并非朝夕之功，其是对某一行为长时间的坚守，是通过意识上的不断强化来完成的。我把语文学习的好习惯好方法归结为四个方面：

1. 三读

一读名著。这些名家的作品在历史的长河中经久不衰自有其独特的魅力，我们可以利用较长的假期来读，每册语文书后面的名著是必读篇目，大家一定要抓住青春韶华，多读一读。（以下是杨博根据录像整理）

第二个读是读一些短章（比较短小的文章）。有一些是现代作家的，可能有些不怎么出名，算不上名人，可这种短章中同样可以让我们汲取到许多对自己写作有益的营养，这种阅读称之为快餐式阅读。像同学们平常经常看到的《读者》《青年文摘》《智慧背囊》《意林》《语文报》《中学生报》等报纸杂志。我相信大家应该都有条件买到或者订阅到这样的杂志或者报纸。这些内容比较短，所以你能够在短时间内化为自己的东西。

第三读就是读一些同伴、师长的文章。我们班同学写的或者其他学校同学写的。读这些文章可以让你看到别人的长处，在同样的思源学校环境中，他们是怎样来安排文章写作结构的，怎样选取点来写的。等这节课快下课的时候我要给大家出一个题目，我就看我们班的同学就同样的一个话题，用怎样不同的方式来写。不管是名人的，还是现在的我们称之为师长的，还是同伴的，最好我们每天都能坚持读。一个字：广。

2. 两记

这两记不难理解，一个是记录，一个是记忆。如果同学们读得很广泛，再能够把一些好的词句及时地记录下来就更好了，一学期写一本不算多。

对于记忆，我记得给同学们讲过一句话：只有记住的，才是自己的。你写的非常多，但是你没有把它背过，那还不是自己的，所以建议同学们每天最好用十分钟到十五分钟的时间进行记忆。有的同学说那个时间哪里来，你只要想有总是会有，早晨起床之后用五分钟，吃过早餐后用五分钟，只要想找时间总能找到。把自己写的东西背一背，一天只需要十分钟，最多十五分钟，把它记住，记住你认为那些好的语句。一个字：勤。一定要勤奋，你只要坚持记录记忆，效果会很好。一个人一懒惰，那么他的思想往往也随之停止不前，行为上一懒惰，思维也跟会着受影响。

3. 多思

前面徐老师给同学讲的主要是搜集信息、储备信息，你把信息搜集好了，储备好了，那么多思考就会在头脑中整合信息，把信息进行处理。那么为什么对于同样的一个问题，有的同学思考出来的结果要比你的更深入，看到的事情的结果有些本质性的东西，就说明这个同学能够在前两者的基础上，勤开动自己的脑筋。

对于"懒"字，我的理解是：比较浅层次的懒是行为上能够看出来的，就比如起床起的慢，到班到的比较晚，只是说明这个同学行为上比较懒，这些仅仅是表面的，最大的懒惰是思考上的懒。我们同学都在这里坐着，看似是每个同学都是用笔在记录，但是不能保证每位同学在听徐老师讲话的过程中，都是脑筋在勤开动，这个思想上的懒惰是最可怕的，有的同学在教室里坐着徒有其形，但是他的脑筋几乎不转动，这样的懒惰最可怕，也最能制约一个人的发展。所以我们说的勤奋不仅仅是行为肢体上的勤奋，更是你思维上的勤奋。为什么有的同学平时不怎么学习，看上去好像从不加班加点，学习时间上用的也不是很多，但他的学习成绩非常好的，就是这些同学勤于思考，他脑筋用的比较多，脑筋转得快，想的事情多，思考的问题深入。那么这个同学他也是勤奋了，所以有的同学经常解不开其他人的秘密，总认为某某同学他不怎么学习，但是他的成绩就比我的好，因为他的脑筋是勤奋的，所以你要是在成绩上有突破，徐老师告诉你一个秘诀，就是一定要把你的脑筋勤奋的利用起来，勤于思考。

同样郑振铎的一篇《猫》，有的同学分析到它的来历、它的外形，其他同学能不能尝试着写几首小诗，把猫的经历概括出来，多写几首小诗就可以把几只不同猫的内容概括出来，那才说明你的思维是勤奋的。你善于思考了和别人不一样的思维方式，在数学课上老师或同学在讲一道题目时，你已经用一个口诀，或用多种方法进行整理在自己的预习本上，这说明你勤于思考，所以你这样才能超越别人。勤于思考的人的思维往往会向纵深和广度发展。考虑问题考虑的深考虑的广。

现代社会企业管理中有一个常用语叫决策力，比如说我们七一班的同学在若干年之后以后做了领导，你作为一个管理者，你这个企业的成功百分之九十来自正确的决策力，而决策力就是从思考开始的。思考的正确，你的判断力和决策力才是准确的，那么你这个企业才能承担更小的风险，以此提高成功的机率。如果一开始你的思考就出了问题，那么你想以后在社会中你的领导和管理怎么能够走向一个正确的方向。

4. 敢作

作也就是写的意思。要敢于写，在这里给大家推荐，要做到两写。写随笔，随笔就像我们写日记一样，它属于一种杂体，抒情的、议论的、描写的都可以，经历的、想到的、悟到的、听到的、感觉到的都行。随笔就在于一个随字，随心所欲。不管字数长短，不论内容怎样。只要内容是积极健康向上的都可以写，所以这个两写，一个是写生活类的随笔，一个是写读书之后的感悟。所以我建议我们同学们最晚从这周五放学回家之后，准备一个本，要每天坚持，要么是生活之类的，要么是读书类的。同学们坚持做下去，如果能够做到一天不间隔，等你暑假之后开学再来的时候，你会突然发现你在语文写作方面和你的语文能力有了突飞猛进的变化，做一做，试一看。现在杜郎口的学生，今年我在九年级所带的两个毕业班，有不少的同学，在下学期这半年时间，写随笔能够达到两本多，这次来的时间比较匆促，如果下次来的时候给同学们带几本看一看，看是不是每天坚持写的。只要你坚持写下去，语文没有学不好的，所以这四个方面是同学们着手去做的，除了思考是无形的东西，其它的几个方面关键是要坚持。

三、肯付出，少抱怨

上一节课我们班听课的时候，不时的听到有的同学流露出"无聊""郁闷""烦"的口头禅，我想不少同学都有这种口头禅，其实从这些字眼上就暴露出生活的态度。我在自己的本子上就写到：这个付出不是一天两天，而是每天、天天。有的同学激情一来，坚持上一天两天。付出是要坚持不断，天天如此，这才叫付出。少抱怨才会有好心情，好心情才会有好的效果，一些总在抱怨生活中的人，常常会被生活所遗弃。你每天在抱怨生活，你看到得太阳都是灰色的，那么生活也将要遗弃你。同样是一天，为什么我们不能积极乐观的面对呢？所以抱怨的人他往往感觉不到生活的美好，感受不到人生的幸福。从今天开始，希望每位同学要以一种积极乐观的心态来面对每天不同的太阳，太阳每天都是新的。现在虽然温度是高点，你想出汗也是在排毒啊；你在太阳底下晒一会，你的皮肤或许会更健康，同样的事情看你怎样去想。前面的这三个条目我想同学们能够把这它做好，你就很有可能会成为一个优秀的人，如果你能够把徐老师给同学们说的这几个方法能够真正的试一试、用一用，坚持去做，你就能把语文学好，没有什么难处。语文能力的提高，我认为百分之八十都是靠自己得来的，语文课堂只是一种交流，只是老师给同学们提供一种方法而已，大部分是需要同学们自己去做的。

我们同学们都思考这样的一个问题，思考之后当堂写一则随笔《七一班的幸福》，字数没有要求，徐老师肯定不会给大家说写多少字，有话则长无话则短，写短了有可能会写出有深意的一些语言，写长了可能内容非常充实。但在写之前徐老师给大家说这几个方面，请同学们听好，如果把握不好就成了记流水账，记流水账的随笔给人的感觉就像白开水一样，现在每个同学需要找的感觉就是由喝白开水找到喝咖啡的感觉，让文章写的有点滋味，那么怎么写好这个随笔呢？先从幸福入手，什么是幸福，被老师表扬是幸福，被同学帮助是幸福，被老师批评也是一种幸福，被同学提醒和纠正还是一种幸福；教室里有幸福，餐厅里有幸福，宿舍里有幸福，操场上有幸福；一句话是幸福，一个动作是幸福，一个眼神同样也是幸福，幸福无处不在。这是一点，大家先不要写，你现在写的话可能你写作的质量还是停留在以前那个标准上，可是徐老师想让同学们写的更好，所以大家要注意听，刚才我给同学们说了，幸福不论方式，不论场合，不论时间，时时处处，方方面面都可以搜集到幸福。那么写作的第二个方面：要有具体的人，具体的事，一定要写出真实的东西。真人真事，才能够写出真实的情感。建议两方面结合：第一个字是随，第二个字是真，把握住这两个字，从幸福入手，凡是与我们七一班有关的内容都可以写。

在同学们写作的时间内，我在前板上写下了几首小诗，作为交流后的总结：

(一) 优秀秘诀

目标远大立长志，树立高标严律己。良好习惯方法成，勤恳付出贵坚持。

(二) 方法总结

开卷三读定有益，摘抄背诵为两记。多思善悟深研究，敢于两写成乐事。

(三) 与君共勉

远志高标要争先，广读勤记增内涵。深思敢作养素质，乐于付出定超前。

(15分钟后学生写完收齐，下午一二节课看完，每位同学的都详细改正，写了评语)

下午第三节，一整节课的时间，我把学生的随笔一一点评，主要是把同学们写作的亮点进行呈现，并给予一些鼓励性的语言。我想，比写作内容更重要的是兴趣。通过一节课的评点，我们不难发现：思源的每个同学都有写好的潜能，的确如此，我在看文章的过程中，常常被同学们活跃的思维和经典的语言所折服，看来不是思源的孩子没有内涵，而是我们的老师忽略了孩子隐含的光芒，更多用自己的呵斥和无奈掩埋了学生写作的激情吧？以下为证：

李奇霖：小小的单杠上，也能让人有短暂的幸福。

曾毓佳：心情是幸福的调味剂，欢笑是幸福的终点站，拼搏是幸福发转折点，汗水把幸福浇灌……我们在炙热的跑道上挥洒汗水，在炎炎的夏日里奔跑激情，我们的笑容洋溢着幸福，我们的欢笑响彻云霄。太阳因我们而灿烂，天空因我们而湛蓝。我们得到的不仅仅是荣誉，更是宝贵的幸福时光。幸福是一个无形的让人无法言语的字眼。

李东雄：这就是我们七一班独一无二的幸福。

宋春谷：我们开心过，也寂寞过；我们争吵过，也和好过，可幸福却一直伴随你我。

廖锷威：幸福总在风雨后，只有在困难中磨砺自己，才能真正懂得幸福的含义……我知道，幸福将在思源学校蔓延。幸福不会选择我们，而要我们自己来选择幸福。

赖泽凯：生活在七一班，就像生活在蜜罐里一样幸福。

姜越平：任何正确的事情都有利有弊，多从利处想一想，幸福就会多一点。

许嘉燕：宿舍里的一件件小事，也是一种别样的幸福。

纪宛汶：着眼于眼前的幸福，把握好现在的幸福。

余鸿昊：金钱永远买不到一种感觉，那便是幸福的感觉。

李肇敏：希望在七一班，我们的快乐无处不在，幸福的事情每天都有。

刘锦华：人，总要向好的地方去想才会更幸福。调整心态，凡事用心，等着幸福到你那里去敲门。

薛富安：笑着面对生活，就是幸福；过的很开心，就是幸福；教师不拖堂，就是幸福；体育课上活动时间长，就是幸福；洗完澡能有时间到操场散步，就是幸福；哪怕是在操场上睡一觉没人打扰，也是幸福啊。

匡羽政、唐孔杰、姚博麟：被老师关注提醒也是一种幸福。（送上评语：上课须用心，下课才开心，人生才顺心。尊重别人，别人才会尊重你）

徐思杰：少抱怨一点，多付出一点，我们的幸福就会更多一点。

罗艺羚：我的生日，父母虽不在身边，老师却记得，这是怎样的一种幸福啊。

田卓迪：幸福的批评。

闫陆欣：每天晚上睡觉之前，躺在床上回忆一天来班级的乐事，那一瞬间，幸福仿佛浸入了心田。

杨卓浩：徐老师给我们讲述的方法比仅仅是为了我们的考试，更是为了增长我们的能力和才干，这难道不是一种幸福？

余念：许多幸福在我们身边，我们却意识不到它的存在，许是幸福见得太多的缘故吧。细细品味幸福，它的味道竟是那样的新鲜。

徐凤璟：对我来说，幸福很简单，就像白开水里放了点蜜。只要有甜甜的暖暖的感觉就可以了。我是幸福的，因为幸福每天都陪伴着我。

连沛斌：别人对我们的提醒也是幸福。

詹华：即使路再远，为了班级的幸福，我也要继续走下去。（点评：因自己的存在而让别人更幸福，这是幸福的高境界）

邹本东：幸福在哪里？在我们的心里。它就像一道彩虹，既美丽，有时又太短暂。（点评：能把幸福比喻成彩虹的人，他的生活也一定像彩虹般美丽）

下课的时间已过了，可我还沉浸在幸福的文字中无力自拔，这是七一班带给我的幸福体验，我要对他们真诚地说声：谢谢。其实幸福总是一个说不清道不明的概念，可我们却可以用敏感的心灵去捕捉。像七一班这样小小年纪的孩子能够用文字来记录自己的幸福点滴已经很不错了。记得在上课前，在靳校长的办公室里刚看到张小娴在其散文集《拥抱》中有这样的话语：她找寻幸福，结果发现，失望有时候也是一种幸福，因为有所期待，才会失望。遗憾也是一种幸福，因为还有令你遗憾的事情。我班郝然同学说过，走在一起，是缘分；在一起走，是幸福。而我要说，越简单，越幸福。

接下来，又是一篇《其实，我很优秀》的随笔，晚上加班看完，也是同样的精彩。无论是余念、曾毓佳的小诗，连沛斌、徐远璟的优秀宣言等都让我很佩服他们。

读着一篇篇文章，感动的心弦再一次被奏鸣。我们是否能感受到学生笔下的幸福和他们本身所具有的优秀，又是否意识到读文章的自己也是幸福的。至少，我能明晰的感受到自己被七一班同学的幸福包裹的严严实实，被他们的优秀渴求感动的两眼潮湿。设计这两篇随笔的初衷既是让同学们能触摸当下的幸福，珍视眼前存有的时光，认识到自我的优秀，同时让我所意想不到的是：听到的已不仅仅是发自心灵的幸福之音，更是叩击学生心智的美妙乐章。身为教师的我们，有怎能弃身旁观他们的继续麻木，又怎会无视他们渴求进步的双眸？

6月14日

广州的天，难以琢磨。它不像北方在雷雨来到之前，总会又有明显的征兆，这里的雨常常是让我猝不及防的。不过也好，一阵雨过后，天空会立即放晴，新鲜的空气侵入心脾，让人通体顺畅，甚至连呼吸里都有芒果的香气，让你忍不住会多几次深呼吸来感受自然的恩赐。

今天主要是和崔慧一起交流外出上课过程中怎样调动学生的积极性，语文课型的梳理与设计等教学问题。崔慧的谦虚好学、热情大度一直是我学习的榜样，并且她总能在我给她讲完之后，重新把刚才的内容重述得十分完整，这也说明了她是在用心思考和研究。

晚上打开电脑开始准备18日去重庆的课《事物的正确答案不止一个》。在来广州之前已经搜集到一些材料，还没来得及翻看，并且我备课有一个习惯，就是自己先把文章反复地读。等自己读懂读透了再设计课堂。时间到了二十三点，却丝毫没有睡意。说实在话，我不太喜欢选择这样的文章来教。因为这次是《中国教师报》重庆记者站和天宝实验学校搞的同课异构活动，用八年级的学生上九年级的这篇文章，且经过向重庆的朋友杨娅莉了解：学生在此之前并没有接触过议论文，像这样一篇不怎么典型的议论文对学生是有难度的，课堂中也不容易出现太大的亮点。当然，说这话并非逃避，有了这样的挑战，对我的进步肯定是有利的。我想表明的是，一位语文教师的教学思想很难在四十分钟的时间内呈现出来，这对大多听课老师来说可能公开课的价值性会打折。但不管怎么说，我要全力以赴地备好这节课。翻来覆去的推敲，终于形成了学案的初稿。

又看了一下手机，时间是凌晨一点三十四分，屋脊上的雨滴又奏响了低沉的夜曲，该是休息的时候了。

6月15日

今天是来思源学校最充实的一天。连续听了一整天的课。五节思源学校的课，两节试讲老师的课。晚自习前两节课，我同语文组的老师们进行了交流。

上午第一节听郭敏利老师在八三班上的《端午的鸭蛋》。课堂随感如下：

（一）预习

文章多次翻，标记多益善。基础定夯实，书写争美观。

（二）解读

题目是文眼，文本围点线。生动师简评，口头笔头连。

（三）设计

立意要高远，预设要超前。落脚回生活，育人为本源。

给思源学校语文教师的建议：

1. 抓基础 2. 培习惯 3. 传方法

优秀语文教师十问，与思源教师同勉：

1. 我们对基础抓了多少？

2. 我们对习惯强化了多少？

3. 我们给学生的方法传递了多少？

4. 我们表扬过每个同学吗？我们的表扬是真诚的，还是出于惯性？

5. 我们找学生促膝长谈过吗？

6. 我们给学生写过信吗？

7. 对于读书，我们给学生推荐过几本？

8. 我们给学生读过自己的多少篇文章？

9. 我们是否了解过学生愿不愿意上这节课？这节课的目的性、价值性有多大？

10. 我们学科组内的教研活动的开展让你受益了多少？

6月16号

上午继续备《事物的正确答案不止一个》一课，下午第一节听崔慧的《假如我失去了光明》随笔写作课，第二节听吴玉芳老师《喂，出来》一课，第三节进行了集中评课。

在随笔课上，学生的展示远远超出了诸位老师的想象，我也当堂读了自己的随笔。

晚上又重新调整《事物的正确答案不止一个》一课的思路，又到了午夜。

再有半小时，我就要离开这片曾经短暂停留的土地，心里竟有些留恋。是什么吸引了我的心？是南国别样的景致，是熟悉学生的尊崇，是思源老师的敬业，是杜口领导的信任，这些都有吧，但更多让我怀恋的应该是带给我诸多思考的教育空气，以及空气中缓动的真情……

再见，我的朋友们！

→ **3月6日**

开放式课堂新体验

（一）

紧张的一天结束了，现在的我终于有时间坐在初三年级办公室里梳理一天的工作。

晨读给初三·一班同学安排好读背内容，我又到八一班发下学生的导学案，做了简单的指导。

上午第四节在八一班上了一节《肖像描写》写作指导课，总体感觉效果还是可以的。上完之后，反思本节课的不足，主要存在两大方面：

一、板面利用的实效性还需提高。

在上课开始，学生便在板面上写下了自己小写作的片段，课堂最后在学生作品展示之前已经没有更多的时间去浏览板面，只有两位同学是利用板面的内容来展示的。这说明老师在课前没有做好谋划，应该留有时间让学生在课堂中边浏览边作批注，可以进一步增强实效性。

二、现场生成的少，课堂的标准和精彩性还需加强。

学生在课堂展示中大多是以自己写好的小写作为内容，在课堂上很少有同学有即兴的生成；教师对于学生展示的标准（特别是脱稿、面向全体等）敏感度还需提高。

总之，课堂的问题归根结底还是老师的预设出了问题。在以后的课堂教学中，老师应该做好充分的课前预设。有人说：课堂永远是不完美的艺术。我们对此的理解，不应把它当做我们推脱自己责任的借口，更应把它当做我们追求完美的目标。

附：《肖像描写》学案

开放式课堂新体验——肖像描写

学校　　　班级　　　小组　　　姓名

一、温情提示，学前指导（如果同学们能在理解的基础上掌握，将对你的写作很有好处）

1. 我们班有五位同学本次作文内容中有对同学不好的描写，由此你对"美丽"二字的理解是：

2. 肖像描写的定义：对人物的身材、容貌、服饰、表情、神态等外在特征作具体的描绘。

3. 你认为怎样才能写好一个人的肖像（可总结几个方面）：

4. 肖像描写的作用：①暗示人物身份及社会地位；②表现人物性格及内心世界；③显示出人物遭遇及生活经历。

二、作品赏析，借鉴提高（请读完两段文字后，结合上面"温情提示"的内容分析各是怎样来表现人物的）

1. 三毛长得又瘦又小，只有脑袋大大的，上边稀稀拉拉的有三根头发，人们就管他叫三毛。

2. 一张含蓄了许多愁苦和力量的脸；火一样蓬勃的头发，盖在他的头上，好像有生以来从未梳过；深邃的眼睛略带灰色，有一种凝重不可逼视的光；长而笨重的鼻子下一张紧闭的嘴，衬着略带方形的下颌，整个描绘出坚忍无比的意志。

发言提示：我认为文段一写的是_____（人物）；主要抓住了他_____的特点；我认为文段二写的是_____（人物）；主要抓住了他_____的特点；描写的顺序是从_____到_____；用了_____修辞；

三、畅所欲言，体会作用（看文段，分析文中的人物的身份、性格特点、社会地位）

他是站着喝酒而穿长衫的惟一的人。他身材很高大；青白脸色，皱纹间时常夹些伤痕；一部乱蓬蓬的花白的胡子。穿的虽然是长衫，可是又脏又破，似乎十多年没有补，也没有洗。

发言提示：我感觉这段文字写的是 _____ （身份）；从 _____
（细节）可以看出他 _____ ；我猜想他的地位 _____
_____ 。

四、尝试练笔，挑战自我（请同学们根据身边的同学或其他大家都熟悉
人物，对其进行肖像描写，每人选一个即可。请启动你的思维，鼓足你的勇
气，写下美妙的文字，相信自己可以做到最好。）

我选择的是 _____ ，我是这样来写的 _____ 。

五、趣味游戏，触感同伴（请组长组织同学们在平时课间尝试完成）

游戏规则：男女各分为一个小组，每个小组选一个同学闭上眼睛后，小
组其他成员迅速打乱顺序并保持安静，由蒙上眼睛的同学用手摸组内其他同
伴，等组长叫停时，看这个同学能摸出几个。

（二）

中午在崔校长宿舍吃饭。饭后十几分钟的时间，崔校长给我们开了一个
短会。我知道这是校长一贯的工作作风，他会利用一些零散的时间布置安排
工作，这也是前几年我和众多在杜郎口的老师早就熟知的。但凡了解崔校长
为人处世的，都为他这种敢于担当的责任和不甘人后的意识所折服。还记得
在来思源之前，从茌平到济南的路上，崔校长对我讲到的三个方面：忠诚、
谦虚、引领，我也一直把这几方面当做平时工作的守则。崔校长对于接下来
如何开展工作讲了三个方面：

一、敏锐

学生在课堂正走神的不少，上课的老师竟然关注不到，这个责任就在老
师身上，老师的目光不够敏锐。老师应该采取一些积极有效的方式，让学生
多回答、多竞争、多互动，教师通过多把关，来落实课堂效果。

二、精细

管理一定要精细，像饮水机上的卫生，教师要注意。卫生注意了，课堂
的标准也就高了。把小事当成大事来做，没有做不好的。

三、评价

对于平时工作中各个方面做得优秀的，工作有突破的，要及时鼓励、奖
励，弘扬正气。对于一些不到位的老师要诚恳的指出不足，让其尽快赶上发
展进步的队伍。

下午12点50分，我们匆促赶到行政接待中心与香港宝血会的领导进行
交流。在我介绍完《有效课堂课堂操作》后，崔校长用了一个多小时的时间
来介绍杜郎口的管理经验。身为杜郎口的一位老员工，虽然原来没少听崔校
长的报告，但每次听都会有很特别的感受，我在记录本上飞快地记录下这些
关键处：

1. 一位香港的记者曾说过：当我们临死的时候，我们最值得庆幸的是人
生的轨迹不是空白。这句话让我很受启发。

2. 我的人生信条：做杰出是本分，做平庸就有愧，就有罪。用工作业绩
证明一切。

3. 问题出在上层。

4. 做人贵在诚，课堂贵在情。

5. 相信学生，发动学生，依靠学生，发展学生。

6. 课堂即是打动、激动、感动学生的地方，课堂要有磁性吸引学生，要让学生学有兴致。

7. 德育教育不应该是单独的板块，主阵地应该在课堂上。

8. 中国课堂的现状大多是"告诉"的课堂，"背记"的课堂，缺少灵性的课堂。

9. 学生学习的天敌是依赖，教师教学最大的悲哀是包办。

10. 人人参与，个个展示，参与是最好的兴趣。

11. 课堂即尊重，让学生敢问、敢说、敢讲。把话语权给学生。人的积极性在担当之中。赌博的人怎么不累呢？因为有积极性。没有机会，便没有人认同。

12. 把学生当做课堂的主角、主人、主体。人总是在被欣赏时最幸福，教育就是要回归天性，尊重人性。

13. 以课堂为载体，锻造学生健全性格。

之后，邓校长又对思源学校的办学理念做了详细的介绍。在互动环节，邓校长对思源学校对教师的要求"人格魅力、宗教情怀、反思文化、课堂改革"做了具体的阐述，赢得了在场来宾的一致好评。

今晚，安静的办公室里也变得格外凄冷。卸去一身的疲惫，我坐在办公桌旁，随手敲出以上这些文字，算是对一天忙碌的补偿。

晚上近十点钟，查完学生宿舍，立马睡觉。

3月7日　　距中考还有 70 天

天依然是阴沉沉的，没有丝毫转晴的迹象，记忆中已经有半个多月没见过太阳了。看来只能自我告慰那句常提及的老话：你不能改变天气，但你可以改变心情；你不能改变容貌，但你可以选择表情；你不能决定生命的长度，但你可以拓展它的长度；你不能改变四季的变换，但是可以改变人情的冷暖……

6∶15 来到教室，已经有不少同学在安静地学习。我抬头看到前板的倒计时：距中考还有 70 天。还记起去年的此时，在杜郎口随笔课上我曾经饱含深情地给学生朗诵自己写的《在 78 天的日子里》。如今，人随境迁，心随时迁，当时的心情已变得遥不可及。

今天下午初三学生开始月考，看到后板的班级公告栏还残存着昨天的内容：

1. 男生宿舍排名：511 陈敬尊；506 易康健；507 江嘉奋；508 李凌风。

表扬：郝子辉检查卫生标准高且亲自帮助同学打扫。

2. 昨晚一组清理教室的过程中，特别表扬绮雯、德彬坚持到最后。

3. 昨天晚饭后表扬智勇学习最投入，迟到同学已在班长处做好记录进行累计。

4. 今早 6：15 已在班级学习的同学有：绮雯、梦影、瑜琳、智勇、鹏运、飞霞、蒋捷、微虹、园园、敬尊。

5. 政治课进步最大的：赐然；状态欠佳：启锵、康健。

下午第一场考语文，我选取的是广州市的一套模拟题。为了保证考试的价值型，我在上午的课堂中已经用了一节课的时间给学生讲要求，特别强调了：

一、作文写满，写到最后一行。

二、分配时间，保证书写质量。

三、不准空题，试卷全部答满。

在那节课上，我又结合近几年广州市的中考题给学生进行了题型分析和考试方法指导，为了增强学生的聆听度，我还特意说有可能老师说过的个别知识会在试卷中出现。

下午考试时，作文部分除试卷要求外，特别补充了三点：

①作文字数要写到所印发的作文格的最后一行，少一行减 10 分，减完 60 分为止。

②书写分类：优秀 50—60 分；良好 40—50 分；一般 30—40 分；很差 30 分以下。

③内容积极健康向上，主题明确，凡出现不文明语言或消极性文章，得分为 0 分。

当我看到学生做过的试卷时，却并不怎么乐观，我在记录本上对于作文情况进行了统计：

内容优秀的同学：一班有李昂、吴志鹏、江帅、陈敬尊、黎飞霞、智勇、林婕、李林龙；二班有赵海鹏、杨树川、范祺芳、尹冰、庄楚源、唐莹莹、郑丽璇、莫魏萍、杨俊、陈光达。

作文空卷的有：孙赐然、梁柱杰、李坤明、陈方桉。

因字数不满得零分的有：王东亮（不到一半，差十七行）叶俊杰（差十三行）冯绮雯（差六行）李晓辉（差八行）辜振岳（差九行）梁广安（差十一行）。

因字数不满得低分的有：李凌风（差四行，得 8 分）付鹏运（差四行，得 10 分）黄梓权（差两行，得 25 分）。

书写较差的有：张文彬、王东友。

大篇幅抄写阅读文的有：郝子辉。

本就低沉的心随着试卷的翻阅更加抑郁不堪，这是我从教十一年来从未遇到过的情况，月考的作文竟然空卷！记得在前两次的周考时，我总是先把考试的内容给学生印发下去，然后再从中抽选题目，大部分同学还是比较重视的，少部分同学的低分我也没有太多的注意，只认为是一周的成绩代表不了什么；而这次月考之前反复强调过的，学生竟然置若罔闻！更可气可笑的是，还有一位同学由原来考语文只做选择题到这次的连选择题都没有做完。

记起很早以前有一次在杜郎口中学报告厅，和外校的老师闲聊时，与那位朋友的对话：

友：我们那里的学生毛病太多了。有的老师都管不住。

我：懂。那班长就下岗。班里有一个有威信的同学吗？派别较多？

友：我们那里的学生都有自己的"生存之道"。你不懂。有次语文考试两个0分，一问才知道，原来试卷上没选择题。

我：哦，名字写对也得给分啊，不是吗？

友：呵呵，名字你也别想看清。他认为自己交卷就是给老师面子了。

我：哦？那他在学校里还有啥意思？

友：我们学生家里都是"地主"（暴发户），我校一女生家产过亿，你说她还有啥目标？其他学生家境都很好，我们那里学费一年两万多，学生都不在乎！

我：美国更富，人家都那么没修养？

友：对，这话该回去说给我们的学生听。

友：学生上课睡觉都很正常有些学生上课连课文都不拿，更别说听课了。

我：在你们那里就是和他们玩智慧，这你能胜任！

友：我都没自信，正在慢慢找。哪会知道过招的不是名门正派，都是旁门左道。

我：邪不压正。

友：猜你会这么说。这句没新意。

我：小人难养啊。和自己不对路的不一定是敌人，也可能是自己穿错了外套让人误会。

友：这句经典，学习了。呵呵。

现在想起那时的对话，我在想，假如我是那位朋友，我会怎样去做呢？

看来，这次月考留给我的思考还有很多。

→ **3月8日**　　　　　# 评课的思考

（一）

本周听了高中部的两节课，一节是周二上午第三节在高一四班听的杨玉波老师的数学课，一节是今天上午第三节在高二三班听的周亚飞老师的语文课，现把两节课的评价做一梳理：

杨玉波老师的数学课——

课堂优点：

1. 师生投入课堂，紧张有序。

2. 教师有激情，微笑教学，教态自然。

3. 充分利用板面检测学习效果，口头笔头结合好。

4. 注重课堂评价，教师点评语机智灵活。

课堂建议：

1. 板写时相邻的同学是重复的内容，真实性不够。

2. 教师用分数进行评价，过于单一，应该尝试进行多元评价。

3. 参与讲解的学生人数不多，应该让更多的同学来参与。

周亚飞老师的语文课——

优点：

1. 采用知识竞赛进行抢答，调动学生的参与积极性。

2. 充分利用板面呈现学生对文章多元化的理解。

3. 注重对于学生参与课堂的评价。

建议：

1. 导入环节较长，与诗文内容脱节，价值性不大。

2. 对于版面内容的利用不好，个别错误没有改正。

3. 教师的作用应该有所体现，对于学生的内容及时整合梳理。

（二）

综合以上两节课，让我们一起来思考和明确这样几个问题：

一、关于评价

1. 评价是武器，对于自控力不强的学生来说，没有评价便没有参与的动力。

2. 在学生没有完全养成自主学习习惯的情况下，课堂需要必要的评价。

3. 要让每一个学生对于老师的评价在乎，我们的评价结果才有用。

4. 评价的方式不是唯一的加减分，要体现多元化评价。

5. 评价的周期不要太长，最多也不应该超过一两个月。

6. 要把对于学生评价的结果做好汇总累计，阶段性反馈。

7. 每位老师的评价最好与班级或年级的评价相吻合。

8. 评价的结果不是我们最想要的，关键是调动学生在过程中的表现。

9. 评价的过程是相对公平，不会绝对公平，总体趋势是对的，个别情况可能会有误差。

10. 最好的评价是没有评价，那才是我们最想要的理想状态。

二、关于板写

1. 板写的目的有：前情检测、巩固反馈、自我评价，当堂达标。

2. 板写的方式有：自我汇报、相互检测。

3. 板写的真实性如果保证不了，会给学生一个很不好的信号。

4. 要注重板写的价值性，筛选有必要的内容进行板写。

5. 要注重板写内容的针对性，不能为板写而板写。

6. 保证相邻的两个同学写不同的内容，写完后交换批改。学生的知识面又可以增大许多，批改人的责任心也很重要。

7. 教师要能够从所有的板写内容中发现共性问题，可以设立纠错板、放大镜等进行集中纠正。

8. 不要忽略学生板写的质量，这是学生习惯养成的一个重要方面。

三、关于课堂投入度

1. 公开课时学生的投入度都比较高，说明学生在乎班级形象及对其个人评价。

2. 课堂投入度是教师开展课堂教学、学生进行课堂学习的第一步，没有投入度，其他无从谈起。

3. 课堂投入度的高低可以直接反映出一个班级的整体学习氛围。

4. 当学生对老师的讲话都不在乎的时候，老师还有何尊严去"育人"？

5. 借用靳永利校长的一句话：当老师站在教室门口的时候，你要思考学生到底把你当成了几分之几？

6. 虽是同样的班级，学生在课堂上投入度却不一样，问题肯定出在了老师自己身上。

7. 一节课的效果判定固然有很多方面，但我们最先看的就是，学生在课堂上的投入状态。不管是什么形式，学习什么内容，只要保证学生整节课是投入学习的状态，这样的课就一定是好课。

8. 在课堂上，没有什么比学生的投入度高更具有说服力。

（三）

总结近几周听课后的感受：

1. 敢放不敢放是勇气和思想问题，放好放不好是能力和技术问题。

我们还是应该尽可能多的发动学生，让学生多一些参与的机会。

2. 学生互助，增强兴趣；报到过关，提高效率。

建立好学生的互助对子，两两结合总比独来独往的兴趣要高一些。

3. 学习就是学习惯。一切问题均源于习惯的问题。

培养和养成学生的习惯需要我们足够的耐心和信心。聆听、点评、纠正、讲解、展示、记录、总结、归纳、整合等习惯的养成直接关系学习的效果。

4. 尝试分层次对每个老师来说都是严峻的考验，怎样让每一个学生在每一节课堂上都有各自的收获，是我们早晚要思考的问题。

→ 3月9日　班级管理新策略

（一）

班级管理及教学工作的几点构想

一、重新确定班委（暂定）

班长：

值日班长：每人轮流

体育部长：

纪律部长：

学习部长：

宿管部长：

卫生部长：

劳动部长：

宣传部长：

（以上尽量让组长兼任，增强其参与班级管理的意识；各科课代表保持不变。）

二、建立详细表格，特别突出宿舍纪律、宿舍卫生、餐厅卫生、课堂纪律等几个方面。

三、调整座位，明确对手，定好目标，列好措施，兑现方式：获胜感言、失败感言。

四、明确分工，责任到人（班干部尽量除外，照顾到其他同学的责任心）。

1. 黑板卫生

2. 电脑桌卫生

3. 多媒体（投影仪）

4. 本组桌下死角（5人）

5. 课桌内物品整理

6. 标语

7. 窗户（4个）

8. 门板（2人）

9. 粉笔头

10. 教师地面保持：就近原则

11. 校服

12. 鞋子

13. 饮水机

14. 桌凳排放

15. 餐厅检查：各组值日生

五、利用好班级博客，将每天的班级情况及时公布。

六、每日更换班级寄语，提醒督促学生迎考的斗志。

七、语文教学

1. 重新明确互助对子，捆绑评价。

2. 定好个人语文突破目标，做好自评。

3. 注重对知识书面的总结归纳，构建知识网络。

4. 尽量保证每节课都有当堂达标，做好学生的效果自评及改错的跟踪。

5. 抓书写，抓投入，抓笔头；重背诵，重效果，重落实。

6. 加强学生对中考的重视程度，熟悉了解和研究中考题型，做到知己知彼。

7. 强化复习和做题方法，降低失误率。

（二）
给九一班老师们几点课堂管理建议

1. 管住学生的身体，让学生先能够在座位上坐下来。
2. 管住学生的嘴巴，保证在老师或学生讲话时无杂音出现。
3. 训练学生的耳朵，通过提问、复述等方式让学生增强聆听度。
4. 关注学生板写的认真程度，这不仅仅是书写的问题，更是态度的问题。
5. 保证讲解的清晰度，避免在课堂中重复内容的时间浪费。
6. 给学生质疑、思考、补充的时间，课堂多一些互动。
7. 注重每节课的课堂效果落实，让初三的课堂更像初三的课堂。

→ 3月12日

故乡的云

（一）

"灯光打在他的眼上折出些许光亮，并不白皙的脸庞总是带着醉人的微笑，一副黑边眼镜给他平添了一份书生气。"

"他的脸型稍圆，皮肤匀称，是典型中国人柔和的黄色；头发短而油亮，顺伏在平滑的头顶；眉不粗不细，颜色稍浓；双眸小而有神，掩藏在一架黑色细框镜后，透明的镜片后遮不住锐利眼神中睿智的光芒；鼻梁微塌，薄薄的嘴唇乍然一看像是抿着，但永远洋溢着温和的笑容。今日他着一身黑色的西装，身材并不算高挑的他讲起课来得心应手，谈笑间泰然自若，他声色圆润，和颜悦色而又循循善诱，有着语文老师显而易见的从容儒雅。"

这是上周六我给太原通宝育杰中学的学生上《肖像描写》的片段，地点是在山西太原师范学院的大礼堂内。

上周六上午七点半，我跟随会务组的一位工作人员来到大厅，尽管我没时间吃饭，但学生早已等候将近半个小时。有40位同学分开上数学和语文课，我请带队的老师帮我将20位学生分成了六个小组，到台上和工作人员一起重新排放好桌凳，又组织学生去准备，等所有学生安顿下来，一看表已经八点多了。我先向学生道歉，做了一个简单的交流，发导学案，然后就开始上课了。容纳一千多人的会场几乎坐满了听课老师，学生的表现不时赢得听课老师的掌声。

在半天的活动中，给我留下深刻印象的有两点：一是在上课的后半部分现场写作环节中，有三名同学主动走下舞台进行现场的采访写作，并且他们都读了自己的肖像描写的小作品，得到了与会老师的高度评价；另一点就是在我去会场后看到所有先到场的同学都在安静地读课外书，上完课之后在等待另外一个班时，这些刚上完课的同学又拿出课外书来读。那种投入读书的状态丝毫不受舞台上课音响的干扰，让我很是佩服。在我与带队的王雅男老师交流的时候，他很自豪地说，学生这种读书的习惯在平时就已经形成了，并且学校对于每一个年级都有侧重点的能力培养方向，譬如七年级每个学生的书法练习，八年级人人能演讲的能力等。看来，只要我们足够重视学生习惯的培养，他们总能够带给我们所期望的结果。

（二）

上周六下午一点半，当我乘坐上从太原飞至济南的航班，心里终于有了一丝归属故土的感觉。虽然航班是只有承载三四十人的小飞机，但回家的心却是载满了幸福。三点多，飞机缓缓降落在遥墙国际机场，当我在机场坐上了到聊城的长途车，虽已疲倦的身体却显得格外轻松。

在家这一天的时间让我格外珍惜，在我印象中好像还从未有过这种"惜时"的真切感触。理发、转超市、买皮箱、预定楼房上的夹钢门……多想让匆促的时光放慢前进的脚步，让我多陪孩子看会动画书，多与家人谈会闲话，可惜这只是奢望中的不可能。历数未尽到的种种责任，时间的无情击败了我虚幻的美梦，更多的愧疚留给了自己，只能靠今后有限的机会来全力弥补。

一句话：在家的感觉真好。

（三）

周日晚上，我怀着激动的心情来到杜郎口中学。在熟悉的九年级办公室里，见到了曾并肩工作的同事们：崔海、伟丽、徐秀莲、延珂、李欣、孙海、红艳老师、维博老师等，说了几句话，守明校长打电话让去收拾东西。半个多小时的时间，经过两名学生的帮忙和守明校长、维博老师的协助，终于收拾完毕。

当我沿着后教学楼熟悉的楼梯走到三楼来到九一班的教室，徐利老师正在上自习课。我在教室门口站了足足三、四分钟，竟然没有一个学生发现我的存在，当徐老师抬头看到我的时候，极力让我进班跟学生讲两句，在学生的一阵惊呼之后，我心里竟然有些忐忑不安。示意绍虎把椰子糖分给同学们，讲了简单的不能再简单的几句话，因为我实在不忍心打断同学们专注的学习。当一切归于平静之后，我还没忘记走到辛秋菊那儿问她的物理怎么样了，又到曼曼那儿问数学有没有进步……

离开杜郎口中学已经一个月的时间，和这些学生两个月没见面了，心里牵挂着的还是他们的学习。记得李瑶在发给我的短信中说：师恩是一种永恒，无论经历多少风雨，走过多少沧桑，当每个人回首青春岁月时，记忆的年轮总会存留着当年老师的谆谆教诲、深情的话语、关切的眼神。老班，不要忘了九一班的同学们永远等你回来，而现在只能把绵长的思念化作远方的祝福，祝您一切都好。

亲爱的同学们，老师又怎么会忘记优秀的你们呢？只愿33位同学在迎考的日子里，能够保重身体，取得自己最大的进步。身在广州的我，会永远为你们祈祷……

（四）

今天下午赶到思源学校，我才发觉自己犯了一个很大的错误：把开门的钥匙忘在了家中的行李箱里。因为门是锁了两道，所以想尽一切办法还是无济于事。实在没有招了，最后只能让妻子把钥匙快递过来，这两天我只能在空余的宿舍对付两个晚上了。

看来，我们总会犯一些幼稚低级的错误让自己追悔莫及，或许我们的学生也是如此吧。多一份理解，多一份耐心，多一份冷静，以良好的心态对待学生的过失，遇事想的周全一些，尽量把问题前置，做好工作前预设，所犯的错误可能就会少让我们付出一些不必要的代价。

钥匙风波，是教学的很好映射。以后的我，做事应更加严谨。

→ 3月13日　　欣赏的力量

（一）

上午第三节，我在八二班听了庞倩老师的语文课《过零丁洋》。

课堂优点：

1. 纠错板的利用实效性很强。
2. 评价栏能够做到累计汇总。
3. 学生投入度高，能够积极参与。
4. 朗读加入音频，整体效果较好。
5. 个别学生展示标准高，教师注重对弱势群体鼓励。

课堂建议：

1. 时间：前松后紧，科学设置。
2. 内容：以点带面，突出重点。
3. 目标：加大容量，整合优化。
4. 环节：多元设计，尝试创新。
5. 实效：注重互动，思维过程。

听课反思：

1. 好的课堂不一定设计太多的环节：三个左右，以点带面，逐步深入，清晰明了。
2. 课前的预设尤为重要：时间、环节、学生的活动形式、重点凸显、难点预测等。
3. 要做好保底与提升相结合的文章，不能偏执一方，过于强调注重效果和过于提升拔高都不会取得太理想的效果。
4. 教师的备课不是仅仅停留在纸上，更是在心里反复的酝酿与琢磨。

（二）

直面问题弥补不足，促发成长提升内涵。

改革注定要有问题产生。没有问题的改革，要么只是流于表层式的浮光掠影，不能触及实质内涵；要么便是舍本逐末式的迂回反复。在改革的进程中，消耗了大量的人力、物力。

怎样在永葆激情的同时，更多一份理性的思考，确实是当前杜郎口中学内涵提升的一项重要课题。针对以上情况，自本学期始，我校利用墙体文化，开设"教师成长足迹"栏目，让每位教师自查不足，互寻措施，并实行责任承包制，由学科主任、年级主任负责督促改进，考评质检主任负责抽查验收，取得了较好的效果。

及时总结学校管理过程中发现的一些问题，是为了将崔校长的思想更好的正确理解，以提高学校管理的品位，促进学校更快的发展。

一、将理念正确运用到每一项工作的过程中

通过近几年的发展，全校教师的思想觉悟有了明显改观。在学校统一安排的前提下，各位教师都会遵照执行，但在做的过程中，由于每个人理解的层次不一，认识的深度各异，就会出现效果的迥然不同。

例如对于崔校长提出的"10＋35""0＋45""封口""板面的多次利用"等，有很多老师在认识上出现了"误解"，甚至百思不得其解，教师"封口"，学生怎么能学会？板面多次利用，一节课40分钟的时间怎么再设置其他内容？

其实"封口"仅是为了让在课堂上养成主讲惯性的老师冷静头脑，彻底根治顽疾。这是一种"矫枉"必"过正"的良举，也是清醒少部分教师思想的善举。"封口"的本意并非是让教师一言不发、沉默寡言，而是让教师正确认识"教"与"学"的关系，学生能通过个人行为学会、弄懂、弄清的问题，教师就不必插话结舌。而对于全体学生都不会的或学生经过探究之后实在有太大困难的，教师就要充分发挥个人的主导作用，通过点拨、启发、引导、追问等让学生有新的提升和拔高。这是教师的职责所在，也是教学的智慧所在。

"板面多次利用"即把黑板当成检测学生学习效果的有力武器，让学生通过在黑板上反馈基础知识、板书展示重点、适时引领提升等灵活随机利用，实现课堂效果的及时性评价。

另外，自1998年教改至始，对于"10＋35""0＋45"的"10""0"也绝不可单单理解为教师在课堂上所占用的时间问题。"10＋35""0＋45"更侧重于教改思想的改变和开放型教改理念的更新，所以"10"和"0"应认为是概数，而非确数。

可是，当学校的诸位老师在理解崔校长先进教改理念时，往往照搬硬套，不假思索，没有从根本上理解崔校长的意图，没有更多考虑怎样才能更灵活的应用于自己的课堂并举一反三，真正为自己的教学服务，为开放型课堂增色。当然，也不排除一些中层领导在贯彻校委精神时简单、直接、粗暴，只是起到了一个上传下达的作用。没有经过个人的加工与思索，甚至个别领导在自己领会时就曲解了校委的本意，结果无功而终，适得其反。

二、让感恩意识深入到每一名师生的心中

随着教改的逐步推进，学校的发展为每位老师提供了更多学习的机会，搭建了提升个人能力的平台。仅2007、2008学年，我校教师利用周末假期外出讲学的就达到二三百人次。在学习他校先进经验，借鉴别的教师优秀做法的同时，少部分教师对本校的学生生源、制度实施、文化建设等方面产生了一些抱怨的心理，大有求全责备、刻意求疵的思想在作怪。一些外校的校长也曾暗示过我们的老师另谋他路，在巨大的诱惑面前极个别教师也曾蠢蠢欲动，摇摇欲坠。

其实，作为鲁西北平原上一所偏远的乡镇中学，我们的很多条件真的非常有限，在管理的过程中也难免会出现一些小小的失误，我们也并非想要限制老师的发展。杜郎口中学由濒临撤并的险境走到现在，并非易事。毕竟我们教改初期没有任何的范式可以参照，只能尝试探索，摸着石头过河。

怎样让每位杜郎口中学的教师能够把自己当做学校的一名，与学校共荣辱，与教改共命运？我们经过相当长一段时间的思索后得知：一个人惟有珍存一颗感恩之心，才会无怨的付出，无愧的追求，他的主动性、自发性才会被真正被唤醒和激发。这种潜能是任何说教和制度的力量所无法替代的。

曹质鑫是来自淄博的一名学生，因为成绩不好的原因，自卑而内向。在班主任刘桂喜老师的精心培育下，这位躲避在角落中的男孩终于走出了心理的阴霾，手拿一支价格不菲的进口苹果走向报告厅的舞台，面对全校师生表达自己对老师对学校的感恩之情。

实习的庞倩老师是一位曾在杜郎口中学就读的学生，非师范毕业的她能够走上杜郎口中学的讲台，已属万幸，在这一两年的时间里，庞倩老师对这份工作倍加珍惜，她在反馈会上不止一次地表达自己的感恩之情。正是因为有了杜郎口中学的课改，她才有可能享受这种生命化教育的课堂，她才会在如此短暂的时间里一跃成为我校的教改新星，才有机会走出校门坐飞机去外省报告交流。

在杜郎口中学，像这样的例子还有很多。杜郎口中学是一位母亲，我们每一位对她都要充满敬重，心怀感激；杜郎口中学也是一位孩童，需要我们每一位要对她坦诚相待，精心呵护。在每学期的家校联谊会上，我们欣慰的看到家长对孩子赞许的目光，我们也悉心感受着杜郎口中学之于每位师生乃至每个家庭的恩情。滴水恩，涌泉报。相信我们的学生可以做到今天以学校而自豪，明天学校因他们而骄傲，也同样相信我们的老师定会充分发挥主人翁的作用，以校为家，爱岗敬业，以一种主人翁的身份为学校的再次腾飞注入新的活力。

三、把内涵提升幻化为每一位教师的行动

崔校长在几年之前就曾在全体教师会上说过：真正制约杜郎口中学发展的其实就是我们老师自身的综合素质水平。我相信，他说这话是完全有科学依据的。

在这种开放式的课堂教学中，教师需要有更高的驾驭课堂的能力。教改的发展直接带来了学生的发展，学生的发展又促进了教师的专业化成长。而就杜郎口中学现有的师资水平来看，教师队伍良莠不齐，相当一部分在课堂上不能做到胸有成竹、游刃有余，而是靠老本强力支撑。学生的精彩，相形于老师的苍白与无奈，我们也很心痛。崔校长说杜郎口中学外在的知名度与内部教师的专业素养有太大的差距，这话也不假。所以，外树形象，内强素质乃当务之急。

　　每周两节课学生连堂阅读，开拓视野；每周还有两节课为全校师生读书时间，营造书香气息；召开问题（即课题）论坛，群策群力，你争我辩；同学科集备、说课，研讨文本，深入挖掘；师生同建读书笔记，厚积薄发……

　　好在，现在杜郎口中学的每位教师都认识到了自身水平的欠缺，已经有了"充电"的意识，来加强教育理论、教学思想、专业知识的学习。相信，在不远的将来，杜郎口中学这面中国素质教育的旗帜会跨越国度，飘扬于世界教育人的心中。

（三）

　　刚改了我班学生江帅的一篇文章：

欣赏

　　在地球的每一个角落，都存在着大自然巧夺天工的杰作。大自然的美丽之处不在于历史的悠久，而在于他所存在的价值。如果没有一个人懂得去欣赏大自然，那么大自然的美丽又有什么价值呢？

　　每天早晨，太阳照到森林的小河中，照到城市的鸟巢中，照到一片片树林中，也许早晨还会下起一点雨滴来滋润大地，这一场大自然恩赐的雨也可以湿润一下人们心中的炎热。

　　也许很少人想过，是谁让城市如此地美丽，是谁那么早的去让每家每户都有早报看、牛奶喝，是那些每天清晨还在我们熟睡时去为城市的美好做贡献的人，是那些不分昼夜地去保护我们城市的人。我们应该懂得去欣赏大自然给我们生活的美好，也应该懂得去欣赏是什么样的人去保护我们的城市。也许这一些事情很渺小，但是如果没有他们的每天辛勤劳作，也许这个社会将变得混乱不堪。虽然我们不像他们一样为城市付出，但是我们应该去欣赏他们，更不能在意识里化分为两类人……就像《钢铁是怎样炼成的》中的冬尼娅那样，一到了城市居住生活，就貌似脱离了俗气一样，却染上了卫生球的味道，但愿这样的事情不要在我们身旁发生。好好的去欣赏他人的亮点，借鉴他人的长处，我们才可以懂得去欣赏大自然，欣赏每日为大家默默付出的人。

　　相信吧，城市会因为你我的欣赏更美好。

　　送上几句评语：欣赏的魅力在于心与心之间相互的认可。假使我们不能用欣赏的眼光自己的优点，那么也要用欣赏的心去看待周围的一切。当你越来越喜欢这个世界的时候，你也会收获到周边一切带给你的快乐。相信吧，欣赏的力量会让你受益无穷。

3月14日　　由"敬畏"一词想开去

　　记得在前几周开会时，靳校长给老师们说到了"敬畏"一词，并且特别说到：我们思源的老师要想管住学生，首先要让学生"畏"你，然后他们才能"敬"你。她说完这话时，我立即在记录本上打了一个问号。按照杜郎口中学惯有的思维方式，在我现在的管理方法中是很难接受让学生"畏"惧老师的。因为在杜郎口那样的环境中，班级共有的管理思路是靠学生的"自觉"，根本不存在让学生"畏"惧老师的说法。

其实对于"敬畏"一词，我并不陌生。在我的记忆中，也曾经让学生"畏惧"过。

回忆自己的教育生涯，自 2001 年参加工作至今一直担任班主任工作。刚参加工作那年，自己刚从报社记者的职业转入一所普通的农村乡镇中学做教师，虚荣自傲的心很难摆脱无冕之王的荣耀光环。一件深褐色休闲西服，一条浅黄色休闲裤，一双黑色皮鞋，一副黑框眼镜，有时还会夹上一个半新的公文包，这就是那时我的写照。平时的课间，嘴上叼上一只香烟，一只手插在裤兜里，悠闲地在学生中间走过。晚上没课的时候，要么安静地看会书，要么约几个好友聚在一起喝酒。那时的班级管理，只要学生有实在不像话的，通常的手段是拳脚相加，打完之后还要听到学生道歉的言辞，然后才满意地离开。在我的印象中，经常挨打的学生通常是说脏话的、打架的或者与老师顶撞的，绝不是因为学习成绩不好，而是道德品质方面的问题。即便这样，仍有不少家长到学校对老师讲：孩子在学校里不听话尽管打，没事的，这孩子不打不长记性。等到初三毕业粗算一下，班里被我打过的男生占绝大多数。说来也怪，毕业之后经常到学校探望的、与我保持联系密切的却是我打得最多的学生。他们中有一些可能最终也没能考上大学深造，在社会上从事着最平凡的职业，可对老师当年的严格甚至残酷的管理却心存感激。在两年前的学生聚会上，十几个第一批教过的学生邀请我去参加，从他们的言谈中，我知道了：若干年后对老师的印象中早已淡忘了哪次对他们的惩罚，可对老师给他们照顾的场景记忆犹新。一位老学生还曾经直言不讳地说：当年我们看到徐老师的黑眼镜就害怕，在语文课堂上最老实了。

可以说，最初几年的那段经历，在我的教育史上绝对是一个败笔。曾经被学生冠以"文武双全"雅号的我深知：体罚学生是老师最无能的表现。随着社会的发展和进步，家长和学生的思想观念也在改变，再凭对学生的简单、直接甚至粗暴的管理，已经经不起社会的考验，当然也不会被学生和家长所认可。

概括那几年的班级管理就是：把体罚错当成严格，把批评错当成负责。体罚学生成了老师的唯一法宝，恶语中伤式的批评成了给学生的家常便饭，可能学生也会慑于老师的压力不得不学，可始终不把自己当做主人的角色，更不会有学习的真正快乐可言。

我的第二个班级管理转型期是在 04 年左右。那时的我已很少有体罚学生的行为，有个别打架的学生，我还会亲自出手给他们一点颜色。或许是因为我上学的时候也不是好学生的缘故，在小学、初中就有过打架的经历，包括到了大学，也是因为哥们义气差点被学院在档案上留下记过的处分，所以我很看不惯那些欺负弱者的同学，但凡是我调查清楚的，确实是欺负了别人的同学是必定要挨我拳头的。现在想来，感觉自己的学生管理受情绪的干扰是比较大的，当然很大程度上也与自己的性格有很大关系。

那个阶段内，我奉行的是：全时空、全方位、全过程的无缝隙式管理。可以说，那时也是自己做班主任付出最多的一个阶段。从早晨的到班到晚上的放学查寝，包括上其他科目，我也会坐班听课，时刻观察学生的举动，处处留意学生的变化。班级学生干部基本上没有发挥太大的作用，凡事都是自己去督促，结果到头来学生和老师玩起了捉迷藏：老师在时很认真，只要一离开，情况就会大不一样。这种扮演"警察"的角色延续了不到两年的时间，直到有一次听到了最令我心痛的消息，有高中的老师向我反馈，在我管理下成绩优秀的同学到了高中之后下滑很严重，有个别甚至处于班级的后面。询问原因得知，是因为在初中管得太严了，没有形成真正的自主意识，到了高中就有彻底放松的念头。他们自控能力本来就不强，加上高中的老师对学生的个别关注度很低，所以这些学生就自我放纵，慢慢随波逐流了。

随着杜郎口中学教改的逐步深入，全校各班对学生的管理工作都在逐步走"自主管理"之路。从06年至今，我的班级管理更趋向于"营造学科文化氛围，注重良好习惯培养，强化科学方法引领，构建和谐师生关系"的自主模式。倡导"同是一家人，共铸班级神"的精神理念，实行"个个是班委，人人是主人"的班级互评管理方式，制定"团结一致，奋力拼搏，挑战极限，超越自我"的班级宣言，营造"紧张有序，扎实有效"的班风，这些班级管理思路的形成完全得力于学校整体的教改蓝图。在这种大环境中，老师不是全部的心思都投入到班级常规管理上，而是用更多的精力去思考班级学生整体素质的提高，以及怎样让学生的"自主学习意识"能够更好的持续下去。

再回过头来说"敬畏"一词。思源毕竟不是杜郎口，环境改变了，学生改变了，学情改变了，校情也不同了，如果还是按照常规出牌肯定要输掉此局，所以我们的学生管理方式便得"求同存异""出奇制胜"。那么就让我们一起来研究这样几个问题。

思源学校的学生会"畏惧"班主任或其他老师吗？

如果上述答案是肯定的，那么，我们要再追问的是：他们会"畏惧"老师的什么？或者：他们为什么会"畏惧"老师？

有的老师可能会回答：学生哪有不怕老师的。老师总会有办法"对付"他们，比如：罚站、写保证书、停他的课、办公室反省等。

还有的老师可能会补充说：学生最怕老师的是让他们请家长到学校，或者让他们回家反思，因为在学校家长丢了面子，到家里后肯定不会给他们好脸色，甚至个别学生要挨打的。

肯定又有反驳的老师说了：学生会怕老师？我班那学生让他请家长都不起作用，什么事对他来说都无所谓，一副破罐子破摔的样子，估计神仙对他也是没救了。

这样的交锋如果延续下去，肯定还会有很多内容。问题的关键是我们在争论中对于"敬畏"的理解已经有了偏颇。其实靳校长说的也没错，以她在思源做班主任、学部主任、初中部校长的感受能够说出这话，肯定是"有感而发"的。百度"敬畏"词条，可以容易地查到：敬畏，是人类对待事物的一种态度。"敬"是严肃，认真的意思，还指做事严肃，免犯错误；"畏"指"慎，谨慎，不懈怠"。看来，我们对于"畏"的理解太狭隘了。"畏"并非单纯的让学生怕我们，而是让学生做事谨慎认真，对事的态度不懈怠。接下来不如让我们转为讨论：怎样让学生"畏"老师吧？或者怎样让他们先"畏"再"敬"呢？

高校长说过：严格就是对学生错误的不放过。她说这话的由头是自己在教学生政治时，特别注重落实和兑现，只要给学生说过的话是绝对算数的，这种给学生"清算"的结果便是：学生认为老师的话必须要听，学习效果不好在老师那儿是过不了关的，老师对学生的错误纠正是很在意的……这就难怪高校长的政治课上学生投入且最终的效果很好了吧？

崔校长在杜郎口给领导班子开会反复说：一定要抓好第一例！他说这话的时候，肯定会举上一些发现的现象。对问题的敏锐、做事的彻底一直是崔校长的工作风格，比如他会举到七年级二班教室屋顶的风扇、八年级三班饮水机的立面卫生或是九年级五班走廊内的手抄报等，这些第一例是绝对要立即纠正，并且相应的班主任、年级主任要有反思态度的。记得有一次是让年级主任亲自去擦风扇污垢，用崔校长的话来说，出问题都出在了上层，年级主任亲自擦电扇并非让你们在学生老师面前难堪，而是为了提高你们做事的精品意识。

那么让学生对我们的"畏"和"敬"又从哪里来呢？

作为一个老师，要自身就有一种好品质，比如，谦让、有礼貌等等。当然，请记住，上课是严肃的事，即使学生再散漫，你也不能任由他们搅乱课堂秩序，我们所说的民主，一定是在固有规则下的开放，自由绝不等于放纵。事实已经证明：当学生的行为习惯没有培养和建立好的时候，课堂越开放，效果便会越打折。我们对学生该严厉的时候必须严厉，比如课上时要严格要求，在课下时，就可以和学生平等和悦交流。对学生严厉和让学生喜欢并不矛盾的，学习上对学生严格要求，学生会喜欢这样负责任的老师，课下平等对待学生，和他们交朋友，让他们喜欢你，也会因为喜欢你而会更喜欢你的课。要公平对待每一个学生，以理服人，有亲和力，让学生感受到老师的责任心和最基本的爱心，通过人格魅力的影响敬佩你从而重视你、信任你、崇拜你。老师在课堂上不能只对得起自己，认为学生学不学和我没有太大的关系，关键是更要对得起学生，个别时候就要学会"较真"，哪怕个别时候影响了教学的进度，也要至少保证在自己的课堂上学生是一种学习的状态。所以，让学生有"敬畏"之心，不是让其"敬畏"老师本人，而是"畏"教师做事的态度，从而更好的约束自己的行为，养成良好的生活、学习习惯。这样，他才有可能成为一个对家庭对社会有用的人。

看来，我在班级管理的第四个阶段是以思源为起点的，尽管暂时还有不少的困难，但是我相信通过自己的努力实践，一定会度过这段挑战与机遇并存的日子。

为自己加油！

3月15日 　　坚守住那份美丽

（一）

这周开始，每天早晨我会在黑板上写下当天的"每日寄语"：

"学不学在己，学进学不进在心。中考在即，把心稳下来，让心静下来，管好自己的嘴巴，用好自己的耳朵，多动笔梳理，多用心记忆。一切尽在你自己的掌握之中。"

"你对生活的态度，即是生活对你的态度。当你还沉浸在自我满足式的无所谓时，时光的脚步已经走过了你曾经引以为豪的青春岁月。"

上午放学后，我将昨天班级民主评议的部分同学名单公布在"班级公告栏"上。获得半数以上支持率的同学有：智勇、微虹、园园、飞霞、敬尊、恩培、林婕、梦影、德彬、嘉奋，在以上10位同学中我和班长一起选出班里的五位组长：智勇、微虹、梦影、德彬、嘉奋。

智勇，是一位刻苦上进的同学，在课堂上会静心思考，对于课余时间的利用也做得不错，名副其实的智慧与勇气并存，也是各科老师最看好的潜力股。

微虹，很负责的一位班长，懂得体会老师的付出，也有很好的群众基础。在学习上非常用功，懂得珍惜和利用时间；学习方法的灵活性方面还需要改进。

梦影：有独立学习的意识和追求上进的心愿，近段学习表现有很大的进步。

德彬：头脑很灵活，学习投入时效率比较高，自控能力有待于进一步加强。

嘉奋：聪明但缺少持久的恒心和毅力，如果自制力再强一点，效果的落实会更好。

中午时间，我和五位组长通过分选成员的方式，让组长轮流挑选，自己排放座位，最终确定了班级的新座位表。看着他们五位在草稿纸上认真地画表格，反复推敲安置组员，我的心里终于有了一丝安慰。

接下来，我需要做的就是：竞聘（自我推荐和别人推荐相结合）班级各个部长，明确分工，责任到人，落实兑现。期待通过这次的重新调整，班级秩序会有一个较大的改进。

附一：组长推选部长名单

纪律部长：杨梦影

卫生部长：张文彬

体育部长：卓一镇

体育执行官：黎建成

学习部长：李智勇

附二：各组成员卫生分工

地面卫生保持及课桌：一人

拖地：一人

黑板：一或二人

电脑桌、粉笔头：一人

餐厅卫生：一人

扫地：一人

（二）

暴晒问题也是一种美丽

当开放式的课堂教学模式成为当今课堂改革的主流，当展示环节成为杜郎口中学白天课堂的主元素，我们可曾静心打量一下我们课堂中真的让学生"自主"了吗？我们教师还仅仅充当一个"主持人"的角色吗？当学生现场生成的问题提出后，我们老师是否就能够高层建瓴的为学生点拨，引导直至"拨开云雾见青天"？

其实，真实是课堂的第一要素（我始终这样认为）。要让学生真正在课堂上成为主人，就要赋予他/她主人的权利，如果主人遇到问题后都不能解决，日积月累，学生对该科的兴趣肯定会消消失殆尽。学生提出的问题，在很多时候，正是课堂的价值性所在，也是影响最终效果的重要因素。

我们不能一味地追求展示环节中的顺畅自然，如果小溪没有岩石的阻击，便不会有飞腾迸溅的水花，课堂亦是如此，没有深入思考的结果便是平淡无奇、索然无味；如果过度强调通达顺畅，便会扼杀学生质疑的精神和能力。所以能够维系"真实课堂"的首要条件便是让主人敢于说话，敢于说真话，敢于说不同观点的话。要把自己的疑惑说出来，才会有进步的可能。正如滚雪球般，当问题积累到一定程度，便彻底阻碍了自己前行的路。

当然，我们让学生提问题的方式可以灵活一些，不一定非得在全班公开的场合，这样的话，一些琐屑的、价值相对不大的问题就耽误了大家宝贵的时间。我们杜郎口中学小组合作学习的方式正好可以弥补这个缺陷。

课堂本是各种思想的碰撞地，各种观点的集散场，教学的艺术也正是在这固定的场所内挖掘无限的潜能宝藏。课堂应是快乐的，当学生解决问题之后，当学生学到新知识之时，他们会发自内心的感谢我们教师的"良苦用心"，这样的师生关系又怎会不和谐相处呢？隐瞒、掩饰、回避、指责、讽刺问题不是课堂出了问题，而是老师的真诚和对职业的忠诚出了问题……

（三）

读书之乐

读书，真的是一件乐事。

你想，在一个静谧的深夜，当一天繁重的工作暂时止息，卸下身体的重荷，留下的，只有真实存在的自己和不可预设的思想。这时候，你可以舒服的坐着，也可以静伫在窗前，手持一本喜欢的书，美美的享受文字带给自己的精神大餐。

读书的人从不以读书人自居，自寻高处不胜寒的寡境，读书的人也从不刻意讲求读书的收获，只在乎身体和精神满足后的双重愉悦。友人说，读书就是和吃饭睡觉一样正常的事情。

在茗香袅袅的台前，随意翻阅一本哲学小卷，你会被睿智的思想所折服。任遐思逾越时空的界限，精神飞转天宇之间。

沉溺在文字中，流连于故事里，手里捧着的，如同一颗颗稀世的珍珠，熠熠闪光，夺进双目。如果再能做到身临其境，心临其景，那可谓读书的高境界了。

而或点上一支香烟，沉浸芜杂的感情世界里无力自拔。沉静的夜，如空灵的心。真实存在是生活的定律，只要你不违背社会的规则，不逆叛道德的底线，你的感情便是真实生活的琴弦。每个人弹奏的旋律不同，是因为生活带给每个演奏者的感受也是不同的。

沉浸书中，感受文字之美，尽享生活之趣。与书籍的每一次美丽的邂逅，我们就有永无止休的故事可以继续。每天与美文相遇，让心灵沐浴着书香，这是何等美妙的事情。

书亦人生，人生亦书；
我读书，因为我思考；
我思考，因为我生活；
我生活，因为我存在……

3月16日　在交流中成长

（一）

上午第一节课，我受邀到小学部听课。上完晨读自习已经八点十分，匆匆赶到对面的小学部。在进入五年级教室后，刘老师已经开始了《杨氏之子》一课。

我看到刘老师在黑板上已经画好了课堂的评价栏，前板上用工整的字体写下了课堂环节：

一、温故知新；
二、穿越古今；
三、妙语连珠；
四、下笔生花。

在听整节课的过程中，我被小孩子那天真可人的情态所吸引，刘老师通过自身的智慧，及时点拨引导，与学生一起嬉戏在知识的乐园中。

本节课有以下优点值得我学习：

一、标准

1. 板书仔细美观；

2. 教态大方自然；

3. 演读文本精彩；

4. 点评引导到位。

二、效率

1. 发言节奏快捷；

2. 参与积极热烈。

三、层次

备课用心，思路清晰，过渡自然：基础回顾，演读文本，拓展应用。

四、教师作用发挥充分

课堂建议：

1. 将评价进行汇总，实行累积，最好在班级墙壁文化上有所显示。

2. 引导学生点评他人时多说优点，说缺点时应该以委婉的方式提出。

3. 培养学生的多元思维，不让学生囿于老师预设的唯一答案。

4. 注意把学生在课堂中的一些关键词进行记录、盘点、梳理。

5. 扩大学生参与面，特别关注那些在课堂上少有展示机会的同学。

6. 关注细节，尽量脱稿。

（二）

三月的广州，阴雨的天气总是让人心生烦闷，湿润的空气中也夹杂着一丝焦躁和无奈。在这扰人的回南天里，只有那迷朦雾气中葱郁的颜色能稍稍平息忙乱的心绪。

又到了周五的下午。本周语文周测的题目一改往日的基础测评，准备以小写作的形式出现。我在黑板上工整地写下了写作的题目：

1. 十年后的我；

2. 中考过后；

3. 考场上的我；

4. 2012 年的 9 月；

5. 忏悔的心；

6. 假若时光可以倒流。

写作建议：

1. 任选其一。书写 10 分，内容 10 分。

2. 写满。少一行减 10 分，减完为止。

3. 内容充实，层次清晰。

4. 周日上交。

（三）

下午四点从学校出发，小龙送我去白云机场，热情细心的他还带了一些水果让我路上吃，使身处异乡的我深受感动。5：55 飞机从广州起飞，途径西安经停，到兰州时已是 10：40 了，又从机场赶到宾馆，已接近晚上 24：00 点钟。想想明天上午和下午在甘肃政法学院体育馆还有三个小时的课要上，疲惫不堪的身体躺在床上实在不愿动，顺手给妻子发了个平安到达的短信，转身进入沉寂的梦乡。

→ 3月19日　用自信的成绩迎接六月中考

久违了，我的太阳。你隐匿了半个多月的形迹，终于进入了我的视线。

天气好，心情自然也不会很差。

今天班级有不少进步之事：

1. 早晨到班除了黎启锵检查宿舍外，其他同学全部到班，且有签名和时间记录。

2. 上周男生宿舍、女生宿舍纪律汇总，我班列学部第一。

3. 今早检查男生宿舍纪律，除卓一镇被子不齐，易康健床上有浴巾，李智勇床头有挂件外，其他同学鞋子整齐，各个宿舍卫生也都不错。

4. 昨天早到班的同学能够安静地进入学习状态。

5. 昨天下午到校后纪律良好。

我来思源学校已经有一个多月了，虽然自己也清楚的知道：这里的学生自控能力较弱，问题反复性很强，但我还是希望一班的同学能够将这种优秀保持的长远一些。

抬头看到教室黑板左上方的倒计时：距中考仅有 60 天（在校时间）了。上午上完课后，开始改上周周测学生的作文。有几篇文章让我心里触动较大，请看以下这篇：

十年后的我

马民锐

（一）落榜之伤

中考一天一天的逼近了，我仍无动于衷。时间像流水一样来去匆匆，终于，中考落榜的我走进了社会的洪流中。

落榜后的我在自己的房间坐了三天三夜，一个人安静地默默地承受着这次中考名落孙山给我带来的打击，品尝着曾经对于远大前途的幻想带来的伤害，以及早早走上社会的恐惧，喉咙一涌，吐出了一口黑血，原本心如死灰的我突然间想通了，自尽后自己虽然能解脱，但双亲失去了我又该怎么办，于是我苟延残喘地活了下去。

（二）生活之苦

就这样，我在人生的道路上连滚带爬摸索了数年。因为，我自中考后愧对亲朋好友，没有脸面面对双亲，我孤自一人去了上海，只留了一封信，现在已不知道他们二老过得如何。

我已成为了两个孩子的父亲，生活已经让我没有空闲的时间去幻想，我只能努力的去赚钱养家，供孩子读书。我的妻子是上海人，经人介绍我们才在一起。对于上海灯红酒绿般的生活，我已经麻木了，每天都做着同样的事情，面对着同样的人。

由于经济危机，我的工作单位倒闭，原本全家人靠着我那点可怜的工资生活，经济来源一断，家里陷入了困境，妻子只好带着孩子回娘家，在我心里只有对她浓浓的歉意与深深的内疚，我从来没有爱过她，她却陪我一路走来。

继中考后，我又一次把自己关闭一个房间里，几乎一夜白头。第二天，房东把房子收走，我拖着残破的行李箱，漫无目的徘徊在街头，无力的感觉在我的灵魂蔓延，仿佛我是一具行尸走肉的皮囊。我该怎么办？

天天生活在醉烂之中，靠劣质的酒精来麻醉自己，妻子和儿子全部抛我而去，我成了一个没用的人。有一天，我在大街上照例喝着酒，突然身前一黑，耳畔响起了汽笛声。之后我什么情况也不知道了。

（三）良心之责

醒来，周围白花花的一片，我躺在病床上。我偷偷跑出来，慌不择路地跑进沿街的一座教堂，被酒精掏空身体的我不能跑到更远的地方。教堂里空荡荡的，巨大的圣母玛利亚神像前，站着一个人，看装扮貌似是神父的样子。我不是基督教徒，但我还是双手合十，站在他的身后，片刻后，他回过头来对我点头示意后，走出教堂。

我一个人静静地凝望圣像，在圣母玛利亚光辉之下，我渐渐发现我在这种神圣的照耀之下像是一个罪人。没错，我的确是一个罪人。当初抛开高堂父母这是不孝；弃父母与不顾，令二老伤心欲绝这是不仁；老师谆谆教导循循善诱的恩情我却熟视无睹这是不义。如此不孝不仁不义的人，犯下的滔天罪行在这光辉的照耀下无所遁形。

我想忏悔了，可还来得及吗？我想已经来不及了。我走出了教堂，凭着感觉走到地铁口乘上了最后一班列车，这是这一天中最后一列车，但对于我可能是人生的最后一班车。终点站是一片海滩，滩边满是礁石。原来白天很热闹的海滩现在显得那么空寂。或许它已经习惯，对于我这个深夜造访的外来者，他并不惊讶，再者，它可能已经知道了我的来意。毕竟，它存在的岁月已经久远到不可推测。凛冽的海风拨弄着我那近乎全白的头发，似乎在劝说着我。此时的大海显得那么安详，应该是白天的玩耍使它疲惫不堪，此时它在安静地睡着，偶尔翻一翻身，弄出几片浪花。

费力地爬上那块最高的礁石，已虚弱的我经不起任何"长途跋涉"，中间几番停歇终于登上最高处，躺在石头上大口大口地吸空气。良久，我恢复了一些力气，站了起来拥抱着海风，闭上双眼回想着种种。父母还好吗？是他们养育了我，教我做人。失意时他们总会伸出那温暖的臂弯安慰着我、鼓励着我。老师们还在那办公桌前为学生忙碌吗？或许他们已经忘记了我，毕竟，我只是他们带过千万学生中很不起眼的一员。但我还是忘不了他们传授我知识的模样。他们的恩情我却无以回报。还有那些在我心中烙印下不可磨灭痕迹的同学，他们又过得如何？或许已经为人妻为人父了，然而岁月却没有拭去他们在我心中的记忆。相反，一次又一次的叠加越来越深厚，令我刻骨铭心。好想——时光可以重来，回到那个离中考前三个月的某一天。因为，那个时候我还可以挽救这个结局，至少，我不会对中考复习无动于衷，我一定会拼尽这最后的三个月。

（四）梦中惊醒

现在是不可能重来，轻轻的我走了，正如我轻轻地来。我消失在这一个寂静的夜晚，不为人知，轻轻地跃下礁石的高处。时间在这一刻停止了，我坠入海中，脑海中画面却浮现在我记忆的周围。时间像放飞的风筝一样被收回，一眨眼，我又回到了初三时那紧张的课堂。

胳膊肘被触痛了一下，抬起头，老师正看着我。我环绕着四周看了一遍，熟悉的教室，熟悉的人。窗外细雨纷纷，这明显是中考前三个月，我从梦中又回来了，黑板上是语文老师布置着周末作业与这次周测的作文题目。

在这段时间的旅行中，我经历了很多，也明白了很多：想收获一定要先付出。就像一颗糖果摆在你面前的桌子上，如果不去动它永远不会尝到甘甜的美味，它更不会自动进入你的嘴巴里，学习也该是如此。

从梦中醒来，我告诫自己：一定要改变对于学习的态度，用自信的成绩去迎接六月中考的到来。

→ 3月20日　　课堂请先从"有效"开始

（一）

这个话题的由来，是因为中午靳校长、我在行政大厅与惠州的五位老师进行了一个交流。

中午在饭堂就餐时，我与惠州来的王校长坐在了对桌，听他讲了一些他们学校的情况：生源不好，课堂改革刚刚开始，学生厌学情绪严重，整体课堂氛围沉闷……

12：45我们的交流开始了。

问：教学中的三维目标怎样达成？

答：三维目标是我们老师在备课时所要力争达到的整体课程目标，与现实的课堂教学之间还存有不小的差别，所以在开放式的课堂教学中，我们更加强调的是课时目标，即：在本节课上所要学习的"具体内容"。例如，学习一篇古文，在第一课时我们只想达到学生会读且能够疏通文意，那么本节课的目标就是：1、熟读；2、顺译。第二课时如涉及文章分析或拓展创作，目标则为：1、分析；2、拓展；3、创作。如此一来，学生对每节课自己的学习内容可以进行较为清晰地盘点梳理，不至于在"三维"中眼花缭乱、迷途难返。

思考：记得以前在杜郎口时，学校特别强调让每一个上课的老师都要在课题的下方写下本节课的环节、时间预设，这种做法确实对课时目标的凸显很有好处。做老师首先要做一名"明白老师"，至少在上课前要清楚的知道这节课该让学生学会什么，课堂上让学生通过什么样的形式学会，这是课堂的保底工程之一。

问：学生在课堂中不积极怎么办？

答：首先与学校整体的教改氛围有关，要先营造一个教改的大环境，让学生意识到自己身处学校改革的背景中。其次，应该做好开学起始阶段的动员与规范。从学生的习惯培养入手，注重每一个习惯点的养成。譬如：开学后先调动学生的积极性，让每一个学生敢说，保证全体学生的参与面；然后再逐步评价学生课堂的有序性、投入度、展示的标准、讲解的价值性、效果的落实等。在做好学生思想工作的前提下，做好对学生的评价，搞好落实与兑现。当一个班里参与积极的同学人数多于不积极同学的时候，好的风气就形成了。反之，当一个班里大多同学不积极时，仅有的几个积极的同学也会有退步的可能。

思考：有些问题看似是课堂的问题，其实还是与管理脱不了干系。当一个学校连学生最基本的常规与习惯都没有做好的时候，课堂的效益更是无从谈起的。特别是面对基础比较弱的学生，减少课堂的容量，设置学生喜欢的活动，调动学生参与的积极性，增强学科学习的乐趣，当他们在课堂上获得自信与满足的时候，才会由一个小成功走向大成功。

问：导学案到底怎么用？

答：导学案的价值性不在于给学生多少知识，而是通过导学案让我们的学生学到多少方法，掌握多少技巧，开启多少思路。导学案不是每节课的必需品，更应该成为学生进行自主学习起始阶段的拐杖、风向标。当学生一旦熟悉和了解了一个学科的预习方式之后，导学案就没有必要再"重复建设"。

思考：导学案在一些所谓专家的鼓吹下变得神秘莫测，好像课堂开放了，教师离了导学案就成了无米的"巧妇"。事实并非如此，导学案应该是在特殊时期、特定课程下的产物，并非是包治百病的灵丹妙药。我曾经到过一个较大城市的重点中学，下午一放学，各科老师齐进教室发导学案，场面蔚为壮观。发导学案本是教师辛勤付出后智慧的结晶的再现，到了学生那里却是叫苦连天。学生非但不领情，还把导学案当成了负担，再加上学校的强制要求，老师编制的导学案质量也是良莠不齐，有个别甚至是粗制滥造，学生由原来的做作业成了做试卷式的导学案，师生负担均大大加重。教学本是很简单的事情，对老师和学生来说却成了最痛苦的事情。

除此以外，还有很多其他问题，在这里不一一累述。

我在想，有效的课堂教学到底应该怎样来判别呢？说一下我思考后粗浅的认识：

1. 学生在课堂上至少能够学到一定的知识。

无需置疑，知识是构成课堂要素的基本单位。如果一节课下来，学生只是在单纯的活动中享受到了乐趣，虽然玩得很开心，可是没有任何知识的积累与提高，这种课堂充其量算是"华而不实"的热闹课。要知道，这种心情的快乐不是真正意义上的快乐。有句话说的好：最大的累，就是闲着。那么是否可以说：最真的快乐，就是充实呢？毕竟：快乐之后的痛苦更痛苦，痛苦之后的快乐更快乐吗！所以说，增长点是判别课堂有效性的最有利的依据。

2. 学生上完这节课后至少有一个最大的收获。

最大的收获，是剔除知识之外的收获。对知识的收获感再强烈，也会有忘记的时候，所以最大的收获应该是，学生在知识基础上掌握的方法、技巧、规律或生活体悟。这种收获不同于知识本身，是因为知识是留于大脑表层的划痕，而真收获是牢记于心的烙印。记得聊城市初中教研室主任王秋云说过：我们的教学只要让学生"一课一得"就可以了。她说这话的目的是想告诉老师，让学生得到一个能指导今后学习或生活的收获，老师的这节课就是有价值的。

3. 学生至少是在主动自发的情况下完成学习的。

在主动的学习状态下，学生完全是以主人的身份来对待课堂的，放权即是爱，没有哪一个主人会被动接受来客的亲自动手而坐享其成。主人翁的角色一旦转变，就不会出现教师占据舞台聚焦，自成主角展示，时间一长便无视学生存在，到头来学生成了知识的罐装桶，没有生命存在的价值和意义，最终走入了传统教育的死胡同。

在培养学生习惯的基础上，开放课堂，选择适合学生身心成长的教育教学方式，效果便会发生欢喜惊人的变化。有效的教学，虽并非我们想象的那么容易，但也绝不会像我们想象的那么难。

总结一句话：有知识，才会有提高；有尝试，才会有创新；有改变，才会有进步；有收获，才会有快乐。

永远相信：有梦，就有希望。让我们做一个个走在阳光之路上的探索者。

（二）

自上周末开始，感冒一直没好。近两天，喉咙涩痛沙哑，加上咳嗽难忍，全身没有力气，整个人也变得没太精神。在课堂上，我尽力地做好初三最后的复习。对于字词基础的反馈，通过学生自读后的习题演练、个别学生出题后的相互检测，加上老师适当的拓展总结来保证课堂效果的落实。

今晚收到微虹的便笺：工作之余，注意身体，好好休息，谢谢你！

还有岑老师随手送上的蜜糖水，让我如灼烧般疼痛干涩的喉咙滋润出一份别样的感动。

学生和诸位同事的关心萦绕在我的周边，在真情的天空下滋养着我在思源的生活。我也相信，在广州日子的种种感动，定会充盈在我今后人生记忆的画册中永不褪色。

虽然仅仅是一个学生一位同事小小的心意，却让我感受到了扰人阴雨天里温存的幸福。

3月21日

今天我值日

（一）

今天我值日

今天，我担任每周为期一天的值日学部主任。

上午上完两节课后，照例是课间操。我对初中部学生的做操情况进行了点评。主要问题是：九年级到操场的秩序和学生在练操时的标准问题，接着我又对三个年级的两个班级进行了排序。

课间操完毕，我到七八年级进行查课。

四个班级都没有老师上课，原来高老师正在办公室里给七八年级全体教师开会，刚想坐下听会，还是不放心班里的学生，因为刚才查时很多学生不投入，甚至有个别同学还完全没有认为是已经上课了，重又回到各个班级进行第二次巡查。通常情况下，越是老师不在场的班级秩序，越能够反映出这个班级学生的整体自觉性。四个班的差别还是比较大的，在随后秦主任召集老师集合会上，我把查到的情况给各位老师进行了反馈：最好的是八一班，其次是八二班和七一班，秩序最不好的是七二班。面对近来七二班较为严重的纪律问题，秦主任当场表决要兼任七二班的班主任，两周内要争取与七一班持平，他这种敢于担当重任的气魄是我所不具备的。虽然我也是思源初中部的一名班主任，但对于其他班级的问题却没有想到要去主动分担，好在我还算有自知之明：作为一名杜郎口的老师，在下一步的工作中，我也要"将公益进行到底"。

下午第一节课，我与王慧慧老师进行了近半个小时的交流。

对于一个还未毕业的大学生，王老师在杜郎口的能力是大家有目共睹的，至今还清晰的记得王老师在九年级办公室里朗诵《温暖2008》的场景。来到思源后，王老师在课堂上的学生管理一直存在问题，我有几次查课时发现学生根本不理会老师的讲话，各行其是的居多，甚至还有个别同学无视课堂纪律，与老师顶撞狡辩。对她来说，学生管理的难度到底在哪儿？据王老师自己回顾：她一开始时对于违犯课堂纪律的同学并没有太在意，以至于后来学生面对相对弱势的老师，变得越来越强势。看来学生也会察言观色，当我们老师从一开始就没有抓好第一例，及时进行落实与兑现的话，以后的管理工作会越来越难，所以找到学生的"软肋"，做好开头很重要，这正应了在杜郎口中学经常说的一句话：越彻底，越轻松。

另外，课堂管理其实也只是学生管理的一小部分，对于这些程度较弱的学生来说，老师只有利用好一切可以接近、了解、认识学生的机会，注重整个过程的教育跟踪，学生才有可能认同、接受老师的管理。正如孙圆圆老师利用每晚在男生宿舍值班的机会纠正学生的习惯，久而久之学生就会认为孙老师是非常注重他们习惯养成的，再加上其课堂上的严格要求，学生的言听计从就变得不再困难。每次听她的课，总能感觉到她与学生之间的默契度很高，学生也能够按照老师的要求去做。

记得有一个故事是这样的：肩负重任的年轻军官在执行任务时一败涂地，但出乎所有人——包括他自己意料之外，上校又给了他一项同样重要而危险的任务。这一次，他却英勇地完成了任务，且因功得奖。别人向他道贺时，他几乎生气地喊道："我还有别的选择吗？我辜负了他，而他却仍然信任我。"

从这个故事中，我们得知：每个人心中都有柔弱的一面。当我们的学生对自己的错误能够感到有点那么"不好意思"了，老师的育人目的也就达到了。

（二）
《第六单元基础反馈》课堂设计

关键词点击：通假、成语、人物评价、古文诗词重点句分析、易错字

一、温故知新（10分钟）

导入：有句话是这样说的，只有记住的，是自己的。经过第六单元的学习，同学们记住了那些有价值的内容与大家一同分享。（时间是五分钟）

结语：五分钟的分享，五分钟的快乐，因为分享的时刻就是快乐的时刻，分享使每个人更美丽。（分享时间预计十分钟）

二、互助过关（10分钟）

过渡：刚才大家各抒己见，互不相让，可见同学们都是快乐的，也是美丽的。现在请大家梳理概括一下，刚才我们分享了哪些方面？只说关键词就可以了。

小结语：请打开课本，有这些关键词你能不能将本单元的这些知识回顾起来。对子互助后报到。

学有余力者：①有通假字你能想到原句吗？②由易错字你能想到原句吗？③与"愁""报国"有关的诗句

3—6号：主动选板面去完成，写上名字。（预计十分钟）

三、分层达标（10分钟）

互助是一种责任，也是一种能力的体现。还有一句话，帮助别人是一种责任和能力，被别人帮助是一种幸福和快乐的事情。

老师亲自抽查四位同学。

请被帮扶的同学自由板写，其他同学就本单元的收获进行即兴生成。

四、提升拔高（10分钟）

结语：衡量一个同学成功的标志是看他的进步性，从这个意义上说，每个同学都是成功的。

总结：一个单元，两课背诵，三个出处，四篇古文另加五首诗词。

六位人物，七彩展示，八个通假，九名作家，勿忘十余成语。

美国语文

（一）

美国语文

　　眼前是从孙圆圆老师那里刚借到的一本《美国语文》，书的封皮上鎏金的一行字：中国第一套系统引进的西方中学教材。

　　这本书所选录的是美国著名中学的课文，适合的年龄段是 12—18 岁。这本教材精选了美国各阶段历史中的一些能代表该国文化的文章，按"编年体"的形式编排，可见编者的独运匠心。

　　粗略翻看，最先感受到的是不同历史背景下中外教材的编写意向是不同的。以新人教版初中语文教材为例，我们在编写教材时更加注重文章的主题归类，通常会以同类"话题""专题"或"文体"进行单元序列呈现，而美国的教材更注重文章本身的现实意义，即对学生当下的生活、思想有哪些启发或教育。

　　所以说，我们的教材更注重教材"教什么"，而美国语文更注重"学什么"。听孙老师讲，这本书最大的特点在于课后习题的设置，在我细读了第六课凯特？肖邦《一小时的故事》后，获得了很大的启发。

　　先从课前内容说起吧。在课文之前的导读部分，有三个板块：

　　一、阅读指导：包括作家介绍、背景知识。

　　二、文学与生活：提醒读者联系个人经历，聚焦本篇文章所述故事在整个世界背景下的作用。

　　三、文学聚焦：将"反讽"的写作手法介绍给读者，提醒在阅读时注意反讽在文中的作用。

　　这种阅读前的导读设置并未涉及到文章内容，只是从生活联系、文学手法等提醒读者注意，不像人教版教材在课文前的方框中就已经将文章内容介绍给读者。这应该与中西方思维习惯的不同有关，我们的阅读导向往往太过"针对"与"直接"，而美国语文的课前资料是为了启发阅读"思考"。

　　这篇文章的故事梗概是：受心脏问题困扰的玛拉德太太，却不得不面对她丈夫的死讯。当姐姐约瑟芬委婉地告诉她后，她把自己关进房间，悲痛之后竟然心生对自由的向往，想象今后真正属于自己的快乐。当错报死讯的丈夫出现时，她竟当场死于心脏病。

　　故事的内容并不复杂，只是在结尾处"波澜迭起"，中间部分都在描述玛拉德太太在"坏消息"来临后的神态、动作和心理。把故事和人物置于十九世纪的历史背景下，作者试图让我们感受到的是一名妇女追求独立和理想的过程。

　　让我们继续看，课后习题的设置是这样的：

一、文学和生活

1. 读者反映：结尾你吃惊吗？理由？

2. 主题焦点：写作年代是酝酿巨大变革的年代，如果发生在 20 世纪晚期，玛拉德太太的人生会有哪些不同？

3. 日志写作：当读到她对丈夫的死感到快乐时，你有什么样的感觉，请写一篇日志，描述你的反应。

（我感觉以上三个题目的设置既照顾到了读者的第一感知，即我们所说的'裸读'，又在向读者暗示思考问题的全面性，让学生能较为理智的思考在那个历史背景下人物的特殊性，不至于让读者有较大的思考误区，且主张个人创作生成作品。）

二、阅读理解：都是与文本有关的思考问题，与人教版有较大的相似之处。

三、思考

解释：除了心脏问题外，还有可能是什么意思？

联系：窗外景象怎样预示感情变化？

推断：她对其婚姻哪些方面感到厌恶？

结论：你认为她真正的死因是什么？

评价：如果作为一个现代的故事有可信性吗？解释原因。

（这种思考问题的开放性只有学生经过深入的思考加上充分的想象才有可能回答出来，国内的阅读理解题目可能会'考'到部分问题，但对于推断、评价等很少涉及。）

四、文学聚焦：反讽在文章内容中的体现及作用。

五、点子库

1. 日记：想象她没有死，描述其一天的情感经历。

2. 新版本：以现代社会为背景，写一个新版本，考虑她的选择会有哪些不同？

3. 集注：写一篇简短的评注，解释作者的话对你的理解产生的影响。

4. 视觉报告：制作一件艺术品，表达她经历自由的喜悦。

5. 哑剧表演：用哑剧表演本文。

六、微型写作

1. 思考性文章：描述作者个人经历或关键事件，表达感受。

2. 写作技巧：建议你可以用下列策略在你的思考性文章里获得个人化语气。

用第一人称；采用非正式谈话风格；纳入你关于写作主题的个人看法和感受。

3. 构思：利用太阳光的图标来为你的思考性文章收集细节。

4. 写稿：按照适合主题的方式来组织你的细节，考虑用时间顺序或按重要性排序。

5. 修改：重读你的文章，重点注意可能写得更清楚的部分，进行必要的细节增减，以加强你希望读者产生的印象。

（五六部分的问题就让我们瞠目结舌了吧？我们对于学生学完文章之后的小写作，通常会考虑到读后感、小诗、对联等，就感觉对学生来说已经是多元创作指导了，看完美国语文点子库、微型写作部分，我感到深愧不如。这种张扬学生个性的教育途径和方式是国内望尘莫及的。）

总之，看完这本《美国语文》，我们并非要"崇洋媚外"，对外来的文化大肆宣扬，一味效仿。当我们在赞不绝口的同时，更应该反思我们的教育，只有扬长避短，借人之力才会尽快提高教师的教学水平，进而提升我们的教育层次，使学生真正能够"快乐学习，幸福成长"。

（二）
在淄博市金茵小学对一节课的设计

课题：苏教版五年级上册《诺贝尔》

第一课时（20分钟）：

1. 了解学生，九个组，每组4人，共36人。

2. 课文已初读，且完成了《自主学习小研究》中的部分内容。

3. 分号完成不同任务，10分钟左右。

④号连词成句或成段，比一比，谁用得多。

③号哪些地方让你感动，结合内容，写下自己的理解。

②号梳理文中时间对应事件，用自己的语言表达。

①号用自己喜欢的方式写小作品，例如：

a. 人物小传　b. 一首小赞美诗　c. 改编歌词　d. 写对联　e. 人物颁奖词，请选择一种方式。

4. 成果板书，每组两个板块，教师写好标题，并参与到2号小团队细致指导。

5. 教师知识储备

1883年10月21日诞生在瑞典王国首都斯德哥尔摩。1864年9月3日在实验室，弟弟被炸死，父亲被炸成残废。1867年秋四年进行几百次实验，研究出黄色炸药、雷管。1896年12月10日下午4时30分逝世，所以每年在此时设立了诺贝尔奖。自设立以来诺贝尔奖项已经有100多种，200万英镑的利息。

第二课时（30分钟）：

1. 导入

课题"诺贝尔奖"与此人名有关的信息，学生自由说并互相补充。（教师提醒学生应注意把握关键信息，以条目的形式列好名人卡片）

2. 分析

"名人"身上有哪些让你有感触之处？印象最深刻之处，建议学生结合文章内容来谈，并引发质疑、思考。

3. 提示

无情之事——有情之人，哪些"有情"？判别一个人的行为对不对，关键是看他做的事情有没有价值，出于何种目的。

4. 小结

诺贝尔是一个怎样的人？关键词即可。

5. 生成

多种形式的创作展示。

6. 教师储备

（一）上联：败而不馁历经四载尝试数百方成功

下联：锲而不舍穷其一生竭尽全力为人类

横批：诚心可鉴

（二）拓展：锲而舍之，朽木不折；锲而不舍，金石可镂。

（三）人物颁奖词

他，30多岁时为了研制炸药，付出了巨大的代价，实验室化为灰烬，弟弟被炸死，父亲被炸成残废，可他毫不气馁。历经四年，几百次的试验后，他终于制造出便于安全运输的固体炸药。他是一个在科研方面置生死于不顾的人，更可贵的是他的发明是为了降低人们的劳动强度。想人们之所需，思人们之所急。他就是被誉为"炸药大王"的诺贝尔。

（四）人物小传

他于1833年诞生于斯德哥尔摩，30岁时，为了研制炸药……1867年秋，经过四个年头，几百次的失败，他终于制造了能够安全运输的固体炸药。他于1896年12月10日下午4时30分逝世。临终时，他将100多种发明的奖金和专利费全部存入银行，因每年利息作为奖金设立了诺贝尔奖。

（五）结语

科学的高峰是永无止境的，我们要好好学习优秀人物探索科学的精神品质，成就自己的梦想。

3月23日 由几则寓言故事想到的

告诉家长

一个人在高山之巅的鹰巢里，抓到了一只幼鹰，他把幼鹰带回家，养在鸡笼里。这只幼鹰和鸡一起啄食、嬉闹和休息，它以为自己是一只鸡。这只鹰渐渐长大，羽翼丰满了，主人想把它训练成猎鹰，可是由于终日和鸡混在一起，它已经变得和鸡完全一样，根本没有飞的愿望了。主人试了各种办法，都毫无效果，最后把它带到山顶上，一把将它扔了出去。这只鹰像块石头似的，直掉下去，慌乱之中它拼命地扑打翅膀，就这样，它终于飞了起来！

大的环境的确可以铸成一个人的品性。我可以毫不避讳地说，广州思源学校的有些家长是不太称职的。记得刚开学不久，一位在班里非常调皮的学生有事请假，需要家长到校来接。我给这位家长打电话时说要与他见个面，也好更多的了解一下这个同学，一直到这位家长最后送孩子到校，我都没有见到这位家长；还有一次月考后，我与一位几乎考了零分的学生家长打电话，说明情况后又向她汇报了她的孩子这几天在学校里上课很不在状态。与这位家长通话时，她还说要到学校来一趟，结果也是始终没见到踪影，诸如此的实例，我想思源的其他老师也碰到不少。作为老师，我们很难想象一位没有诚信的家长，他的子女会是什么样的。邓校也在多个场合说过，对思源学生的教育除了学校老师外，还有家长以及来自社会很大方面的因素。甚至有位家长竟然对老师毫不隐讳地说：我的孩子送到思源学校，不需要老师管得太严，只要让他心情快乐就行。还有一位家长向老师诉苦：我根本就管不了自己的孩子，不敢与他弄僵，否则子女见了面都不理自己。

或许是思源的孩子从小到大家庭条件太好了，家长给子女创造了一个不需要他们再去努力争取的物质环境。越是这样，我们的家长在教育自己的子女时，是不是也能首先做到以身作则，关键时候能够像这个主人对待这只鹰一样，敢于把他"扔出去"。只有我们的孩子从心理上感觉到孤立无援时，他才有可能奋起直追，试着改变自己。否则，生活太安逸了，学习必然会被生活所累。

告诉学生

有一只飞虫，整天浑浑噩噩，虚度时光。别人就劝它，珍惜时间吧，否则等你失去的时候就会后悔莫及的。

飞虫觉得奇怪，什么是时间啊，它怎么没听说过？别人不知道该怎么给它解释，就对它说，你看见那个钟表了吗？那里面走动的就是时间。飞虫还是不明白什么是时间，就想飞进钟表里看个究竟。它来到钟表前面，上下寻觅一番，终于发现了一个窟窿，于是它就飞了进去。飞虫在钟表里飞来飞去，只听到"滴答滴答滴答"的声音，看到几根指针在走动。飞虫就想这就是时间吗？我浪费再多又怎么了？它本来就不属于我吗。飞虫准备飞离钟表，却发现原来的那个窟窿被人用一块塑料板给堵上了。飞虫大喊大叫，四处乱撞，却也没有引起人们的注意。最后，它死在了钟表里。

临死前，飞虫才恍然大悟：我终于知道什么是时间了，原来就是我的生命啊！

一班的个别同学，也许你太习惯于别人的提醒，也腻烦了老师的忠告。现在距中考的时间，在你的眼里，还没有清晰的时间概念。从小学到初中，六年过去了，你也早已淡忘了成功与失败的概念。因为在你们的世界里，成功与失败对你的差别已经不是太大。所有的事情，只有自己是对的，别人的话都没有太多听的价值，哪怕是老师在课堂上反复重复的知识，你也没有了太大的感觉。看看你清早红肿的眼眶，还有那澄澈的眼睛充斥着的血丝，你在游戏、小说、网络的世界里已经无力自拔了吗？

小小的飞虫，自以为是的结果是什么样的呢？我们的生命是有限的，请不要把过多的时间浪费在没有太大价值的事情上。去看时间的时候，时间已经在匆匆流逝了，当你意识到它存在的时候，往往已经是追悔莫及了。一班的同学们，接下来的日子，我们应该怎么来度过呢？

告诉老师

有三个人要被关进监狱三年，监狱长满足了他们三个一人一个要求。

美国人爱抽雪茄，要了三箱雪茄。

法国人最浪漫，要一个美丽的女子相伴。

而犹太人说，他要一部与外界沟通的电话。

三年过后，第一个冲出来的是美国人，嘴里鼻孔里塞满了雪茄，大喊道："给我火，给我火！"原来他忘了要火了。

接着出来的是法国人。只见他手里抱着一个小孩子，美丽女子手里牵着一个小孩子，肚子里还怀着第三个。

最后出来的是犹太人，他紧紧握住监狱长的手说："这三年来我每天与外界联系，我的生意不但没有停顿，反而增长了200％，为了表示感谢，我送你一辆劳施莱斯！"

这个故事告诉我们，什么样的选择决定什么样的生活。作为老师，我们是不是也要既把握现在，珍惜拥有，又要着眼于长远，为了个人的长足进步与学生的后续发展呢？

你今天的生活是由你三年前的选择决定的，而今天你的抉择将决定你三年后的生活。如果我们只是每天备备课，上上课，听听课，我们的日子或许会很平静的度过。可若干年后，当我们回首自己教育生涯的时候，恐怕只留下了一些残缺的教案，零散的反思和破碎的记忆。

因此，我们必须选择接触最新的信息，了解最新的趋势，从而规划好自己今后的发展道路，更好地创造属于自己的将来。

3月24日

学子的心声

（一）

最近几天心情挺复杂。

憾事之一：本是周四中午去安徽合肥的飞机，结果记住了时间，忽略了日期。让接机的朋友白等了一趟。只好让王三阳老师重又改换了航班，推延了时间。

憾事之二：本是邓校安排好的周五上午我来上一节课，因为白云区的领导要来听课。学案印出了，学生预习了，结果也是因为我记错航班时间的原因，学校不得不重新调整安排计划，我心里也一直惭愧不已。

憾事之三：由于嗓子一直难受，周五上午在合肥行知学校上课，对于课堂效果有所影响，尽管我用了最大的声音，可跟原来相比，仍有不小的差别。

憾事之三：今天早晨，瑶海区教育局袁乃玉局长本已说好安排车辆送我，结果由于搞活动车辆紧张，我只好自己打车到机场。

憾事之四：看了九一班岑老师的留言，我知道一班同学的大扫除做得并不好，看来学生的自主性还需要进一步强化。

幸事之一：到瑶海区见到了久违的王三阳老师（上海金山区教育局，华夏教育研究会会长）河南安阳柳文生老师（华夏幸福教育研究会秘书长）和阿常（常作印，语文名师）等老朋友，并从阿常的课上、讲座中学到了很多东西。

幸事之二：周五下午我做完讲座后，瑶海区教育局袁局长有些激动地发表了激情洋溢的讲话，让我第一次感触到了一位教育局长的"教育情怀"。

幸事之三：今天下午，阿佳把我送到学校时，正好在思源学校门口收到了我第二本专著《杜郎口密卷》的样书。

幸事之四：今晚看班级博客，发现有我班班长微虹的访问记录，随后读到了她刚更新的一篇日志。

我能做什么

陈微虹

上两个星期，因为生病了，所以我亲爱的妈妈把我的上网机会也给限制了。

不过我今天还是回来了，继续写我的博客。这两个星期，变化真的很大，不知不觉中我们班的座位进行地调整，不知不觉中我担任了五组组长，不知不觉中我又失信于人（铁皮），不知不觉我对我的组产生愧疚与恐惧。

我真的深表抱歉——五组

对不起！我的组员，我不是一个合格的组长。我不能带领你们积极踊跃地参与课堂，每当要进行小组评比，一开始我总认为我们组可以大获全胜。可是，我连纪律都没能控制好，更别谈课堂参与了。其次，我的成绩不冒尖，属于一个中等生。很多东西我没有其他同学学得那么牢固，我的思维也没有他们转化的快反应得快。我太不合格了！我该怎么办呢？我很想做好，虽然他们会听我的话，我为了他们不对我产生畏惧，经常表现的幽默来让他们放松。我该怎么办？我很想做好，虽然很多关于他们的秘密我都知道，可我从未想过向老师汇报过，因为不用我说老师就已经知道了，我又何必两边都不是人呢！我很想做好，我真想做好。我记录下每天的一点一滴，我把我做的不好的一切都写下。就算猴子看了我的每一个记录，就算他每次看完就嬉笑，也永远不会体谅我的苦处，总是忍不住的继续给我添乱。但，我仍不想怪他，就说他两句就好了，毕竟，管不好他是我的过错。我好想逃避掉，但不能辜负老师的期望，不能给老师添乱。

我深感愧疚——初三（1）班

对不起！我的同班同学，我这个班长做的不是很好，不是很 perfect！自从 2011 年 7 月起，& 我就是思源九一的班长，当我接到这个讯息时，我自己心里也是没底，脑袋里就想着我该怎么当好一班的头儿。我想到了爸爸教我的四个字"以德服人"。我把自己的本分做好，把该做的事都做到最好，别的，我什么都没想。我做到了，我让班里的每一个人都服我，我让他们都认为我是那个可以做你们班长的人。经过了一个学期，至今，我在一班与第四个班主任合作，与九年级的任课老师合作。他们总是给我鼓励，都认为我可以做好，我也给过我很多肯定，我在一班我必须镇定下来。在最艰难的时刻，在最乱的时候，在最令人崩溃的时候，我要团结一班，不要让一班的同学们彻底认为我们是没有"家"的孩子。其实，说句过分点的话，我非常羡慕二班的每一个同学，我抱怨我为什么不是二班的一员。但是与此同时，我为以前三班大多数同学感到欣慰，我为我身在一班而为一班感到荣幸，至少我放心了，看在眼里，记在心里。我觉得我在这个过程中，我又变得比以前坚强，我的眼泪越来越少了。在这个学期，非常幸运的是：徐老师的到来。一班转变了很多，谢谢徐老师的用心良苦，谢谢您来担起这个班的"家长"。同学们还有很多不懂事的地方，总需要您的指点和帮助，在六月中考之前的今天和每一天，我都要谢谢您，谢谢您！还有感到欣慰的是，我又任用了一个人——梦影，因为根据我的观察，我发现她是一个管理方面的能人。很感谢她，没有半句怨言的接受这个职务；很感谢她，从上任以来一直尽心尽力的协助我管理班级；很感谢她，无论是班级还是宿舍都那样无怨无悔，谢谢你，梦影。就昨天的事吧！下午卫生大扫除，我忽略了张文彬请假回家，班主任出差，没人会安排卫生工作。还是老师比较用心，经 Miss Cen 的提醒后，我马上去安排卫生工作。谢谢您，Miss Cen！我连这那么重要的事都忘记，我做这班长，还合格吗？可我已经没有退路，我只有继续做下去，少玩点，多做点。协助老师管理班级，我真的很对不起你们，我的同学们。

我想对自己说

我憎恨你，你越来越懦弱了。虽然初中三年与小学六年形成鲜明对比，但是，这三年你是在一座山的山脚和山顶之间滚动。你的确是一个自卑的人，在每一件事前总是先否认后肯定，可当你肯定时已经晚了。这所学校的确给了你自信，给了你一个从未想象过的人生。但当你快到山顶时，又因为道路的艰辛而走回头路，你该吗？就如老师所说的，当你只离山顶只有一步之差，你也是没有到达山顶。你懂吗？就算拼搏了那么久，成绩不见成效也不要放弃，就算你很笨也不要气馁，勤能补拙，要相信。微虹，加油！永远不要放弃，前方道路路茫茫，有阻碍，有挑战。你是头儿，你是班长，你要带着同学们坚持走下去。

你能做什么，我很想问问在那过去的两年里，我得到了什么，我失去了什么，我收获了哪些，我荒废了那些。我能做什么，我什么都能做，只要我想，只要我愿意。

3月26日　开放式课堂教学应注意的问题

（一）

渔家傲·乡思

南国三月无寒意，浓荫遮日眼盈绿。春雨如约连廿日，艳阳逝，心烦意燥诉天意。

乡思满腹寄千里，返途音讯杳无期。长夜遗恨入梦里，醒将至，衷情一片枕泪湿。

武陵春·周末

阴雨连日今已去，煦暖晓春意。残梦渐醒惰摒弃，恨别佳日将复去。

苍穹如拭晴方好，淡妆惹浓绿。年少无意负春光，时日竟去难隐匿。

（二）

开放式课堂教学应注意的问题

一、学生口头表达的精彩性

1. 对"精彩"的理解应全面。声情并茂、抑扬顿挫、大方自然是精彩，质疑发问、追根寻源、求真务实也是精彩的另外一种呈现方式；

2. 精彩的表达是塑造学生自信性格的重要方面；

3. 特别注意口头表达的局限性，可以通过师生提问、教师追问、课堂达标等弥补。

二、教师驾驭课堂的灵活性

这是教师作用在课堂上的集中体现。灵活驾驭课堂能力不仅仅是课堂操作技术的问题，而是一名教师内在修养及教学智慧的外显形式，是以教师的综合素养为基础的。

要想提高驾驭课堂的能力，就要通过多种方式充电学习来苦练"内功"，以避免课堂的尴尬，更多一份自信与从容。

三、学生课堂发言的价值性

学生课堂发言的价值性，这是高效课堂的重要一点。例如学生提出问题后首先要在小组内交流，经组长筛选有代表性的在班里提问，每位同学提出问题的同时需要有自己的初步见解。教师对学生要有方法的正确引导，以保证所述内容的价值性。（举例：文天祥《正气歌》）

四、师生板书内容的有效性

试想，如果黑板上学生做完之后是全对的，那么板书内容的价值性就值得考虑，黑板是有力的检测武器；目的是为了暴露问题，只有在解决问题之中，学生的知识才有更大的收获，学生的能力才会有更大的提高。

教师通过板书的设计要做到为学生总体把握，全面引领起到更为直观的作用。

五、小组合作探究的真实性

教师给学生讨论的问题指向性要明确，让学生不能游离于课堂话题之外，以保证小组合作的效度。

六、教师备课设计的科学性

凸显八个要素，做好充分预设。

七、学生课堂学习的层次性

由文本到情感体验，围绕一条线或一个点，避免散读。

八、接受知识的个体差异性，实现分层次教学，特别关注潜能生，帮扶对子针对性。

九、设计学习形式的多样性，利用多元化的方式，多种艺术化的应用。

十、教材挖掘的深刻性

避免浅尝辄止，浮光掠影。每节课要有收获点、增长点，沉淀。真正实现学生动起来（精髓），课堂活起来（形式、兴趣），效果好起来（目的）。

（三）

反馈课类型梳理及个人思考

基础反馈课

1. 分工板写　2. 互助过关　3. 共性反馈　4. 达标测评

分层反馈课

1. 相异专题，分层汇报　2. 对子互助，保底目标
3. 余力提升，潜能过关　4. 共性反馈，盘点收获

反馈提升课

1. 对子互助，浏览报到；
2. 标注疑难，个别展示；
3. 分工板写，达标自评。

反馈课思考

自我梳理要超前，总体把握巧构建。夯实基础必为先，突出重点解疑难。强化易误养习惯，归纳联系适拓展。对子互助共过关，提速增效乐欢颜。共性暴晒众围观，分层达标可多元。口头表达辅书面，沉淀收获自评鉴。

→

3月27日

做有价值的教师

（一）

今天早晨 7：30，全校班主任在政教处集合，聆听了聂主任的讲话。

记得当时邓校长在介绍聂主任时，特别说出了聂主任已是一位年过花甲的老教师。自 73 年参加工作至今，已有 40 年教育经历的他足以让我们感到敬佩。我想，对于这个年龄的老前辈来说，他对教育的感情早已摒弃了任何名与利的诱惑，我们向他学习的不仅仅是关于管理学生的经验，更是他对教育的一番热忱和独特感悟。

在聂主任的讲话中，我提取了一些非常值得大家学习的内容，列举如下：

1. 人才培养是教育工作的核心。

2. 教师说得多，一定要让学生听进去。

3. 跟学生的谈话要建立在了解学生是前提，方式方法要灵活，持之以恒有耐心。

4. 以上课问好为例，正规的要求和不正规的要求都可以让学生"习以为常"。

5. 十秒钟篮球队集合完毕的例子说明，训练的结果总能让我们满意。

6. 对于领导的要求，老师理解的要执行，不理解的也要先执行再说。

7. 美国杜鲁门总统有句名言：皮球踢到此为止。我们对于学生出现的问题不能不管不问，视而不见。

8. 对学生严格出了问题，肯定不是方向的问题，而是方法、手段的问题。

9. 任何结果都是训练出来的，任何结果都是要求出来的，任何结果都是做出来的。

10. 成功者不讲理由，埋怨是失败者的习惯。

11. 平凡见精神，细节见成败。

12. 严而有序，言而有信。

13. 只有教师做好表率，我们对学生的教育才有说服力。

14. 用自己的激情来教育、感染、鼓舞学生。

15. 感情管理和制度管理要把握好度。教师要有妈妈的心（爱）、婆婆的嘴（不厌其烦）、哥哥的榜样（融入学生）。

其实，每一次细心聆听讲话、报告、讲座，总能带给我们一些有价值的思考，让我们汲取到对自己成长有益的营养。聂主任几十年教育经验的总结，让我们意识到自己工作中还有很大的提升空间。

的确，教师的幸福指数很大程度上与学校的发展密切相关。针对思源中学部学生的特点，我们只要投入地去做，相信辛苦之后的收获更会让我们感到宽慰（靳校长语）。

思想上同心，方向上同向，行动上同步，争做一名有价值的员工。

让我们心手相牵，共铸思源美好明天。

（二）

前天晚上，刚刚看到邮箱里有邓校长发来的邮件，因为原来的邮箱现在很少打开，所以看到后立即感觉到了时间的紧迫。在邓校长准备编写的《建立全是赢家的学校》一书中有给我分到的一个章节——"小组合作、我为人人、人人为我"的教学模式。整整一个下午，我蜷伏在办公桌旁，开始了这个如限时作文般的写作。

一、建议小组合作学习教学模式的必要性

1. 资源共享，实现学习资料、预习成果等资源的最大化利用；

2. 实现文本内容任务分配，让学生尝试小课题专题化的研究；

3. 注重学生的个体差异性，便于各位教师分层次教学的开展；

4. 增强其与人交流交往的能力，注重走向社会后可持续发展；

5. 便于小范围内帮扶对子的建立，渗透敢于承担的责任意识；

6. 实行自主性评价与相互评价结合，强化个人自我管理能力；

7. 打破班级管理授课局限性，发挥组长作用，分化教学难度；

8. 给每个学生主动求知、质疑、解疑、创新乃至创造的机会；

9. 相互鼓励、促进、提高，增强学生自信心，消除自卑心理；

10. 传递团队协作意识，发扬集体主义精神，为走向社会奠基；

11. 培养每一位学生走向社会、适应社会的能力，成为现代人；

二、构建小组合作学习教学模式的基本要素

根本特征：小组同质，组内异质。

1. 按入班程度进行均衡搭配；

2. 男女比例均等或大致相当；

3. 照顾到优科弱科相邻排列；

4. 根据学生内外向性格互补；

5. 可尝试让组长按顺序挑选；

6. 按程度合理搭配组内座号；

7. 实行同号协商流动的原则。

首先从全班挑选出学习成绩好、组织能力强，在同学中威信较高的学生担任每组的组长；然后按学业成绩和能力水平，从高到低分别选择编排每组的副组长与组员，并从组长到组员依次编号；最后由班主任统一协调，根据每组成员的性别、性格、成绩、智力等方面的比例结构进行组间平行微调，使同号的组员实力相当，组际之间的综合水平基本平衡。采用异质分组方式，即将男生与女生、性格内向与性格外向、学习好与学习困难的学生分到一起。各个组在综合能力要做到基本均衡。这样既有利于激发学生的学习兴趣，做到"学优帮学困"，大面积提高教学质量，又创造了小组合作学习公平竞争的机会。班委成员分摊在各组内，便于参与管理。小组内相邻学生要做到强弱搭配，便于学生的互助学习。要特别注意班上的潜能生，为他们找到一个理想的位置。小组的建立，大多根据"同组异质，异组同质"的原则进行，老师根据学生学习、习惯、品行等来进行分配。小组里的成员：组长、副组长、需要帮助的同学、余下的同学代表的是不同层次的学生，遵循了"同组异质"的原则；相对而言，每个小组的组成是一致的，实力也相差无几的，符合"异组同质"的原则。小组成员的选定充分尊重了学生的意愿，组长、副组长是由同学们推选出来的，组长选聘副组长，再由这个组合去选择小组成员，小组建立的过程又充分尊重了学生意愿，真正实现了"给其自由，任其选择"，很好地解决了以往分组中存在的不足。编组既要相对固定，又不能一成不变，要定期重新编组，使更多学生有与更多同学交流的机会。

因为在一个异质团体中学习对所有的学生都有益，能力较差的学生通过与较强的学生一起学习，能发现自身的不足和差距，学到的不仅仅是知识，还包括学习的态度、方法等，而能力强的学生则通过扮演传授者的角色获益。将学生按不同基础、不同成绩、不同学习风格优化组合，分成人数不等的小组，体现的了"组内异质"的原则。

合作学习理论认为，小组成员之间要形成积极互赖的关系，即彼此鼓励、积极互动，达到学习上的共同进步，而不是相互抵触、消极互动，造成学习上的单兵作战和两极分化。可见，积极互赖是合作学习小组的生命力，当小组而不是个人为了同样的学习目标学习时，靠的是集体合作、彼此信任，正是这种合作与信任使得他们学习有动力，努力有回报。

小组成员之间除了要积极互赖外，每个成员都应有个人责任。所谓个人责任是指每个学习者与他人或小组成员在学习过程中都尽到自己的责任，都必须为别人或小组成员贡献自己的力量，并且这种责任和贡献必须能得到确认和评价。不同的学习者之间，或两人、或一个小组、或一个集体，只要存在着积极互赖的心理倾向，并且每个成员的个体责任都能得到实现，就可以开展合作学习。杜郎口的小组组内合理分工，明确职责，小组内设小组长，小组长的主要职责是对本组成员进行分工，组织全组人员有序地开展讨论交流、动手操作、探究活动。

异质保证了学习小组的合理搭配，积极互赖与个人责任是学习小组的动力基础，当学习者认识到，为了完成某项学习任务，每个人必须相互合作，个体的成功有赖于他人或整个小组的成功，从而积极工作，配合他人完成学习任务。可见，异质、积极互赖与个人责任是构建合作学习小组的必备条件。

3月28日 关于学生管理的几点思考

（一）

今天学部值日我查了三节课。上午两节，下午一节。

综合今天所看到的情况，我感到前所未有的沉重，沉重的原因来自于课堂管理的无序。

不可否认，思源初中部的学生是不太容易接受管理的。基础差、自控能力弱、习惯不好、自由散漫，做事不顾及别人感受等，几乎没有一个同学能够达到我们老师所要想的结果，甚至我们老师对班里的极个别同学已经忽略或放弃了管理。

这种结果的造成，除了学生自身所表现出来的素质水平低之外，还有家庭教育、社会环境影响等诸多因素；但在学校，老师有着不可推卸的教育责任，倘若我们熟视无睹、放任自流的结果，只能助长其逃避错误的惯性，使其愈加放纵和叛逆。

在今天的查课中，出现了一些很令人难以理解的地方。

教师在课堂上讲本节课要求时，有近二分之一的同学没有"听"的状态，仍是各行其是，对老师的话语毫不理会，个别同学还会不时地流露出不满的顶撞回应；

还有的同学在课后与其他老师交流时，竟然很明确地说自己不想上这个老师的课，因为"只是背记，没一点意思""听到这位老师的声音就烦""课堂智慧含金量太低"等等，这种表白的内容竟是出自学生之口，直接的方式也是我在以前从未听说过的；

更有同学在上课时间就离开座位，随意走动或者走出教室，无视上课教师的存在。

看着个别学生不屑的神情，听着鼎沸刺耳的吵嚷声音，还有那随意走出教室的身影，我们的老师就真的束手无策了吗？

我们在怪责学生不好管理的同时，是不是也应该思考一下自身的教育方式出了什么问题？我们不能总拿学生的习惯不好来作为开脱课堂秩序差的挡箭牌吧？为什么在同样一个班级，学生对不同的老师上课会有很大的差别呢？

请我们老师静下心来问自己这样几个问题：

在您和这些学生刚刚接触时，你有没有给他们先做好思想工作，然后树好规矩？

当您的学生在违反了全班都通过的制度时，您有没有抓住第一例进行追责？

当该学生在反思自己的错误时，你有没有以点带面，抓住这个错误教育的良机？

在您讲话时，您的学生如果没有认真听，您是"得过且过"还是"刨根问底"？

在工作或生活中，你有没有至少一点可以让学生对你产生崇敬之意？

除了您的课堂教学时间外，您课下有多少次和学生进行过诚挚的交流？

当学生出现失误时，您是恶语相向、大声指责，还是和风细雨、幽默机智？

……

老师们，请放低你对学生吼叫的嗓门，学着干脆的作要求，然后逐一落实兑现；

请关注每一位学生的成长，对于能挽救的学生尽量施以爱心和耐心；

请改变原有对学生的态度，用学生的进步来判别学生的成功；

请多了解学生的家庭和思想，不要忽视他们独特的想法和行动；

请试着走进学生的心里，让学生感到批评对他成长的益处，也是老师所应担负的责任；

请注意优化您的课堂设计，使他们在兴趣的前提下能够学到应有的知识；

请对您认识的学生多一些由衷的赞美和真诚的鼓励，让他们对自己重新获得自信；

请对他们的放任对一些严格的约束，这种约束要让他们认可和接受；

……

当然，还要请大家宽恕我以上直截了当的表述和劝说，这些问题是我们很多初中部老师急需要思考和解决的。因为我在课堂中做得也不够好，所以我要更多一些对理想课堂的构想，也想以此来召唤其他老师与我一道的行动。

事实上，我们的老师都知道如何保证课堂教学的正常开展，只是因为暂时的迷雾挡住了前进的方向。可喜的是，在我们反思课堂问题的同时，已经有不少的老师迈出了改革最坚定的步伐。

最后的一句话作结：课改，我们正在路上。

（二）

继续昨天未完成的话题：

三、构建小组合作学习教学模式的保障措施

1. 对于小组长的要求

学习成绩较好；性格外向；组织管理能力强；自我要求高。

2. 小组长产生的方式

其他老师推荐；全班学生民主选举；实行学生自荐或推荐。

3. 组长的的作用体现

带动；帮扶；检查评比；跟踪反馈；生活、学习思想交流。

4. 对组长的培训方式

老师根据问题现场办公或适时座谈，交流解决问题的办法；

组员评组长、班长评价组长或组长之间的互评，看支持率；

组长在班会上的一周工作评价，具体到人，用事实来说话；

每学期的述职报告，总结工作收获和不足，制定下步措施；

5. 对小组合作的效果评价

有指标：

班主任做好思想动员工作，让学生树立参与无错的思想。

任课教师每课统计各组参与人数，进行小组的评比量化。

有标准：

具体任务，提高效率，增强实效。

有措施：

全员参与管理，权责相互制约；

量化评议，公开透明；

倡导优秀，鼓励进步，鞭策落后。

有目标：

人人有事做，事事有人做；

人人是组长，个个是主人。

组内每人担任某一项的组长；

全班各项任务设置一位部长。

主席评部长，部长评组长，组长评组员。

6. 小组学习的误区

无时间把握；无优化搭配；无规则说明；无具体任务；

无明确责任；无时间保证；无集体精神；无目标意识；

无监督措施；无合作参与；无有效讨论。

7. 小组交流的的时效性

精心设计导学案，有法可依；建立一套合作常规，明确分工；

营造宽松的合作氛围；合作前留给学生足够的独立思考时间；

多对团体进行评价，淡化个人意识；教师把握适当合作时机。

8. 具体实施措施

组建好学习小组，并不等于学生就能合作、就会合作了。要使合作学习小组能够正常运行，合作富有成效，则必须做到：

a. 选一名得力的组长。组长是老师的小助手和代言人，是一组之魂。实践告诉我们，选一名成绩好、责任心强、有一定组织能力的学生担任小组长，负责全组的组织、分工、协调、合作等工作至关重要。小组长应具备三种能力：提问能力、激励能力和分辨能力。我们老师不仅要善于发现具备这些能力的学生，而且应该培养学生的这些能力，这是培养学生领导才能的一个起点。平时要定期集中培训小组长，培训时除了了解反馈信息、作业专门指导外，还要倾听他们的意见和想法，让他们畅所欲言，相互交流，相互启发，以利于使他们领导的小组既有一定的共性，又有鲜明的个性。选好组长后进行动态管理，最先有老师选学习成绩好、组织能力强、威信高的 2 名学生分别担任正副组长，其他同学注意借鉴和学习。一旦其他同学成长起来或过一段时间后，要定期轮换组长。这样能激发全体同学的参与热情，避免产生消极情绪和消极学习的局面。

b. 编一个相应的代号。按照一定的标准分好小组之后，有必要按照学生学业成绩和能力水平从高到低进行编号。每组学业水平处于同一层次的学生代码相同（按一号到六号来编）。这样既便于组长分工——小组内成员按一定的序号发言、交流、讨论，或者按一定的方式合作；又便于教师抽查——指定同一层次的学生代表小组发言，并给予及时评价，使个人承担一定的小组责任，促使小组成员将焦点集中到互教互助上来，减少或避免"搭便车"现象的发生。

c. 为便于讨论，一般以 3—4 人为一小组。组员多了，不宜于小组长管理。组员少了，小组多了，现实的问题是教室里摆不开。解决办法是只能 8 人一大组，每大组里 2 小组，合作交流时可以 8 个人一起探讨研究由小组长负责，比如检查预习时、检测验收时就可以 4 人一小组分别由正、副组长分别负责，为了尽可能调动每一位同学的积极性，增强每个同学的责任心，组内设有小组长、副组长、汇报员、记录员、监督员、评价员等等，职位的认定还可以采取定期轮换制。

也可对小组成员按学习程度进行编号：如六名组员可编号分别为1—6号；根据成员编号进行不同分工，例如：1号为学习组长，主要负责课堂上任务的分配，组织小组交流，钻研攻克疑难等；2号为质检组长，主要负责预习、纠错检查、课堂上效果抽查、课堂参与统计进行累计，再算出每周的总分；3号为卫生组长，负责餐厅卫生区教室等各处卫生督察等；4号为文明礼仪组长，负责队列行走、文明用语、白手套、个人卫生等；5号为生活组长，负责就餐，就寝，身体健康等；6号为纪律组长，负责平时课堂、课余、集会等纪律；经全班同号6名学生推荐产生各部部长。

班长负责对六名部长的评议，以周为单位进行排序，分别奖励6.5，4，3，2，1分；各部部长负责对六个组长进行评价，形成书面材料；各组长每天对每名学生进行排序，综合一周情况，双休日形成书面报告：（1）本组同学的排序及理由；（2）发现的本组这一方面的问题；（3）下周的整改措施；综合每名学生的各项情况，分别记为 6，5，4，3，2，1 分，然后进行累计，再算出每周的总分；对于常规出现问题的同学采用减分制，课堂中教师口头表扬进行奖励分，每次以一分为单位；年级会班级对量化分数较高的学生进行奖励。

附：评价表格（示例）各组长自查评价表

姓名	学习	质检	卫生	文明	生活	纪律	合计

班长对各部长的评价表

职务	姓名	出现问题	奖励分

3月29日 构建小组合作学习教学模式的课堂操作

四、构建小组合作学习教学模式的课堂操作

整体框架如下：

1. 全面预习

在组长的组织和监督下，将全组同学组织起来，发挥小组合作作用，使所有学生都能自觉或不自觉的去预习，并能发挥人多的作用，互相监督、互相促进，在预习中，也能避免往日单调的个人学习，而采取多种形式，让学习变得丰富多彩。

每位学生发挥自己的主动性，先自己查阅资料，来寻找有关知识，在此基础上，组长根据本小组人员学习素质情况进行分工，对上述知识进行重点突破，出现的疑问或者没有解决的问题由小组成员共同解决，而后形成本组预习笔记。

小组活动的方式为：组长组织和监督下的共同学习。以整理预习笔记为主要内容。本阶段活动的保障为：组长的组织和监督，小组内互相检查，以完成目标。要求：采取组员间相互促进、互相帮助、彼此监督的形式进行。所有的预习结果在预习笔记上体现，由组长负责检查或学生互查完成。

2. 深入研究

在同一小组内部完成了对要学习课文的预习后，需要不同小组的合作、补充与分工。对待同一问题，学生（小组）的意见、理解也许各有不同，为取长补短，第二步要求各组以临近小组为主要合作伙伴进行对预习知识的补充、纠错。这样一来，他们将自己共同的理解在课堂上展示给同学们时，获得了赞扬，是小组合作使他们对知识的把握更全面了。所以在本环节里，要求各小组间做到对预习中遇到的同一问题的互相完善，不同知识的相互补充，不同见解的相互借鉴。

完成组与组之间的展示目标分工。这时的预习课应该准确的说是一节预习展示课，是对学生（小组）预习课文的归纳和展示。具体实施步骤是在所有人、所有组都预习，形成小组内统一的预习笔记，小组间对各种问题、知识进行了交流后，对于多个内容进行分工，由各组承担不同的任务，为预习课上的展示做准备。

3. 筛选展示

完成了预习环节，就将进入课堂教学的侧重展示了，其实大量的工作都在课前已经完成，此时不过是对各小组间知识展示的一个检测和对课文不同知识内容的归纳总结。

根据课前的分工，各小组内部也做好各自展示的分工，有的负责知识的梳理，有的负责黑板上的书写，有的负责书写版面的规划，有的负责版面美观的设计，让小组内每个学生根据他自身的特长在这时候发挥优势，因为小组的展示不仅是预习知识的汇报，也是版面的设计水平的体现。小组的分工展示预习内容，具有以下几点好处：

一是避免了无效的重复展示，各组任务都不同，加起却又是整体，对自己多分工的这一部分更精心设计。

二是培养组与组间的合作与分工的意识，注重了小组之间的交流。

三为课堂营造了"团结、竞争"的氛围，一个组要做的好，必须所有成员都要积极行动起来，因为在有限的时间内要完成任务，不齐心协力是不行的；小组之间又有了竞争的意识，比一比、赛一赛，看一看谁写的最好看，谁的版面设计的最美观，谁的知识总结的最全面和有效，谁的思维最活跃等等。

四是有助于学生全面了解学习任务，互通有无、取长补短，因为知识是无尽的，所谓"三人行，必有我师"，让学生在这种方式中学会学习、学会借鉴。

具体展示的要求如下：

小组根据分工，做好展示内容的准备。要求是在前预习的基础上，统一本组成员预习笔记上的知识，形成本组展示的内容。

在展示知识准备过程中，小组内做到有人统筹，有人整理，有人书写，有人设计（板面），有人准备讲述，有人准备补充。

对别组的知识展示，做好讨论交流准备，以随时补充和质疑。

4. 互相反馈

各组根据分工做好预习知识的展示后，就是对展示知识的消化吸收过程了。十分钟左右的相互学习，了解别组展示内容。在各组完成板面的知识整理后，给予学生十分钟左右的时间，自由行动对其他组整理的知识进行学习补记，这是一个相互学习、补充、完善的过程。

消化吸收展示知识。当相互学习阶段完成后，每个组进行上台汇报预习知识的环节，等汇报的组讲述完毕后，向其他小组提问刚看到的知识，以检测其他组成员对本组知识的掌握情况采取的形式：对任意小组任意学生提问，将其回答列入其所在组的积分奖赏，本组内其他同学可以就问题予以补充回答。

学生提出问题、心得。对各组展示的预习知识或本课过程提出自己的观点、问题、感想等，以小组为单位列出，交课代表整理后分到各组，课后研讨交流，列入下节课的一个教学环节。

教师总结。当所有环节进行完毕后，教师要发挥导演作用，对本课预习的整个程序进行总结，根据各组表现进行点评。主要从两个方面：对本节课预习知识进行总结；对课堂教学中小组活动的情况进行小结、评点。

具体措施有：

1. 预习的步骤

首先出示预习目标，明确预习方法。

目标确定：师生共同研讨确定目标，教师可以加进自己的指导性意见或建议性措施，学生也可提出自己的学习目标，并根据个人兴趣有选择性的完成。教师的参考书、集备活页等也可拿给学生参考阅。

目标由教师板示或口述提出，学生补充，师生共同提出。

如果适合分到学习小组，可进行分配任务，以此提高预习的效率。

2. 预习课的主体

以学习小组为单位自主交流、合作探究。

小组合作：小组内同学对桌排位，以六人或八人为宜，选出有能力的一名学习小组长负责分配学习任务并监督完成。

小组的成员组成均衡搭配，实现兵教兵、兵带兵、兵强兵、兵练兵的目的。

预习的方式主要通过小组合作来完成，作用：资源共享，疑难内化。

3. 老师的作用

在小组内巡视，做好预习指导。

疑难反馈：筛选有价值问题，班内共同解决。

成果记录：利用预习笔记（双色笔记），达到当堂达标的目的。

4. 预习的保障措施

可以通过建立预习笔记来解决，让学生把预习的成果或提出的有价值问题认真仔细的整理在预习笔记上，学习组长做好督查，教师做好抽查，并提倡用双色笔做好标记，有助于学生良好学习习惯的养成，同时对于形成知识网络、复习归纳都有一定的好处。

教师是以一名平等的合作者的身份，参与到学生的小组预习之中，预习的过程也是师生共同备课的过程。

预习的过程，教师必须参与其中，既要发挥出自身的积极性和创造性，更要激发出潜藏于学生身上的内发力，让学生成为课堂的主动参与者。

通过诸多形式，师生交流学习体会，生生参与问题评说，重在知识的探究过程和得出问题的解决方式和方法。

每一个学科，每一个人，每一节课，预习是第一个环节。预习是上好每一节课的前提条件。

同样对一篇文章的第一感知往往会启发我们的创新思维，激励我们的求知欲望，而所有这一切都应归根于"预习"。

预习的时间，可以撷取一节新授课的剩余时间，可以是晨读的时间，也可以是单独的自习课时间，随时、随机、随堂预习。

预习目标的达成，可以有以下这两种方式：

1. 各组不同目标，组内相同

一篇文章先经确立目标，各个学生涉及大概后，可以肢解给不同的组来重点研究，这样学生的各种学习参阅资料可以达到资源共享，各个学生都积极配合本组的"研究课题"，有利于问题的深入及达成简单的共识，也大大分解了繁琐内容的难度，提高了课堂学习效率。

2. 各组相同目标，组内不同

充分利用学习小组的合作优势，对于同一个问题可以形成不同的见解和主张。例如在学习《古诗四首》时，可以让组长在组内分配任务，两名同学负责查阅作者简介，另两名负责积累整理作者的其他诗作，剩余几名组员共同探讨诗词的内涵及诗旨所在。待各自收集整理、讨论交流完成后，组内再一起修补完善、传阅参考，既增强了学习的针对性，又激发了学生的自主探究、合作交流的求知欲。

展示是课堂的灵魂，展示是整个课堂的主旋律，是师生共同体验生命律动的过程。

学生是学习的主人，在课堂教学中以学生的学习活动为主，这就要求教师面向全体，关注个别，让学生真正参与到课堂教学中来。从新课堂的视角看，教师和学生都是课程的开发者和创造者，而不只是被动的执行者，因此，教师学生都是语文课程实施过程中的主体，也只有在这个意义上，教学相长才真正成为可能。

展示的步骤：

1. 回顾检测，明确本节目标

利用侧黑板，检测 A、B 组，了解预习效果。

展示目标由学生提出，教师补充。

展示内容中的有价值信息板示于前后黑板，同步进行。

2. 对文本内容的分析

通过学生预习时的收获，结合语句、语段、主旨等，各自谈出自己的理解。

单个朗读、多人配合读、辩论等，注重结论得出的过程。

3. 对文本的提升

结合文本的小写作。

唱、演、画、舞等多种艺术化手段形式的使用。

4. 穿插巩固，达标测评

5. 当堂反思，掌握知识

互相提问或"专家组"出题，实现语文课堂"人人参与，人人精彩，人人达标"的目的；学生的动应贯穿于整节课堂的始终。通过学生的动口、动手、动脑，来展示预习的成果，以达到活跃思维，锻炼勇气，培养能力，塑造人格的目的。教师要有全员学生参与的意识，调动更多学生的学习热情，让学生无拘无束的"动"，随心所欲的"说"，在课堂的零干扰状态下主动求知，以学促教。教师应鼓励学生大胆积极，勇于阐述自己与别人不同的见解和意见。只要敢想就要敢说，也只有敢说才能在生活实践中敢为，努力去做"学习的主人，生活的强者"。

展示是整个课堂的主旋律，学生的动应贯穿于整节课堂的始终。通过学生的动口、动手、动脑，来展示预习的成果，以达到活跃思维，锻炼勇气，培养能力，塑造人格的目的。教师要有全员学生参与的意识，调动更多学生的学习热情，让学生无拘无束的"动"，随心所欲的"说"，在课堂的零干扰状态下主动求知，以学促教。教师应鼓励学生大胆积极，勇于阐述自己与别人不同的见解和意见。只要敢想就要敢说，也只有敢说才能在生活实践中敢为，努力去做"学习的主人，生活的强者"。

另外，学生主人翁地位的重要体现在于课堂形式的灵活多样，学生可以以不同的形式表达自己的情感需要。或说、或唱、或演、或奏，给学生以宽松、和谐、自由、平等的课堂气氛，提倡学生多说个人的观点，教师应以鼓励性语言积极学生的个性思维和独特感受，保护学生的人格尊严，使课堂真正成为学生张扬个性、战现自我的舞台。

现代文以单元为单位，文言文两课一反馈。

反馈目的：实现弱生的保底，优生的拔高；或者说解决"弱生吃得了，优生吃得好"的问题。

反馈作用：构建单元网络，实现知识查缺补漏，达到能力的提升。

反馈形式：自我反馈；利用小组长检查；科代表检测；教师抽测；更多的是利用各班的帮扶对子，有针对性的进行帮扶。

反馈课特别突出了待转化生同学（学校将各班后三分之一的学生作为各教师考核分量的百分之六十）

反馈课既面向全体，又关注个别，实现"人人能过关"的目标。

3月30日　建立有效的班级评价机制

（一）

五、建立有效的班级评价机制

1. 网络管理

常务班长班会时评价值日班长——六名值日班长（组长）每天评价六个小组，记好每天的值日记录及反思；

如小组太长，可以采取：

①再分小组，选两名组长或一正一副；

②再设纪律组长、生活组长等（原则上班干部不少于1/3，不多于2/3为佳）；

③可适当引入竞争，对于个别组长管理有难度的同学，各组组长推荐1—2名，交由教师负责管理（全班不超过10人）；

2. 互相评价

为了进一步调动班干部工作的积极性，采取学生评价班干部的方式，例如：

①举手表诀，参考支持率；

②利用黑板板边将排名、排序班内公布；

③班主任及时召开会议，做好调整及后续工作；

另外，班主任对于班干部的工作要有方法的指导，比如：

①发现榜样，及时推广成班级典型；

②发现问题，自己能独立解决或给老师交流、反馈；

③具有特色，形成管理自己小组的风格；

3. 科学指导

①要有阶段内强化点，加强工作的针对性；

②要能够收拢人心班，跟班委主要干部搞好关系；

③帮助班干部树立威信，发现他们的闪光点，可以通过班会多给他们锻炼的机会，提升其管理能力。

4. 小组管理

每个组要有自己的组名，可用组长姓名命名，凸现小组长的责任感，也可以让每组成员集思广益、共同磋商，为小组取一个积极向上、富有新意的、响亮的名字，这有利于凝聚人心，形成小组目标和团队精神。事实证明，只要教师相信学生，给学生以表现的机会，学生的潜能和智慧必定能得到淋漓尽致地发挥。

每个小组要根据自己成员的不同情况确立合作学习的预期目标,真正形成"人人为我,我为人人"的"利益共同体"。小组合作中要做到:人人有事做,事事有人做。不求人人成功,但求人人进步。要把个人之间的竞争变为小组间的竞争,形成组内合作、组间竞争的格局。

高年级可以发动学生创建小组月报,小组月报是小组的重要宣传工具,也是班级的舆论导向。各小组要借助小组月报等形式展示本小组学习成果,彰显小组的个性文化。版面设计、内容安排、绘画书写由组长合理分工后,由组员合作完成。每一次月考、期中考试之后,各小组要出一份小组宣言,总结前一阶段的学习,提出下一阶段学习的目标。

班主任每周要定期召开组长例会,交流、评议一周内的班级情况,互相学习,互相促进。同时,确定下周主题班会的内容。主题班会由每个小组轮流主持,组长根据主题班会内容,确定主持人,并安排组员利用周末时间搜集相关资料。

班主任要把小组管理纳入班级管理中,以小组为单位轮流参与班级值日管理。组长即值日班长,辅助常务班长做好管理工作;组员由值日班长聘任为学习检查员、卫生检查员、纪律检查员,每天负责记录并公布个人和小组常规检查情况。每轮结束,组织最佳值日班长、最佳检查员评选,结果纳入学期优秀学生干部评选。还可以在学期末民主评出"合作学习优秀小组"、"合作学习优秀小组长"及"优秀记录员"、"优秀汇报员"等进行表彰。

六、构建小组合作学习教学模式的教师作用

1. 促进小组积极互赖、激发个体责任感

合作学习模式下,教师既要当好组织者,又要当好引导者,不仅要说明个人的学习目标,还要说明小组的共同目标,强调小组内的合作,成员间密切配合,有效的完成学习任务;教师还要当好合作者,为学生提供具有合作性的学习材料,确保每个成员积极参与到学习中来,促进小组积极互赖。

小组所有成员对小组成功的贡献是平等的,如果小组的成功仅仅靠个别学生的努力就能达到,那么会导致其他成员的不作为。可见,当每个小组成员对小组的成绩都负有责任时,所以成员才会积极地参与到小组活动中去,从而使所以成员都有去的进步的机会。激发个体责任感的方法有两种:(1)任务分工,即小组中每个个体分管一项分任务,而后将分任务综合成完整的任务.这样,人人都有具体的分工,人人对团体的成功都有着平等的贡献机会。(2)以小组成员成绩的总和为团体成绩。这样,每个成员的成绩都会对小组成绩起到关键的影响。

2. 以小组为单元及时评价

合作学习的内涵指出,要以团体成绩为评价标准,以"不求人人成功,但求人人进步"为评价的基本理念。变个人竞争为小组竞争,把小组的整体成绩作为奖励和认可的依据,形成"组内成员合作,组间成员竞争"的新评价格局,这样评价的重心就由鼓励个人竞争达标转向大家合作达标。

教师在课程开始时就应明确地告知学生成功的标准是什么。不把分数作为衡量标准，而是要学生与自己的过去比较，与学习目标的达成度比较。教师应采取分层教学的方法，根据学生基础的差异设定不同的标准，这些标准应在学生的最近发展区内，具有一定的可能性和挑战性。同时，评价可以从多方面进行，强调从多个维度进行评价，包括合作态度评价（倾听、交流、协作），课内合作评价（参与落实、参与效果），课外合作评价（汇报方式、汇报效果）以及小组成绩评价（小组综合成绩、组间成绩）。通过对小组学习情况的及时评价，使得学生的自信心不断提高、合作意识逐步增强、学习成绩稳步提高、课堂效率逐渐显现。

七、构建小组合作学习教学模式应注意的问题

1. 学生口头表达的精彩性

精彩的表达是塑造学生自信性格的重要方面；对"精彩"的理解应全面。声情并茂、抑扬顿挫、大方自然是精彩，质疑发问、追根寻源、求真务实也是精彩的另外一种呈现方式；特别注意口头表达的局限性，可以通过师生提问、教师追问、课堂达标等弥补。

2. 教师驾驭课堂的灵活性

这是教师作用在课堂上的集中体现。灵活驾驭课堂能力不仅仅是课堂操作技术的问题，而是一名教师内在修养及教学智慧的外显形式，是以教师的综合素养为基础的。

要想提高驾驭课堂的能力，就要通过多种方式充电学习来苦练"内功"，以避免课堂的尴尬，更多一份自信与从容。

3. 学生课堂发言的价值性

学生课堂发言的价值性，这是高效课堂的重要一点。例如学生提出问题后首先要在小组内交流，经组长筛选有代表性的在班里提问，每位同学提出问题的同时需要有自己的初步见解。教师对学生要有方法的正确引导，以保证所述内容的价值性。

4. 师生板书内容的有效性

试想，如果黑板上学生做完之后是全对的，那么板书内容的价值性就值得考虑，黑板是有力的检测武器；目的是为了暴露问题，只有在解决问题之中，学生的知识才有更大的收获，学生的能力才会有更大的提高。

教师通过板书的设计要做到为学生总体把握，全面引领起到更为直观的作用。

5. 小组合作探究的真实性

教师给学生讨论的问题指向性要明确，让学生不能游离于课堂话题之外，以保证小组合作的效度。

6. 教师备课设计的科学性

凸显八个要素，做好充分预设。

7. 学生课堂学习的层次性

由文本到情感体验，围绕一条线或一个点，避免散读。

8. 接受知识的个体差异性，实现分层次教学，特别关注潜能生，帮扶对

子针对性。

9. 设计学习形式的多样性，利用多元化的方式，多种艺术化的应用。

10. 教材挖掘的深刻性

避免浅尝辄止，浮光掠影。每节课要有收获点、增长点，沉淀。真正实现学生动起来（精髓），课堂活起来（形式、兴趣），效果好起来（目的）。

（二）
广州思源学校招生工作会议纪要

会议时间：2012 年 3 月 30 日 19：30—20：30

会议地点：中学部校长办公室

主 持 人：邓放国

与会人员：邓放国、玉穗芳、靳永利、谢日英、罗绍云、秦晨虎、徐立峰、王晓、聂建民、王克成、廖牡丹、明建国、蔡泽丹、黄展明、邓放军共计 15 人。

记录整理：玉穗芳

会议议题：关于广州思源学校今年招生方面的几项主要工作。

会议内容：

邓放国校长召集部门主任助理以上行政及干部，在中学部校长办公室研究明确了学校今年招生方面的几项工作，会议做出了如下几项安排，请个部门及全体教职员工认真落实：

一、关于各学部的招生任务及招生措施

1. 小学部：招生任务是由原来每个年级只开一个班增加至每个年级开两个班，全学部共设 12 个班，较本年度净增 150 人，办学规模要超过 300 人。

招生措施：

（1）通过与香港及广州市周边地区日常双向交流开放办学，展示国际合作综合英语与凸显小学部的办学特色；

（2）在天河区少年宫的大力支持下，联合东圃片区小学与幼儿园在奥体游泳馆举办六·一儿童节庆祝活动；

（3）充分发挥家长群体的优势。

2. 初中部：招生任务是初一年级开设四个班，每班 36 人，共招新生 144 人，学部规模务必达到 260 人。

招生措施：

（1）各个学科课堂教学展示常态化；

（2）家校合作——展示家长学校的威力；

（3）4、5 月份分期分批组织家长团队到友好老人院做公益与义工，或组织小学毕业班与初一学生家长到杜郎口中学实地考察；

（4）5 月份在奥体游泳馆举办两场首届崔其升素质教（广东）育研讨会"；

（5）7 月份下旬做好家长培训与新生入学教育；

（6）广州今年小升初统一考试时间的改革是一个重大机遇，充分利用平面媒体与广东卫视新闻台进行广告宣传。

3. 高中部：招生任务是在完成市、区教育局下达的高一招生任务的前提下，确保校内高一年级开四个班，每班 36 人，共 144 人，学部在校生规模达到 340 人。

招生措施：

（1）做好家长来校访问接待与制定特殊招生政策；

（2）7 月份底做好家长培训与新生入学教育；

（3）做好《广州市中招指南》的宣传与策划工作；

（4）突出推介与美国加州圣何塞州立大学与维卡维尔高中之间的国际合作项目。

二、围绕招生任务组织的几项活动（按时间先后排序）

1. 4 月 1 日下午学生放学后：各学部用一个小时的时间，召开教师会议，认真传达学校招生工作会议精神，以小组 PK 方式征集突出本学部办学特色与亮点的实施方案，并以电子邮件方式最迟在 4 月 5 日报给邓校长。

2. 4 月 6 日—8 日：认真组织第五期家长培训班。培训结束后，组织各个家长团队，分期分批到老人院作义工服务工作。此项工作由信息中心王晓牵头负责，三个学部及各班主任密切配合。

3. 4 月 13 日：接待香港、佛山两地的 70 多位校长到我校访问交流。此项工作由信息中心王晓牵头负责，各学部认真配合。

4. 4 月 29 日：由区体育局及奥体游泳馆主办，思源学校协办"第二届崔其升杯游泳大赛"（在奥体游泳馆举行）。此项工作由信息中心王晓牵头负责，相关人员密切配合。

5. 正式决定 5 月 9 日及 5 月 25 日分两次在奥体游泳馆举办首届崔其升素质教（广东）育研讨会"（两期）。

主要内容：上午是小学国际合作综合英语、初中语文、初中数学课堂展示，下午是崔校长及外聘专家演讲，邓校长负责主持并做《建立全是赢家的学校》主题发言。具体实施方案由信息中心王晓负责，小学部与初中部积极参与。

6. 5 月 10 日下午：香港地区 45 名高中学生到我校，与我校高中学生交流互动。此项工作由高中部罗绍云牵头负责组织。

7. 5 月 26 日上午：由我校与区少年宫联合举办片区"首届崔其升杯东圃地区庆六·一文艺汇演"。

此项工作由小学部谢日英校长牵头负责，活动方案由明建国、蔡泽丹负责制定，协调、发动与会人员及单位。

8. 6 月 22 日（初定）：全市民办学校小升初统考。

第一梯队联考学校成绩（总分低 30 分，英语不低于 70 分）可作为我校录取初一学生的条件之一；

另外，我校初一学生的录取，还增加"考家长"这一项内容。

此项工作由初中部秦晨虎牵头负责，并负责制定出本学部老师现场具体录取与培训的方案。

9. 5月20日起至24日，6月18日至22日学校宣传片分别以两个关联的主题在广东电视上连续播放5次，每次播放3分钟。

此项工作由信息中心王晓牵头负责。

10. 4月5日完成学校与体校、奥体中心游泳馆合作协议签订，此项工作由信息中心王晓牵头负责。

11. 4月份中旬开始在《中国教育报》、杜郎口中学、广州崔其升文化传播有限公司、广州思源学校网站、奥体中心地铁口公开刊登招聘广告，强化师资队伍建设，在全国范围内公开招聘学科带头人及骨干教师，中、小学部学科带头人与首席教师年薪不低于十万元及八万元。招聘公告起草工作由信息中心王晓牵头负责各学部参与讨论，徐立峰老师负责审核。

12. 7月20日—7月31日期间，完成对初一与高一新生及其家长的系统培训。学生主要是习惯养成、感恩孝亲、英语口语训练，家长主要是初级班认证培训。此项工作由王晓负责制定方案，初、高中部罗绍云积极参与与配合。

13. 行政综合服务中心、总务后勤服务中心、信息服务中心要根据各自的职责认真做好招生服务工作。

14. 全体教职员工认真在自己的岗位上履行职责，以开放与学习的心态，乐于承担、积极参与、展示自我，就是最好的招生。相反，就可能是招生事故。凡是影响学校生存、发展与腾飞的言行、心态都必须改正。

愿我们珍惜今天、拥抱明天！

四
月

换种方式上课，如何？

4月5日 　　　柳刚事件

序幕

四月的广州，天气已渐炎热。

润如酥油的雨滴已是常客，不常光顾的太阳倒成了大家奢求的贵宾。

奥体路旁，满眼的青翠，在感受盎然生机的同时又不免让人感喟生命无限的张力。

在这样一个阴晦沉闷的天气里，我第一次感受到转化一个学生真得很难。

第一幕

周六上午。

S：您好，请问是柳刚同学（化名）的家长吗？

M：是，有什么事啊？

S：哦，是这样。柳刚在学校有点问题。您能到学校来一趟吗？

M：又有什么事呀？

S：电话里也说不清楚，请您上午到学校后给我打电话吧。

第二幕

学校接待中心

S：是这样的。今天早晨查宿舍时有三个同学的鞋子放得不好，所以我就把鞋子带到了教室外走廊，让他们认领。结果柳刚非但不承认错误，还在班级里公开和老师"叫板"。

M：刚才柳刚已经给我说过，是因为老师先用垃圾桶盛他的鞋子。

S：我承认用垃圾桶盛是管理方法的失误。最近一段时间，老师和同学们对柳刚的反映都不是很好。本周七天的宿舍检查中，柳刚有四天出现问题，其中有一次是在玩手机，还有一次是十点后在宿舍讲话，另外在班级也经常因为纪律问题影响到其他同学。

M：我们小孩在家里一直都很听话的。

S：其实柳刚很聪明，这是被老师们所公认的。他学习时效率很高，成绩也不错，就是因为自制能力弱，学习态度不够端正，总是在自我满足中放纵了自己。我也知道柳刚在家里是独苗，三个姐姐都把他当小孩子，你们拿他也很娇惯，可是他在学校里的表现确实是影响到了其他同学，所以建议您先把他带回家反思。

M：难道非得让柳刚回去吗？

S：我认为让他回家反思一下，比在学校这样下去效果要好一些。一旦他能够真正认识到自己的问题了，如果立马改正，今年中考75中的目标肯定会达到的。

第三幕

周三晚上十点

M：您好，我是柳刚的妈妈，我想问一下什么时候让柳刚回学校。

S：他这几天在家表现怎么样？

M：他在家表现一直不错啊，只是书本没拿，就学了一下数学。

S：那您让他给我打电话吧？

L：老师，我是柳刚。

S：噢，我知道，有什么事吗？

L：你什么时候让我去学校。

S：其实你知道老师的本意并不是非得让你在家待着。什么时候到学校这是你自己说了算的，关键是现在你认识到自己犯下的错误了吗？

L：要不是当时你把我的鞋子丢到垃圾桶里，我也不会……

S：那我也就没话可说了。

第四幕

周四早晨七点多

F：老师，我想问一下，你不让我们小孩上学是什么意思？

S：柳刚在家几天了，您没问过他吗？

F：我现在是想问你！

S：因为到现在为止，他仍然没有对自己的问题好好反思。

F：现在还有两个月就要中考，这样下去，如果我的小孩不愿来学校了，这个责任你能担负的起吗？

S：如果您是这种语气讲话，我也没什么好说的，等您什么时候心情平静了，我再跟您讲话。

……

第五幕

靳校长办公室

J：柳刚的事我是知道的，他这段时间的表现我也很清楚。他现在太自以为是，会影响到今后的发展。家长不应该再偏袒他的错误，应该让他对自己的错误勇于承担责任，这样才有利于他的成长。其实家长和老师的心情是一样的，只有家长和老师共同努力，才会让他进步更快。

……

尾声

以上是我班一个同学出现问题后，学校与家长在沟通过程中的真实记录。对于省略的部分内容，我实在不愿再去追忆发生的一幕幕。

事情的产生原本是因为学生对错误的漠视与回避，教师想通过与家长的配合来改正学生积习已久的沉疴。在发展的过程有老师处理方法的欠妥当，以及家长对孩子因溺爱而带来的责任丧失。当家长与老师站在对立面上来对待问题的时候，教育的效果也就不言而喻。

作为老师，我们在处理问题的时候应该考虑到学生的接受力，不能为达到教育目的而急于求成，否则只能过犹不及，取得事倍功半的效果。

作为家长，一定要清楚的知道学校管理方式和教师教育方法的目的何在，如若不能和学校做好配合，一味帮孩子的错误行为开脱责任，那么势必会养成孩子逃避惩罚、遇事讲理由找借口的思维习惯，这是很不利于孩子今后成长的。

此事的结局是以靳校长对柳刚父母的循循善诱而告功完结，她的成功劝说是建立在对柳刚熟悉了解的基础上。其实思源的大多同学都对教过自己长时间的老师都有依赖心理，频繁的更换老师往往会带来学生心理上的落差和思想上的排斥，除非你有巨大的魔力能够在短时间内吸引学生，可这样的老师毕竟是极少数。

另外，思源学生的家庭教育影响也是至关重要的，家校联谊培训活动的开展从某种程度上可以弥补家庭教育的缺憾，但更为重要的是，家长能够花费更多的时间和精力来了解子女的心理需求，跟他们做好思想的沟通和交流。

环境在变，社会在变，我们还在等什么……

后记

柳刚，我知道现在事情已经过去了，这次月考你的成绩是班级第二，年级第三，总体上还是可以的，但你同样要看到与第一名的差距，在剩余的时间里，希望你能更加努力，争取实现你考上75中的目标。另外，上次的事情，老师也想真诚的给你道歉，毕竟老师处理事情的方法也需要改进。同时希望在上次的事件中，你也能够有所收获。请记住，老师与家长对你的心情是一样的，只是教育方式有所不同罢了。

祝你健康、进步！

4月6日 九一班的那些事

（一）我会把七元钱给你捎到山东的

陈然（化名），来思源学校第一次我就认识你了。

印象中你应该是一个品质不错的学生，虽然你在班级的言语不多，上次班级同学民主评议时支持率也不高，但我知道你骨子里有一种不甘落后的精神。

春节后来思源学校工作，我在教室外叫住了你，庆幸的是我一下就想起了你的名字。我当时对你说，我们两个很有缘呢。你凝重的脸庞露出了一丝不易觉察的笑，夕阳的余晖正映在你明亮的两眸，仿佛让我看到了你要求改变的希望。短暂的对视中你让我看到了坚毅的力量，虽然紧闭的嘴唇没有任何话语，但在我心里似乎有一个声音已告诉了我答案：你会变的。

开学的两周时间里，我惊喜地看到你的改变，甚至在心里暗暗对自己的

"转化成果"引以为豪。有一次你到办公室找到我说，你还欠李维博老师七元钱呢，希望我回山东时给他捎去，知道吗，那一刻我在心里既赞叹于你的诚信，又为我是你的老师而倍感自豪。

接下来的时光在初三匆促的脚步中渐行渐远，惯于崇尚绝对自由的你终究没有抵制住外在的诱惑。于是上课时你伏在桌上的姿势已经出卖了当时的承诺，我曾在一周的时间里和你聊了不下五次，可你依然如故毫无改变。课桌上不时低垂的头颅倒不像是睡眠不足，而像是你自己在宣告失败的结局。

还有几个晚上放学后，你背上沉重的书包穿梭于别班教室和宿舍，我不想知道你的书包里装的是什么，我更在乎的是你晚上在宿舍是不是能够好好休息；那一次在班级你又与一个同学打架了，当你的父母来到学校后，我分明感受到父母对你悉心的呵护下，你的所作所为让他们是多么的伤心。

当你觉察到各科老师对你的冷漠，你开始在课间频频进出于办公室，老师们也都知道，你是为了更多引起老师们的关注。可能是老师们确实对你的表现太失望了，所以几乎每个老师对你的态度都变成了冷眼或恶语，陈然，请别怪各位老师对你的态度，其实你不知道老师们在那样对你的时候心里也很难受，试想哪一位老师不想非常平和地对待自己的学生？

陈然，虽然现在的你已经很少和老师沟通，但我还是希望你能够在初三最后的两个月里振作精神，奋勇向前。陈然，能再一次让老师们从你澄澈的眼睛里看到希望吗？还能表现出让老师替你捎钱时的真诚吗？

拭目以待……

（二）负伤的宿舍执行官

志宏（化名），你的伤势是因为开学不久的一次晨练。负伤的你先是给父亲打了电话，结果是因为家长太忙不能到校，当时的你竟然落泪不止，虽说是"男儿有泪不轻弹"，可面对落泪的你，我也只好腾出上课前的时间陪你出去看病。

第一次让我知道"在广州要少生病"的就是因为陪你这次看病的经历，大夫说皮外伤没啥大碍，擦点药水，贴上膏药就差不多好了，又拿了极少的药，一结账70多块！且不说大夫看的咋样，就这么点药和简单的包扎费已经远远超出了我的估量范围。后来就听学校的同事讲，在广州如果没有社保之类的能够报销，上医院就和烧钱差不许多。作为医生家属的我深知医药行业的潜规则，却没有想到我也会被潜进去。之后因为感冒的几次买药更进一步证实了这一论断，尤其是在大观村的几个小门诊买药，每次都是有些提心吊胆。

志宏，或许是因为我们有一起外出的经历，你每次见到我都是笑脸相对，再加上一句"老师好"，让我心里美滋滋的。后来你又回家到大医院检查，结果并非像那位大夫说的那么轻松，你再回学校已经是四五天之后的事情了。那天我正在咱班上语文课，就见你颈上绕上了绷带将左手臂吊起，不少同学和你开玩笑说是刚从前线赶回，于是枯燥的复习课上就多了一些情趣。

考虑到你的伤势已不能参加晨练，所以我找到你说，志宏那你就负责宿舍里的卫生检查吧，你满口应允并保证完成，从那天起你就真的成了名副其实的卫生执行官。虽然我和岑老师还是每天早晨要去检查一次，但经你检查过的宿舍，基本上没有了太大的问题。全班同学都应该感谢你，志宏，你为班级做出了默默的贡献。

另外，还想给你提点小小的建议。这周模考的语文试卷上，你的空题可不少。如果是因为不会，上课时应该再用心一点；如果是因为态度问题，那就太不应该了。既然你能够认真对待宿舍卫生并仔细检查，那么也应该认真对待每一次模考，珍惜每一次让自己进步提升的机会，对吗，志宏？

相信你会把各件事都做得很好，加油，志宏！

4月7日　　要用心去关爱孩子

（三）滴落的泪是因为不想落后

杨柳（化名），你在我们班是一个沉默寡言的女孩，总爱安静的思考一些问题，有时也会默默无闻地为班里做一些事情。

杨柳，那天你落泪了。

至今我还清晰的记着，在看完胡斌视频后，你边写着给父母的话边落泪。

那次我布置的题目是：列举父母对我们的好和列举自己对父母做得不到位的事情。

晚上放学后，我见你仍然很难受的样子就约你单独聊叙。

还记得吗，就在你们宿舍楼下的榕树下，你对我讲，你的表弟在另外一所学校学习很好，家里的人总爱把你和他放在一起比较，最让你痛苦的是怪自己原来的基础太差，现在想赶却感到了很吃力，学习也总是不能集中精力，有时还学不下去。

其实，学习是要慢慢来的，不能太急于求成，也不能给自己施加太大的压力。平时看你学习时的状态是比较投入的，可做事的效率好像都不怎么高。我曾委婉而善意地提醒你要更高效一些，不知现在的你学习时是否有改观。

杨柳，你知道吗？你是我在思源学校第一个见到流泪的女孩，而且更重要的是，你流下的泪水是因为意识到自己与别人的差距！

身为班主任，有时我竟幼稚地想：多么希望能看到更多像你一样因为认清不足而流泪的同学啊！可这样的想法最多也只能算是一个奢求罢了。而恰恰相反的是，我倒经常看到一些"自以为是"的"纨绔子弟"在违犯了纪律后仍"蛮不在乎"，甚至"据理力争"抑或"穷乐呵"呢。

如此说来，杨柳，你那晚真诚的泪滴在我残存的记忆中就显得弥足珍贵。老师相信你一定可以战胜暂时的困难，勇往直前。我会一直为你加油的。

同学们，你们有多久没有静下心来悉心打量自己了？你们还记得刚过寒假开学定标时满脸的自信和坚毅的笑容吗？你们也曾有过如杨柳一样因为失去的愧疚而流下难忘的泪滴？记住吧：快乐之后的痛苦更痛苦，痛苦之后的快乐更快乐。

大家想要赢取最后的成功吗？请先从痛苦地否定自我开始！

（四）没人要的归我组

马伊（化名），还记得那天中午，我将六位组长叫到办公室，开始轮流挑选组员，对我们班的座位进行调换。挑选完毕，问题又出来了，班长微虹感觉五组的一位同学对她来说管理难度太大，可又不知道该如何调换，不得已中想到了你。在其他组长都将这位视为"瘟疫"的同学极力避让向外推搡的时候，你站了出来说给我组吧。那一次，班长的感激老师的感谢已经无法用言语表达。

后来公选班委，其他班干部一致推选你做纪律委员，那一刻，我才知道你在大家的心目中是有一定威严的，只可惜入班一个多月来老师发现得太晚了些。自此之后，我班中午的午休秩序就交给了你，虽然这几周的排名在初中部还是落后，但我知道在你的管理下我们午休纪律已经有了很大进步。虽然在管理中你也受了不少的委屈，但你的坚持足以让大家佩服不已。

还有一次，你伏在桌上哭泣时，其他同学告诉了我。开始我以为是你动手术的后遗症又复发，可经过了解才得知，你与我们班一位女同学因为一双跑鞋有了矛盾。我把你叫到教室外走廊的拐角处，对你讲：马伊，你是班干部，凡事都应该做好表率作用，甚至有时宁可自己受点委屈，也要让同学们信服你。我相信你完全有能力处理好自己的事情。当时的你，独自安静了一会就回到了座位上。之后的几天，我一直在在观察你的情绪变化。其他同学也告诉我，你和那位同学已经相处得很好了，我听到后由衷的高兴。"放手即是爱"的教育管理真谛被你的行动所阐释。

马伊，在学校已经有两次和你的家长接触了，也许同是北方人的原因，我与你家长的谈话就多了一些琐碎的内容。在得知你想要报周末补习班的时候，我在心里是暗自庆幸的，因为你的心里有强烈的进步愿望，其实这种思想的认识已经远远超过了上补习班本身。

现在离中考还有两个月的时间，我想，只要我们利用好课堂时间，把自己相对弱势的科目在最后的复习阶段好好补习，就是不上补习班同样会有好的效果。就我来看，思源的每位初三老师应该都有能力带领大家搞好最后的复习，效果好不好，不是因为老师的教学内容有没有价值，而是我们同学们在上课时间里是否能够用心学，你说对吗，马伊？

中考在即，相信你的努力会有结果。

马伊，祝你成功。

你的未来不是梦

（五）遗忘的餐桌，让我来擦

李静（化名），那个周六的晚上，我接到你的电话：老师，下周三是我的生日，我爸妈想把蛋糕送到学校，麻烦您能帮我送到饭堂冰柜里并且在班里给我点时间吗？当时的我没有多想就满口答应下来了。

之所以答应的这么痛快，是因为你在班里是一位很让老师放心的女生。平时的你说话柔声柔气，见到老师总能热情的打招呼；当你违反纪律时，对老师又总是露出一副羞赧的神色，让老师也不好意思再追责于你，只是劝勉你今后要注意就行了。

那晚你的生日庆祝会上，我也很荣幸地被分到了你的生日蛋糕。记得当时李静还调皮地把蛋糕抹在了我的脸上，让我也经受了一次你们这个年纪特有的疯狂。知道吗，李静，很长时间以来不怎么吃甜食的我第一次品尝到了可口的美味，对甜食的抵触竟然没有经得起那块蛋糕的诱惑，那晚的蛋糕现在想来确实好吃，谢谢你馈赠的美食。后来在杨云同学（化名）的QQ空间里看到了你过生日的照片，其中有一张是你在蜡烛前许愿，那种凝重的场面和专注的神情不免让人遐想：你在许下什么心愿呢？

还记得我那次对你讲，周测要保证考到班级的前五名，你略带惊讶的回应让我感到了你很少对自己进行定位，或许也如你的性格般从不计较争先吧？我面带严肃地说，我相信你的实力和能力，如果考不到后果会很严重。其实当时的我并没有想到会用什么样的措施来"惩罚"你。结果，那次考试你一跃进入班级的前五名，再与你见面时，你的笑容更加灿烂，目光也比原来坚定了许多。

最让我感动的是，有几次班组老师对我讲，在其他同学吃晚饭桌上还有剩饭的时候，学部老师要进行检查并给各班排序，你总是站在检查老师面前说：老师，您先别给我班扣分了，我来把它打扫干净。这种集体意识的体现被老师们夸了几次之后，我对你的评价也越来越好了。李静，你的确是一个关心集体，关爱他人的好女孩。如果一班其他同学都能像你一样，我班的餐厅卫生也就不会再排到学部的后面了。

今天上午刚看到了几校联考的成绩，有下降的趋势哟！曾去过美国的你，应该清楚的知道英语的重要性，在英语上还要加油啊；数学应该还有提升的空间。

下月四号左右就要进行天河区的一模了，李静，希望你能在三周多的时间里再多一些努力，争取达到我们所约定的目标。你会成功的，对吗？

（六）老师，街道的"街"怎么写

杨子（化名），让老师怎么评价你呢？

你身为班委，在班级确实起到了一定的带动作用。

上课开始后，如果班级同学还没有安定下来，这时候，只要你的大嗓门一喊，就不用老师再去费心地督促；晨训时，只要你不晚到，心情还可以，精力和状态还行，班级的训练任务肯定会在你的指挥下井然有序地开展。从这一点来说，你早晨为班级的付出是功不可没的；特别是你在上课讲题的时候，班里没有一个同学的声音能够赶得上你，所以老师和同学们都愿意把更多讲题的机会让给你。杨子，上次的体操比赛中你的表现还是很不错的，尽管我班没有取得前三，但老师和同学们都会记得你的付出。

你的表现很多时候还是需要进一步改正的。

上课时，你自认为头脑很聪明，所以就有点自以为是。通常的表现是，当你在课堂上学会了一点知识就急于找到老师要汇报结果，有时也会串到其他组为不会的同学讲解。当然这种助人为乐的品质值得赞赏，问题是你经常的自我满足带来的后果便是眼高手低。在你自己还未意识到这个问题的严重性时，已经有不少的老师要么旁敲侧击要么直言相劝式的和你谈过，只可惜你的热度总是持续在"三分钟"以内，长期的惯性已经养成了你"左耳朵进右耳朵出"的恶习。

那次我去检查宿舍的卫生，本来已经接近上课时间，我一边检查一边督促要你迅速一些，你的回复是：慢工出细活。这句听起来有些像开玩笑的话，我并没有在意，也从那时起知道了你"嘴贫"的毛病。平时上课时间，不知有多少位老师提醒你"闭嘴""不要插话"。难道你不知道打断别人的发言是很不文明的表现？果然，你的表现也引起了其他同学的极大不满，那次的民主评议，你在班级同学中的支持率不是也正印证了这一点？

杨子，你的最大爱好就是打球，这本身并没有错误。可有几次上课时，老师让你在教室外等候，你却跑到操场去活动，回来还若无其事地给老师道歉说自己错了。既然能立即认识到自己的错误，那又为什么你又总在一次次的错误中丧失了老师对你的信任？当其他像你一样的同学还在老师的陪伴下培优补差的时候，你的汗水却挥洒在了篮球场上，是因为你感觉自己的成功是那么的轻而易举吗，杨子？

那次你与同学打架了，那位同学的家长也找到了学校，我尽力帮你解决，并且平息了对方给你带来的影响。当时我从你的言语中听出了对老师的感激，其实老师并非想用你的感恩来回馈自己的虚荣的自尊，而是想让你从中得到对今后人生有益的启示，从而避免再犯同样的错误。你确实坚持了一段时间，可隔了一周的晚上就在你的宿舍发现了一个打开着的音响，当时的你极力地推脱责任，好像老师不该收你的东西。你有可曾想过，老师拿你的音响是为了自己去听，还是想为你保存一下看你的学习表现？

上周的语文课，正在进行《字词专项》的复习，我走到教师的后面，你问了我一句：老师，街道的"街"怎么写？我笑了笑暗示你先在黑板上写一下，结果你写完最后一笔后又加上了两个点，当时的我真是哭笑不得。老师并非有意嘲笑你的错误，而是想到你平时的自以为是和屡教不改后，更清楚的知道：其实你欠缺的知识还有很多。

所以，杨子，不要总在一次次的强词夺理中忽略了知识的汲取，不要在自我满足中停滞了前进的步伐，更不要总在个人的崇拜过程中迷失了方向，丢掉了自己。

希望你能够继续发扬集体精神，赢得同学的尊重；希望你更延长一些自我约束的时间，让老师们宽心；还希望你能够认清自己的不足，并且极力追赶，争取缩小与其他同学的差距。

杨子，你就是你的救星，你就是你的主人，命运始终掌握在你自己手中。

聪明的你，知道接下来该怎么做了吗？

但愿，你的未来不再是梦！

4月10日 在比拼中成长：公开课大赛

（一）

今天上午开始，广州思源学校中学部四月份公开课大赛拉开了帷幕。

上午第一节，李耀军老师和高一二班的同学打响了开放课堂的第一枪。

本节课的优点主要表现在三个方面：

一、表现形式多元

1. 迎春旋律激情导入。利用迎春晚会的旋律，以小主持人的方式导入本节课。

2. 历史小品精彩演绎。几国相争的历史剧本，将表演与知识结合，增强情趣。

3. 激烈辩论组合朗诵。学生根据所搜集到的材料，针锋相对，互动效果明显。

4. 改编歌词全班合唱。通过改编歌词后合唱，达到课堂高潮，体现快乐求知。

二、师生准备充分

1. 备课多次修改。

2. 板面形象直观。

3. 辩论材料完备。

4. 板书条理清晰。

三、教师作用发挥

1. 课前优化设计。

2. 及时点拨总结。

3. 演说辩测结合。

4. 完善学生作品。

对李老师这节历史课的建议有：

一、环节过渡衔接

反观李老师本节课的环节设计是：旋律导入（起渲染氛围作用）——剧本演绎（与知识填空同步）——双方辩论（其他同学参与互动）——组合朗诵（将历史知识融入）——集体合唱（增强班级凝聚力）

因为李老师采取的课堂表现形式比较丰富，所以各个环节之间的衔接就显得尤为重要。在本节课上，学生组织课堂就显得有些捉襟见肘，比如：一位女生说到：辩论完了，下面就请展示朗诵吧。这样的过渡语给听课老师的感觉还是略显突兀。当然这也与平时学生长时间的课堂行为有很大关系。由此，我们不难得出一个结论：精彩是时间的产物。

二、呈现思维过程

在课堂最后的达标检测环节，李老师在幻灯片上呈现了六七个选择题，然后分到各组去回答，可是学生思考的时间很有限，很多同学没有经过自己的思考，只是停留在"听"的层面，在最后的抢答题部分，回答的同学也只是说到了选择那一项，并没有说出"为什么选择""其他几项有什么问题"。长此以往，这种结果式的表述不利于学生思维能力的形成。

三、教师语言的锤炼

一位优秀的老师总是能用简洁的语言表述最清晰的意思，在我们的课堂教学中，这是一个逐步提高的过程。在现阶段下，我们能够做到就是在备课的时候可以多做一些储备的点评语言。例如理科老师对于题目规律的总结，文科老师自己对于文本教材的解读，或者也可以上网搜集积累一些简短有效的语言，作为课前的储备预设。就像我们的学生在阅读过程中的语句积累一样，时间长了，这些点评语自然也就内化于心，成为自己表述语言的一部分。

（二）

上午第三节，朱寿文老师与八二班的学生上的物理课是《电与热》。

课堂优点：

一、板面多次利用，将口头与笔头结合。

二、学案详细直观，设计思路清晰明了。

三、注重课堂效果落实，习题演练讲解。

课堂建议：

一、板写内容

相邻的两个同学在上课开始板写的时候，尽量写不一样的内容，这样既可以减少学生作弊的嫌疑，同时又能在相互批改中学到更多的知识，增加单位时间里收获知识的容量。

二、评价方式

对于给学生计分式的评价，最好在一个阶段后再进行统计，而不是找一个同学一直在前面计分，否则对这位计分的同学是不公平的，他把更多的精力放在了统计分数上了，对于课堂知识的专注程度就大大降低。

三、鼓励赏识

请老师们不要吝啬自己的笑容，多给学生一些笑容，一些鼓励，学生的进步会更快。当然我们的鼓励和赏识应该是真诚的，发自内心的，而不是单一的"好""很好""不错"，教师在评价学生的时候，做好能够结合学生发言的内容，具体到其展示发言的价值性。要知道，教育的秘诀是真爱，换句话说，没有爱就没有教育，教师的赏识是打开学生心扉的钥匙，一个善于鼓励表扬学生的老师，能够培养他们的学科兴趣，激发他们学习的内在动机，从而使他们培养和建立自信，逐步迈向成功的人生之路。

四、展示标准

由行为的长期坚守到习惯的养成，由习惯的养成到内化为一种意识，由意识到到形成一种品质，这是一个逐步增长的过程。学生的展示标准也是如此。在杜郎口中学，对于课堂展示标准，也曾有过重点强化的过程，即便是这样，学生在学期中间也会出现一定的反复。杜郎口的学生尚且如此，我们思源的老师更应该知道怎样来强化学生的展示标准了吧？

事实证明，重视学生的展示标准并不断强化，对于学生更好地巩固知识，强化表达，增强自信，最终形成能力，确实有很大的好处。那么我们的学生为什么总是自己降低展示标准呢？原因也很简单，就是因为不习惯。不习惯就感觉到"累"，正如大多人都做过的两手交叉实验，不管是左手大拇指在上，还是右手大拇指在上，都是因为习惯的问题。记得杜郎口中学张代英校长曾经说过的一句话：越彻底，越轻松。

（三）

我们要感谢这两位上课的老师，因为他们的亲身实践，为我们提供了一次可以反思自我课堂的良机。同时，他们这种勇于尝试敢于挑战的精神更值得我们学习。总结以上两节课，我有两点思考与大家分享：

一、精彩源于用心

在课前有一次与李耀军老师交流时，他不经意间说了一句：备课已经改了六次。在周一晚上，他又组织学生去现场适应场所；等放学后同学们都离开了，我无意间发现他和林卓楠老师还在打造卫生；在课堂上所呈现的历史版图竟是林老师亲自画上去的。正是因为这个集体用心去打造，才让我们看到了课堂上好的效果呈现。有句话说得好：用心没有过了头的。所以，一节精彩的课堂确实是源于老师的精心设计和同学们的用心预习。

作为思源的一位老师，我们不难想象出不少学生在课堂上的状态。虽然在李老师的这节课前确实用了不少的时间去打磨，好似看起来课堂的知识容量和所用的课时不能成正比，但我们却惊喜地发现学生在展示时的诙谐幽默，以及流露于色的欢欣愉悦，我们可以再细想一下，如果我们的学生在这方面用的精力多了，是不是他在其他方面的不良危害就小点了呢？一个人的精力必定是有限的吗，我们绝不可以否认这一点。同时，我们是不是也在课堂最后的学生合唱环节感受到了高一二班的凝聚力？其实学生准备的过程也是能力提高的过程，他们通过搜集、处理信息，整合资料，准备内容，增进了彼此之间的默契，获得了自信，这是兴趣形成的起始，也是成功人生的开端。

二、回归课堂本真

我常常在想课堂到底是什么？而最终的答案往往会让自己陷入一个更大的疑惑之中。唯一可庆幸的便是，这样的思考会让自己对课堂的理解更深入一步，或者说不会再犯一些低级幼稚的错误。在杜郎口十年的打拼，接受了崔校长的先进理念，在思源虽只有两个月的时间，也深深感受到了邓校长的管理与发展方略，我想，所有这些给予自己的丰厚思想财富，唯有落实在工作实践与课堂实际中才有效。我们不能在好的理念前坐等成功，更不能被眼前的困惑迷住了双眼。要始终保持一颗理性的头脑，付诸一切哪怕暂时还有些"幼稚"的行动，只要有目标，我们就一定要努力。

虽然我暂时还不能非常清楚的阐述出课堂的含义，但我想，课堂应该是师生共同梦想美、创造美、拥有美的地方，课堂还应该是一个快乐的磁场，能够吸纳幸福的铁屑。在课堂中老师的作用是很重要的，作为一个播散幸福的天使，应该用一颗真诚的心来看待学生的闪光点，也应该用包容的心来对待学生的失误甚至错误。

一节好的课堂不一定是轰轰烈烈，也不一定是波澜不惊，课堂的进行应该是有条不紊、徐缓错落的，课堂所追寻的境界永远是"润物细无声"的。课堂环节应是循序渐进、自然而然的进行，教师在课前虽然有预设，但课堂真正的亮点永远是"可遇而不可求"的，有时学生在课堂中出现的一个错误，如果老师能够及时的捕捉，也极有可能转化成一个亮点。这即是对老师学识水平及教学智慧的考验，也是与老师灵活的驾驭课堂能力分不开的。

以上这些，说起来容易做起来难。不过，只要从现在行动起来，就什么时候都不算晚。让我们再一次对那些勇于尝试的老师致敬！

4月11日　公开课大赛后的反思

（一）

今天打开邮箱，看到了李耀军老师和朱寿文老师给我发来的课堂反思。

历史公开课总结

从4月1日在高一·二班上了一节高中部公开课，到今天再次在高一·二班上中学部的公开课。两节课给我的感触很深，也引起了我对自己课堂的深思。

一、对这节课的反思

1. 课前准备：这节课从上周星期五布置任务给学生让他们自己准备，到星期一历史下午课堂的指导和晚上两个晚自习的打造，没有整体演练。

2. 优点：形式多样，知识面广，知识点挖掘的较深，学生积极配合。

3. 不足：①老师激情不足，点评没有深度，语言缺少艺术，没有给课堂起到一个深化的作用，没有在课堂中对学生的展示起到促进作用。

②效果落实中做题时间较短，没有给学生一定时间的思考。也没有给学生讲出这道题之所以这么做的原因。

③教师在准备中过于的对学生干涉，自己思想占大部分。

④评价单纯的以老师为准，没有学生参与。

⑤有些个别学生对教材内容还是不熟。平时缺少锻炼。语言不够清晰、精炼、展示时也出现错误和结巴的现象。主持人在环节过度上的语言也缺少艺术，没能很好起到承上启下的作用。也体现出了老师课前辅导不够。

⑥学生对知识点的展示还不够形象、生动、具体。

二、对高一历史课的反思

一直以来，我都是在传统的课堂中徘徊，这两节课下来。使我觉得高中的课堂，尤其是高一的历史课堂，就应该向这个方向去转变。原因有这么几点：

1. 我们高一学生的学情：由于广东省未将初中历史列入中考，所以几乎所有的学校都不重视初中历史教学，有的学校到初三连历史课和教材都没有（初一教材为中国古代史，初二教材为中国近现代史，初三教材为世界史，我们思源初三就没有教材）。学生连世界史见都没见过。高中教材又是在初中通史教材的基础上进行的专题教材（高一第一学期政治制度史、高一第二学期经济史，高二第一学期思想科技文化史）。加之我们学生对学习的态度，传统的教学模式将等于白浪费时间，记得黄晓老师曾这样说："高考750分考个100多分，选择题就300多分。不上高中和上高中有什么区别"。这些话现在想起来不是像以前一样让我觉得好笑，而是给我深深的思考。

2. 对于知识点的掌握，我觉得有两种方式，一是瞬间记忆，也就是我们平时说的读、写、背、记等。这些方式最适合用在考试前一两周。二是永久记忆，就是通过表演的方式形象化的展示，这才是真正的展示，这种方式无论是给展示人还是观看着都会留下难忘的影响。

3. 从高考的角度去思索，我经历了中国高考制度的三种大变革，在思源任教就经历了两种高考制度。现在的文综考试对历史科而言12道选择题，两道大题涵盖整个高中内容，必将广而不精，不要求对知识点挖的很深。加之历史是一门识记性的学科。在这种制度下不论是从高考来说，还是从学生的能力及思维模式的发散角度去考虑，情景试的表演性教学都对我们的学生在高一阶段极为有利。试想，在传统的课堂中，即使我始终保持最佳的状态，以最激情的方式去给他们讲述，即使学生以最认真的状态听，对知识点记忆。但是这种结果能在他们的记忆中存在多长时间，整天面对着我熟悉的面孔和那僵硬的文字。学生的关注度、认真度能始终如一吗？

4. 这节课的知识点已经足够深，足够广。以这样的方式上课，最起码我觉的学生不会厌倦，而且只要到高三他们仍能记的荷兰是"海上马车夫"，"日不落"是指英国，殖民扩张的方式是残忍的，但结果是带来了文明，班上某某同学当时是这样表演的。这就足够了。所以我想把这种课变成常态，最起码在高一·二班。

三、对高一·二班的反思

高一·二班是一个非常有凝聚力的班级。每个学生都是那么的投入，那么的认真，那么的配合老师。课堂如此，课间也如此，每天晚上他们都在班长卢乙嘉的主持下对当天班级情况进行总结。学生是那么的配合班干部。我也是一个班主任，在这里我不得不佩服石孟浪老师。我为我有这样一班学生而自豪。同时也让我对自己的班主任工作好好的反思。

四、对集体备课的反思

团结就是力量，在准备这节课时，我们政史地组反复全体集体备课，集体研讨，特别是林卓南和邓菲菲老师为这节课付出的努力不比我少。我为我在这样一个科组而高兴。也特别感谢徐立峰老师课前的指导。小成功靠个人，大成功靠集体，尤其是我们在摸索阶段，更加需要集体的智慧。

总之，公开课上完了，但让我深深认识到自己驾驭课堂的能力不足。让别人有激情，让别人精彩远远比让自己有激情难得多。这需要很高深的艺术手段，所以，在以后的工作中我要不断虚心学习，争取在最短的时间内提高自己把握和驾驭这种课堂的能力。

（二）

下面是朱老师的课堂反思。

今天上午八一班这节物理课，是我近两周来最有代表性的一堂课堂。

主要收获有：

第一，事事要有评价。两周前，上课时学生的倾听度、投入度差，老师精心编写的学案发下去大部分学生看都不看一眼，一节课下来还是一片空白。两周来，只要感觉到班上投入度不高，我就会进行评价，一次不行就两次，而不会像以前那样发火、批评、讲道理，这样一来师生关系就融洽多了，即使偶尔学生感觉评价不公，我也会保持良好的心态，上课能解决就上课解决，上课不能解决就留到课后，错了就道歉或接受惩罚。让学生知道老师做评价是认真的、负责的、保证公平的。另外，每节课上完之后，我都会把学案收上来，批改打分，平均分最高的，下一节课先加 5 分。现在，一节课下来，很少有学生的学案是空白的，也促进了学生上课的投入度和参与度，还把知识落实到了笔头，真是一石三鸟。

第二，知识不在多，而在透。以前，我上课关注的是一节课要讲的知识是否讲完，现在我关注的是讲过的知识是否讲透。经过多次实践尝试，我觉得一节课把两个知识点讲透就行。调动学生，让学生对知识点进行解释、补充、纠错、拓展，上挂下联，左顾右盼，使枯燥的知识变得丰富多彩，有血有肉，让更多的让学生可以参与到学习中去。今天这节课主要就是围绕电热的利用与防止和电热的计算展开的。

不足有：

第一，细节不到位，标准不高。例如，板演后怎样又快又好地批改和有效评价，学生展示时哪些是重点要让学生写到黑板上，没有通盘的考虑；没有提醒学生板书时要擦掉无关的内容，用板书讲解要有条理；对小品表演的要求太低。

第二，知识讲得仍然不够透彻。在学习电热的计算时，虽然进行了补充、纠错、一题多解，找关键点、易错点，但缺少比较，找出最佳解法这个关键的步骤。

第三，语言不专业。评价太生硬，缺少赏识、期待、激励性的语言。作为老师，"真好，真棒"这类词语应该很自然很真诚地经常说，可是这节课我只是上课喊口号时对全体学生说了一句"很好"。

第四，眼光不敏锐。有些学生有强烈的发言愿望，我没有观察到，没有给他们发言机会，可能就会使这个学生一节课都有情绪。由于眼光不敏锐，使评价不公平，也会极大的打消学生的积极性。

第五，老师放手不够。很多地方可以交给学生，由学生主持，这样课堂会更有生气，我没有这样做。

第六，评价时给谁加分给谁减分说得太多，与课堂的气氛不协调。

第七，知识归纳、沉淀、生成仍显不够。

改进措施：

一、常态课树好标准，一周之内重新启用学生主持人。物理课该怎么上，两周来基本标准已经树立，现在可以逐步放手给学生，培养主持人。

二、避免老师评价不公，不能关注到全体学生的现象。每节课后，向学生收集老师评价不合理的地方，自己总结本节课没有关注到的学生，没有关注到的学生要减到零。

（三）

今天一天的时间，我跟随崔校长到了华南碧桂园学校（番禺区·）和黄边小学（白云区永平培英实验学校的学生）上了两节课，回到思源已经是晚上了。休息前改了九二班学生的一篇文章，分享如下：

家长对自己的孩子还是严格点好啊

九二班 郑丽璇

今天我去中信吃麦当劳，由于去得很早，那里还没什么人。

大概十一点半，旁边响起了一个稚嫩的声音"我要坐有沙发的位置！"

只见我的斜对面坐下了一家人，其中有一个5、6岁左右的小男孩。

那男孩可够调皮了，一会跑来跑去，一会儿在桌子底下钻来钻去，父母叫他坐下来。他仍当作没听见，父母只好由他去了。

在吃东西的过程中，小男孩不时拿出他父母的平板电脑，兴奋地玩传说中的"水果忍者"，不时又抓几根薯条塞进嘴里。妈妈把他的平板电脑拿走后，顿时，小男孩开始不高兴了，大叫"还给我！快还给我！"爸爸说"吃完就还给你啦"。"我不吃！"一家人争吵了一段时间，父母最终认输了，孩子满意地玩着他的战利品……

不久我的后面坐下了一对父子，通过玻璃我可以看到那小男孩也是5、6岁的样子。

爸："去洗手。"

子："噢。"只见他扶着把手一步一步地走下去。没过几分钟他就回来了。"爸爸，我找不到洗手间——"

爸："你去问一下附近的服务员吧。"

子："你和我一块去吧？"

爸："快去。"

子："噢"。孩子最终还是一个人去了，洗完手后高高兴兴地回来了。

吃了一段时间，"爸爸，我们明天还能来吃多一次吗？"

爸："不行，知道我为什么不怎么带你来吃麦当劳吗？"

子："不知道。"

爸："因为像薯条这样的食物是油炸食品，就是垃圾食品！吃了对身体不好。"

子："恩。"他站起来吃东西。

"坐下！"一声下去，他真坐下了。"坐有坐相，知道吗？"

此时我斜对面那小孩，整个人已经躺在了沙发上，毫无形象可言。爸爸拿起纸巾帮孩子擦嘴，准备离开，小孩知道要离开，立刻跳起来，跑了出去，只见父母匆忙地拿起放在凳子上的物品，一边叫着"别跑！等等还要去照相！"小孩说了一句"又要去照相？我不要！"

不久我后面那对父子似乎也要吃完了，爸爸对儿子说"把这汉堡吃完！不可以浪费。"（那纸里包着半块面包）儿子小声地嘀咕："我都不喜欢吃汉堡。"但这细微的声音还是给爸爸听见了，"下次来的时候就只要鸡翅和饮料，不要包了，你是不是这个意思？"孩子摇摇头，"那就把它吃了吧"爸爸拿起，只见孩子一口一口地咬着。最后爸爸说"拿纸巾擦一下嘴，噢，还有你的衣服。"果然孩子照做了。

我看着这对父子离去，儿子拿着可乐走在父亲的身旁、父亲不时摸摸他的头……

我不禁想象十年后的这两孩子会是如何的。

第一个孩子：社会上的一切无法满足他所想的，不愿意出去工作，懒惰的心理挥之不去，父母老了，希望儿子能够继承事业，可他却整天只会玩，享受生活。或许父母逝去，孩子没办法从这里得到资金，他开始学社会的不良分子，什么事都干，似乎对父母的逝去感到无所谓。

第二个孩子：只要是一点点的成功就可以满足。孩子不想靠父母的产业生存，他想靠自己的双手打拼。即使他的家境很不错，但他还是选择了白手起家，他去到公司从最低层做起，三年时间，他就当上了经理。他离开了那家公司自己开了一家公司，就这样一家连着一家开启了。旗下已有二十多家分店，事业逐渐超过了他的父母……

有一句话说的是好"三岁看八十（好像是这么说的），孩子还是从小抓起，养成好的习惯，过于溺爱最终害的是孩子。

送在溺爱环境下成长的小孩一句话"不要以为自己有多厉害，如果有一天你失去了家人，你不过是一无所有！"

送给严格教育下成长的孩子一句话"这个世界并不是掌握在那些嘲笑者的手中，而恰恰掌握在能够经受得住嘲笑与批评忍不断往前走的人手中。忍别人所不能忍的痛，吃别人所别人所不能吃的苦，是为了收获别人得不到的收获。"

点评：邓丽璇由自己周末的见闻，感受到了现在社会生活中部分父母对子女的溺爱，并通过想象十年后他们不同结局的对比来引发读者的思考。文章题目《家长对自己的孩子还是严格点好啊》通俗中不难引发我们对成长话题的自省，而文末的最后一句话直击当今现实弊病，余韵悠长，令人回味。之所以给九年级一二班的各位同学推荐这篇文章，也是希望大家能够从丽璇的文章中能够得到对自己成长有益的启示。

4月12日　在不断的听课中完善上课

（一）

今天上午只能用一个字来形容：忙。前三节听课，第四节上课。

第一节王慧慧老师的课，课堂有很大进步，主要优点有：

1. 学生板书有很大进步。

2. 教师教态大方自然。

3. 课堂评价细致有效：坐姿、眼神、上下场、参与、总分。

4. 通过多媒体动画来增加课堂情趣，增强学生的学习兴趣。

课堂建议：

1. 标准提升。学生在面向大多同学以及展示的大方自然度方面还有待于改进。

2. 效果落实。两名学生主持人或有个别同学表达时语速有点快，其他同学缺少课堂中必要的记录整理，学生动口的机会多，动笔的机会少。

3. 师生关系。师生配合的默契度还不够，感觉师生之间的距离有点远，课堂整体气氛还不太活跃。

4. 细节关注。

①上课开始时板边内容可以让学生积累不同的内容，以自主汇报的方式来写，然后同学互改会更好。

②在课堂评价过程中，最好不要特意找一名记分员来评价。

第二节是石猛浪老师的物理课。在石老师的课堂中，首先对基础知识进行回顾检测，然后通过各小组的分工展示，进行小专题的研究。比如：有对向心力的实验演示，有对物理现象的分析，有对习题的讲解，在展示的过程中也时有同学之间的互动、交流、碰撞，使得本节课比较实在，如再加上同学们的笔头演练，相信课堂效果的落实会更好。

第三节是崔慧老师在八一班上的一节历史课《文化大革命》。这节课最值得其他老师学习借鉴的便是做到了"有序"和"有效"的结合，优点有以下三个方面：

1. 小对子的利用。崔老师通过黑板内容，进行分板面展示。在展示的过程中，利用小对子及时进行反馈，保障效果落实。

2. 关注学生状态。在崔老师的课堂上，学生行动迅速，课堂投入、展示标准高。

3. 学科有机融合。将历史知识与文学诗词、当今社会相联系，做到了学习知识与育人相结合。

课堂建议有：

1. 让课堂少一些形式方面的点评，多一些内容方面的互动。

2. 教师的表情、教态需改进，点评语需再锤炼。

3. 应该引导每位学生对历史问题进行深入思考，进一步增强效果。

（二）

总结以上三节课，有一些问题是共性存在的。在开放式课堂教学中，对于小组合作应该注意的问题，我们应该共同思考：

1. 分配任务不是简单的把内容切块，时间划段，每组讲一部分。

2. 当小组内任务划分过细时，往往会遮盖每位同学学习效果的真相。

3. 分配任务的前提一定是每个同学对所有的问题都涉及到了并独立思考过，教师经过学情调查，然后师生对展示内容进行筛选后再分工合作。

4. 千万不要忽略学情调查，学情调查的有效性会直接影响到展示内容的价值性。

5. 教师要给学生留有足够的思考时间，交流之前，先要保证每位同学独立思考过且已经形成了自己对某一问题的见解。

6. 分工板写要筛选出有价值有针对性的内容，容量不宜过大，突出重点，简洁明了。

7. 组长作用的发挥，不能仅是上传下达，还要做好动员、组织、监控、测评。一个优秀的组长在开放式的课堂中所起到的作用相当重要。

8. 在分组展示的过程中，一定要通过教师追问、学生质疑、相互补充、随笔记录整理等方式，强化效果落实。

9. 在现阶段下，我们还不能抹杀教师的作用，教师也是一个很重要的课堂资源。课堂中师生、生生的平等对话状态是我们所要追求的高境界。

10. 有质疑，才有真思考；有碰撞，才有真交流。也只有真交流，才会有好的效果。

（三）

《第 156 张票根》设计

一、导入：（2 分钟）

导入语：今天为了给大家营造一个静心阅读的氛围，我只说两句话。借用当代著名女作家程乃珊的一句话：阅读是最有意义的，简单的白纸黑字，不知不觉中塑造着我们的灵魂。接下来，请同学们以饱满的感情投入到阅读中去。

二、默读课文：（5 分钟）

三、谈感受：（5 分钟）

过渡语：给同学们 30 秒的时间平复阅读后的情感，30 秒后谈谈你的感受。

四、细解人物、创作借鉴：（23 分钟）

1. 过渡语①：同学们的感受用一个词概括就是感动。文中哪些情节感动了你，充满感情的读一读，并说说另你感动的原因是什么？

过渡语②：文章的感人之处，莫过于一个"情"字，现在请同学们暂时走出这份感情，来冷静地分析一下作者用什么方法把文章写得如此动情。

过渡语③：如果能结合个人亲身体验去诠释，你会对母爱有更深的体会。

2. 写作方法借鉴：

①刻画人物：细节描写、外貌描写、动作描写、心理描写、环境描写（侧面）、侧面烘托。

②修辞：反问、排比、设问。

③表现手法：设置悬念、插叙。

④不要忘了最重要的一点：感情。

五、个人创作与抽测：（5分钟）

（一）个人创作：（1—4号同学）

过渡语：冷静的思考之后要有情感的释放，现在让我们再次走进母爱，写下你动情的文字。

1. 形式：板书、浏览。

2. 内容：①记录关于母爱的名言、诗句、美文；②个人创作。

3. 母爱名言：

第四段：没有无私的，自我牺牲的母爱的帮助，孩子的心灵将是一片荒漠。——英国

第五段：母亲是一种巨大的火焰。——罗曼罗兰

第六段：母爱是世间最伟大的力量。——米尔

第九段：女人固然是脆弱的，母亲却是坚强的。——法国

其它：（1）世界上有一种最美丽的声音，那便是母亲的呼唤。——但丁

（2）母亲的心是一个深渊，在它的最深处你总会得到宽恕。——巴尔扎克

（3）人的嘴唇所能发出的最甜美的字眼，就是母亲，最美好的呼唤，就是"妈妈"。——纪伯伦？

（二）抽测：（5、6号同学）

1. 准备：（2分钟）

2. 抽测：（3分钟）

（抽测内容：霹雳、瞬间、裹紧、微澜、琢磨、倔强、滂沱、凛冽、忐忑不安、蹒跚、号啕、积攒）

4月13日　机会总给那些有准备的人

上午我连续听了三节课，内容虽全是高中，学科却涉及到了语数外。

第一节刘彦老师的英语课，课始便以本班学生的旅游照片导入，足见其匠心独运。整节课将英语交际与生活密切接轨，真正体现了英语作为语言学科的特点，争取让学生做到"学以致用"；第二节是吴玉芳老师的语文课，她的课堂设计思路非常清晰：笑话引入，激发兴趣——评价方式：男女PK——学生尝试，分工板写——成果汇报，点评赏析——广告知识，梳理总结——

拔高提升，达标测评；第三节是杨玉波老师的数学课：学生专注，记录整理，点评互动，实在有效；教师激情洋溢，驾驭游刃有余。三位高中老师的课堂上都有许多值得我学习的地方，通过今天的听课，确实应验了靳校长的那句话：思源学校高中部的老师都很有能力。

一周算下来，我已听了十几节课（周一查课时，听了三节），其中有七节是校内申报的公开课。课毕反躬，本周课堂值得欣慰的是：

一、教师们勇气可嘉。对于申报课的老师来说，勇于尝试是最可贵的财富。

二、准备充分，甘于付出。思想重视就会有意想不到的结果。

三、好的心态，善于反思找不足。反思分析深刻实在，这是很有利于个人进步和提升的。

另外，我感觉这些课有一些共性的问题值得梳理：

一、小组合作学习的有效性还需加强。

主要体现在：

1. 板书的价值（基础夯实，实效如何，有没有做到真实，对于共性错误的及时纠正等）。

2. 展示内容的筛选（学情调查，是不是每个题都有展示的必要，有多少同学会或不会）。

3. 展示形式的有效（任何形式都为内容服务，有没有先从学科特点出发，再学科融合）。

4. 讨论的意义（独立思考、质疑、针对性强、有讨论后的新收获或再提升）。

5. 关注每一位（展示不积极的同学，游离于课堂之外的同学，兴趣自信培养）。

6. 互动是课堂的亮点，展示的价值性在于增长点。

7. 课堂效果（基础保底与能力拔高，尝试分层，小对子利用、口头与笔头）。

二、展示的高标准还需提高

1. 大方自然度（与平时训练有很大关系，杜郎口的大型节目不准彩排，能力比单纯的知识更有长远意义）。

2. 令行即止（效率、训练有素、聆听能力、声音、眼神等）。

三、教师作用发挥

1. 教师不仅仅是主持人，而是课堂中与学生一同成长的生命个体。

2. 要想让自己成为名副其实的老师，只有努力提高个人驾驭课堂的水平。多读书，多学习吸纳别人的长处，为己所用，逐渐超越。

3. 教师的"0"参与是一种理念，而非一成不变的标准。课堂越开放，教师的主导作用就要越加强。有时教师就要争取做到"一石激起千层浪"。

4. 评价课堂主要看学生表现出来的状态，学生状态的表现有两种，一种是外在肢体活动，另一种是内在吸收消化。

5. 教师的相机点评、启发、引导、总结、归纳、拔高、提升，都应是在学生"有思""生疑"而"无果"的情况下进行的，教师不能喧宾夺主，亦不可待。

这次排序在后面的教师并不代表能力弱，相反有的老师很有潜质。所以，我们首先要对自己有信心。学校搭台，这次没唱好，不是因为嗓子不好，也不是因为剧本不好，而是因为学校给大家锻炼的机会少。当我们有一天走出去上课，结集出书，或与外校交流，你会觉到：机会总给那些有准备的人。

4月16日 广州思源学校教改成果

（一）

广州思源学校教改成果论文征集要求（第一阶段）

1. 能够结合课堂教学或班级管理实例，提出有针对性有价值的问题。
2. 能对出现问题进行深入思考分析，且有积极乐观的价值取向。
3. 侧重于解决问题的具体措施，有可操作性，借鉴性强。
4. 能够对问题进行归纳总结和提升，由具体到一般，由表象到实质。
5. 文字通顺，表意完整，无标点使用、字形输入等明显错误。
6. 质量合格，一经录用，按质、量支付作者一定稿酬，注明作者基本信息，以备结集成册进行内外部交流使用。
7. 第一阶段截稿日期为 4 月 30 号，请以学科组为单位发送至 siyuan201291@163.com
8. 学校将对各学部、各学科组上交质量及被录用情况进行评价、公布。

（二）

广州思源学校教改小课题研究成果（第二阶段）

请各位教师在以下小课题（关键词）中任选其一，自主申报，进行个人研究，将成果以书面形式进行汇报。

1. 小组合作学习（小组构建、组长作用、合作优势、任务分配、困惑思考等）
2. 对子互助合作（对子组建、课堂形式、报到过关、评价方式、互助效果等）
3. 课堂效果落实（板面利用、展示实效、沉淀收获、达标检测、分层教学等）
4. 潜能生的转化（兴趣培养、思想沟通、方法传递、信心建立、习惯养成等）
5. 学生思想交流（具体事例、交流方式、心理健康、走进心灵、书信交往等）
6. 家校联谊收获（培训有感、家庭教育、家校联系、转化心得、走进社

区等）

7. 班级年级管理（学生管理、班级条例、集体观念、新生培训、行为习惯等）

8. 创新课堂设计（如何备课、设计思路、课前预设、环节过程、课后反思等）

9. 学生心理健康（早恋问题、沟通技巧、品德修养、特殊家庭、成功案例等）

10. 教师专业成长（听课反思、读书学习、点评技巧、驾驭课堂、教师作用等）

建议：

1. 请选子课题，题目自拟，字数暂不做限制。

2. 为避免重复，尽快申报，确定适合的课题。

3. 为确保质量，务必原创，引用请注明出处。

4. 写真人实事，切忌空洞，请五月中旬交稿。

5. 对科组评价，稿酬奖励，选出好论文结集。

（三）

夏衍——魅力四射

有这么一位老人，是著名大作家，晚年的一天，他突然感到身体极度不适。秘书说："我请叫大夫！"老人吃力地订正说："不是叫，是请……"，这是他留下的最后一句话。

这位老人就是夏衍。

一个"请"字，折射的是一种襟怀宽广，谦虚自律的人格魅力，是德高望重的夏衍留给世人的最为宝贵的精神财富。

最早听说夏衍这位作家是在初中学过一篇散文《野草》，写小草的力量可以惊人到撬开人的头盖骨。后来在高中又学过一篇报告文学《包身工》，现在还记得"小芦柴棒"的凄惨生活境况，印象中记得夏衍是中国电影文学的开创者，此后在我求学的经历中就再没有过对"夏衍"的记忆。

今日读到王蒙的《夏衍的魅力》一文，又上网查阅了夏衍的资料，久逝的记忆又被重新唤起，而且此当初上学时所认识的"夏公"又多了一些了解。

夏衍生前的秘书崔健飞在《我知道王蒙喜欢你》一书中披露了王蒙的情感世界，其中有一个标题是：王蒙喜欢的一个长者——夏衍，足见王蒙对夏公的崇敬。

夏衍生前有一句名言："我个人非常渺小，但我生活的这个时代伟大了！"其实，一个人的德才是相通的，德高可以使自己成为有容乃大的智者，有利于克服自己的片面，狭隘和孤陋寡闻，从而完善自我，成就事业，辉煌人生。

重又记起林语堂的《生活的智慧》中的那句话：生活的艺术在于滤除那些不必要的杂质，而保留的最为主要的部分，充分享受自然、家庭、社会带给自己的乐趣。

"是的，他聪明而又宽厚，德高望重而又平等待人，洞察世事而又不失趣味乃至天真，直面真实而又从容幽默，我行我素而又境界高远，永葆本色而又绝不任性，不苟同更不知道什么叫做迎合讨好，不自得也不会被什么大话牛皮吓住。他是铮铮铁骨，拳拳慈心，于亲切中见极高的质地。"

也许，我们缅怀夏公的最好方式就是，学会学习，学会做人，学会做事，学会生活。这是时代对我们的需要，也是我们对这个时代最好的回报。

夏公的性格是一种美，夏公的人品与智慧实在是充满了魅力！

4月17日　成败皆习惯之一

成败皆习惯
——与思源学校的老师共享

（一）

朋友们，你们相信也好，不信也罢，一个人的成功主要取决于习惯。

学生在学校里的习惯即是其对于某一行为长时间的坚守。有了习惯作保证，他们的行为便能规范有序，做事的效率就能够提高，效果也自然不会很差。一个在生活的细节上习惯不好的人，在学习方面肯定也会受到影响。

一个在宿舍里被褥不整、鞋子不齐的同学，他在学习方面也不会是认真仔细的；一个做事磨蹭、拖沓的同学，他的学习效率通常也不会很高；一个经常丢三落四、忘这忘那的同学，在做习题时也不会很严谨。

为什么会这样的？因为任何事情都是相互联系和影响的，生活的点滴习惯就是学习效果的很好影射。崔校长在杜郎口中学教改的初期，曾下大力气抓学生的行为规范。他认为，习惯可以直接与效果挂钩。几年之前，李文君老师曾经写过《杜郎口中学文明规范歌》，来强化学生的自觉意识。

不偷懒晨早起，整理内务忙梳洗。少年人有朝气，不戴饰品自靓丽。

或背书或预习，操场锻炼好身体。就餐时按顺序，不挤不闹讲礼仪。

一根菜一粒米，汗水浇灌当珍惜。荤和素干与稀，平衡进食不挑剔。

宽路面窄楼梯，靠右行走莫推挤。遇师长应敬礼，微笑问候眼不移。

见垃圾忙捡起，有人吸烟劝一句。与人言莫随意，文明用语请牢记。

对不起别客气，谢谢您好没关系。您真棒他不易，互相体谅不猜忌。

不迟到不早离，作息时间心中记。桌面净凳轻移，一举一动关大局。

课间操保健操，衣着动作齐划一。今日事今日毕，不留遗憾在梦里。

明朝事有条理，雷厉风行新天地。大家来比一比，细节到位成大器！

还记得我刚参加工作的时候，杜郎口中学学生周末返校需要排整齐自行车。当时学校里的规定是自行车的后尾与车棚的立柱在一条水平线上。同学们也是很聪明的呀，他们就在立柱上系上一条绳子，另一头用手牵着，然后每到了一个同学，就让他将自行车的后尾靠在绳子上，这样下来肯定是非常整齐的。后来为了更好的培养大家的习惯，就不再让学生栓绳子了，每到一位同学都把自己的自行车放好，这种习惯的培养用了将近一个学期的时间。可见，习惯培养并非是轻而易举的事情。

孙云晓说：习惯决定孩子的命运。他认为真正的教育应该是以人格培养为核心的教育。训子千遍，不如培养一个好习惯。没有一个孩子不想成为好孩子，也没有一个孩子不想学习好，所有那些你认为是麻烦的孩子都是坏习惯缠身的孩子，所有那些好孩子都是好习惯相伴的孩子。教育家叶圣陶也指出："教育就是培养习惯。"

在开放式的课堂教学中，学生的习惯养成更为重要。那么，除了生活的习惯养成之外，有哪些学习的习惯需要培养呢？

一、学会表达，用心聆听

能清楚地表达自己所想的内容，是当今社会与人进行沟通的基本要求。如果想要让别人对自己的话语有更深刻的印象，除了与内容的价值性有关外，还需要一些表达的形式技巧。

沟通心理学研究发现：沟通中肢体语言、语气语调、语言内容三者之间，对沟通效果影响不一。其中效果最大的是肢体语言，占55％，其次是语气语调，占38％，最小的是语言内容。让我们一起来看杜郎口中学课堂展示的表述：

我自信我最棒，聚焦点处来亮相。胸挺直头高昂，面带微笑喜洋洋。

嘴里说心中想，脱稿不再看师长。吐字清声洪亮，嗯啊口语别带上。

一握拳一挥掌，肢体语言能帮忙。展示完忙退让，褒贬评价记心房。

对照杜郎口中学学生的课堂展示歌，我们不难发现，在杜郎口的课堂中，学生通过多说、高标准地说，逐渐到了能说，会说的程度。这种语言表达习惯的养成也是一个长期训练的结果。给学生更多的时间去准备，更多的空间去利用，也给他们创设更多的机会去表达，在这个过程中，学生的逻辑思维、语言组织、即兴表达等能力均有提高。

课堂的开放度提高了，更需要保证学生在课堂中聆听的效果。学生在课堂中的投入度直接关系到课堂效果的落实。一个没有认真聆听能力的学生不仅会错过很多课堂知识，还会丧失自我能力的提高。聆听即是一种习惯，也是一种能力。这种开放式的课堂教学一定是建立在学生有一定的习惯做基础的；有了好的聆听习惯，才能够在别人的表述中筛选出重点信息，并能够灵活掌握或运用；否则，课堂的开放度越高，效果越会打折扣。

二、记录整理，思考质疑

做好动与静的结合，口头与笔头的结合，以弥补展示环节中口头表达的弊端。我们大家都知道，语言表达对于他人的记忆是有局限的，听到的内容不容易记得很准确，所以在课堂中，我们必须要养成学生能够及时记录整理的习惯，将知识进行沉淀收获。

让学生能够坐下来，静下心，深入思考，才会生发疑问。爱因斯坦曾经说过：提出一个问题往往比解决一个更重要。我们的古人也曾说过："疑是思之始，学之端。"从学生提出问题的价值性就会了解到他们思考的深度，从而更好地进行教学，所以作为老师应该引导学生积极提出问题。当然问题提出后，我们应该让他们先在小组内交流，以解决一些琐碎的价值不大的问题，然后由小组长进行筛选过关，当小组成员都认为该问题具有代表性或能够引发其他同学共鸣时，再以小组为代表在班级提出，让师生共同参与其中。另外，在学生表述问题时，还应该附带上自己的初步见解，即对此问题已经了解到了哪个程度，这样也可以确保问题的价值性。

→ 4月18日　成败皆习惯之二

（二）

三、归纳总结，联系拓展

归纳总结是对知识进行系统学习的很好方式，因为一旦将学到的知识进行归纳总结后，知识就会在头脑中形成一个清晰的脉络。这样就由点到面，使零散的知识更条理。特别是到了初三、高三的复习阶段，学生需要很多的时间来进行归纳总结，以达到内化于心。

在复习古诗词名句时，教师可以引导学生将古诗词中易错字进行归纳，例如：在"似曾相识燕归来""归雁洛阳边""燕然未勒归无计""谁家新燕啄春泥""燕山月似钩"诗句中的"燕"和"雁"字可以让学生区别记忆；在文学常识专项复习的时候，对于鲁迅的文章和出处，可以让学生按照课本的顺序，或者按照作品出处的分类，将初中课本中的所有篇目进行整理，这样学生对于初中学到的鲁迅作品就能够梳理清晰，了如指掌。

四、阅读积累，生成创作

余秋雨说，阅读的最大理由是想摆脱平庸，早一天就多一份人生的精彩；迟一天就多一天平庸的困扰。就连英国的数学家巴罗也说，一个爱书的人，他必定不致于缺少一个忠实的朋友，一个良好的老师，一个可爱的伴侣，一个温情的安慰者。一个中学生一旦养成了爱读书的习惯，他就会在平时的学习生活中时刻对照自己的言行。读书的真正的魅力在于陶冶学生的性情，铸造学生坚韧的品格，使之更文明高尚。

可以说，一个人的学识水平与读书积累有直接的联系。如在此基础上，学生在阅读了他人的作品后创作出个人的成果，他的学习兴趣会更加浓厚，这也是培养学生信心，促发学生良好行为习惯养成的很好方式。可以试想，当我们的学生走出初中校园的时候，他可能对于课本中的名篇名段印象已不是很深刻，但对于自己的作品肯定是记忆犹新。其实阅读积累、生成创作的习惯与老师自身的带动有很大关系。如果我们的老师就是一个爱读书之人，通过老师长时间的熏陶感染，学生也会朝着老师的方向发展。如果我们的学生在初中三年的校园生活中养成了爱读书的习惯，那将是我们老师最引以为荣的事情。热爱书籍，终身学习，不仅仅是习惯的问题，更是适应当今社会的综合素质体现。

五、利用资源，个人规划

在学习的过程中，学会利用资源，对信息进行搜集、整合、处理，这是学习能力的重要体现。在小组合作学习的过程中，能够与人形成一种默契的合作关系，是有利于个人进步和发展的。谁也不会在孤岛上独自生活，材料共享信息流动，才会使资源最大化被利用。

做好个人的长远规划和近期计划，是被许多成功人士所认可的。学会安排时间，做好学习的小目标，才会在单位时间里提高效率，这种习惯和意识并不是人人都具有的。有些同学基础本来就比较弱，在学习的时间里，要么不知道拿出课本按计划学习，要么面对课本根本不知道该学什么，这都是因为其没有对自己的科目学习进行合理规划造成的。

总之，一个人的成与败与习惯的好坏有关。作为老师，关注学生习惯的养成，就是关注了学生的健康成长，也就为其终身发展而尽到了一份责任。

4月19日　　挫折教育势在必行

（一）事件回放

2012 年 4 月 13 日晚，山东省东营市某中学初一女生李欣玥从自家五楼的窗户跳下，一朵生命之花就此凋零。欣玥自杀的理由是拒绝剪短发。无独有偶，2010 年也有一位山东临沂的 13 岁女生因拒"短发令"而自杀。

（二）网友评论

如此脆弱的生命
——请重视家庭教育和孩子的受挫能力

韶关小溪：我很同情这个女孩，可是如果因为拒绝剪头发就选择轻生，这也太极端了吧？这件事真的是学校的错吗？今天我们因为一个孩子轻生了，我们就放弃一个规定（当然我不认为这个规定正确），那明天其他的孩子看见了他想抽烟我们不允许，他就跳楼，那我们是不是得允许他们抽烟呢？我们不允许他们拍拖，他们双双自杀，难道我们接着就应该告诉他们可以拍拖了吗？我同情这个女孩及她的家庭，但我更认为我们应该理性地去分析这件事。

南柯一梦：现在孩子心理的脆弱有目共睹！当然，这跟学校、家长缺少这方面的教育大有关系！不少孩子在遇到问题时不会进行有效的调适！但是过分指责学校的规定也是有失公允的，因为，学校总是要制定这样那样或多或少的规矩，谁又能保证这些规定都能让每个孩子心甘情愿地接受并去自觉执行呢？今天因为理发规定酿惨剧，明天也许会因为随地扔了一张废纸受了老师的惩罚而自杀！我们社会的舆论应该更关注问题的解决才行！很多时候，学校会很委屈地成为弱势的！

老实和尚：我也是作父母的，固然同情逝去的女孩，但我真的不能赞同不剪头发就是保持尊严。剪短发找不到依据，那《中学生日常行为规范》中不许烫发、染发同样也找不到依据，哪条法律规定学生不得烫发、染发了？我甚至可以说，"不允许抽烟"同样也找不到依据，难道就可以抽了吗？女孩爱美，不想剪发的心情我完全理解，就像我的女儿也是如此（当然，她的学校没规定必须短发），但长发同样带来很多不便，每天的梳头、编辫子都要占去比较多的时间，而早晨的时间往往又比较短；洗头也比较费力，需要家长帮忙等。在学校已经明确规定了要剪发的前提下，我个人认为正确的方法是：1. 如果真的觉得制度不合理，可以联合其他家长与学校沟通；或者2. 不跟你玩了，转学，总有不要求的；又或者3. 和女儿好好的沟通，引导她有一个正确的审美观，不见得一定要长发才是漂亮，外表的漂亮不见得就是真漂亮。并且，我想觉得班主任给家长发短信，也是为了让家长出面劝说，当然，连续催促肯定会有负面效果。

现在学校里一旦出了事情，往往把矛头指向学校、指向现行的教育制度。学校和教育制度固然存在很多问题，我也觉得非常需要改革，但这不代表全是学校、制度的错误。我认为，如果一个制度是公开的、一视同仁的，那么这个制度就是相当公正的了。当然，在具体内容方面也有很多值得讨论的地方，但现阶段与其去泛泛的谈尊严不如把重点放在追求公开、平等方面。

雨夕：通篇"学校告知"，"学校应该"，学生的教育都靠学校，家长做什么呢？"当然，还能指望家长，可是这需要耐心、知识和爱"，家庭教育只需要一点点耐心一点点爱和一些些责任感，想当年很多家长没有知识的时候却培养出了现在的许多精英，现在的家长……如果你是爱自己孩子的家长，多放一些注意力在孩子身上，多一些沟通多一些引导吧。

综述：我之所以从众多的留言中选择出以上这些网友的评论，并自己添加了题目，并非出于身为教师的自私立场来思考问题，也并非来掩饰或推卸学校、教师教育的罪责，而是想通过以上网友的观点来引起我们更多家长的深思。有人说，李欣玥的纵深一跃是一个渴望尊重的孩子"最后的尝试"，对此我实不敢苟同。如果任何问题的解决都能用身体来"证明"什么的话，我在怀疑这个社会的文明程度是在进步还是退步？哪怕再轻贱的生命也有其存在的价值，有时候可怕的不是别人放弃了你，而是自我放弃！

（三）我的观点

看似爱，实则伤害
——与现在的父母共同反思教育

一、教育有问题，但请不要一味谴责教育的问题

教育真的不是万能的，特别是对于这样的问题学生，在她自杀的同时已经完全逃避了自我责任。对于一个初一的学生，到了13岁的年龄，竟然连最基本的责任都不能承担，最基本的孝道都不具备，不敢想象什么样的教育还能对她起作用？教育的责任是对于全体公民的，当然也是对于每个学生的，但教育不具有保障每个受教育者都能完全达到心理健康的义务。诚然，如此

事件是我们每一个教育工作者不愿看到的，我们在同情、惋惜，甚至反思的同时，应该更多想到问题的出现，是社会、家庭、学校多方面产生的，而不能仅仅怪责于"教育出了问题"。

二、校规有问题，但不是问题的关键

每一所学校的规定都是基于全校学生的管理，也就是说学校规定的出发点是好的，是为了能够保证学生有更多的精力学习文化知识，提高自己的综合审美能力。头发也仅仅是外在美的一个很小方面，各学校的校情况也不尽相同，北方有的寄宿学校确实不具备学生每天洗头的条件，特别是在冬天，如果学生用冷水洗或是洗头的频率高，势必会影响到他们的身体健康。对于这样的学生，我相信学校应该在此之前应该给他们做过思想沟通，"要求剪短发"也不过是此事件的导火线罢了。一个为了"头发"的外在美就放弃生命的孩子，又怎会在今后承担起更大的社会责任？如果没有剪头发这件事，她在其他方面也会不会有轻生的念想呢？诸如剪头发、吸烟、谈恋爱等都是法律所没有禁止到的，难道法律不禁止就等于默许？

其实任何的管理者都希望"统一"，因为"统一"就意味着"简单"，越简单，管理操作越容易；而每一个被管理者又是一个个"独立的个体"，"个体"就意味着"复杂""多元"，所以这种矛盾的存在是很正常的。也就是说，校规的本身有问题，但如果能够给学生委婉地解释出"为什么要这样做"，而非生硬、简单，甚至粗暴的方式来"解决问题"，那么学校也算是尽到了提前告知的责任；如果个别学生仍不能接受，学校应该与家长、学生交流探讨，完全没有必要非得强求全校的统一。个别情况个别对待，特殊情况特殊处理；制度是死的，人是活的；统一性与灵活性相结合，效果自然就好一些。

三、学校教育有问题，家庭教育更有问题

让我们记住：在孩子的成长过程中，家庭教育永远是第一位的。"真正严厉的教育也不是不允许孩子犯任何错，而是让孩子明白生命就是一个不断试错的过程，但是人要勇于直面错误、承担责任，在错误中学习与成长，而不是害怕错误，害怕责任，用一个更大的错误去掩饰错误，乃至万劫不复。"家庭教育是孩子成长的第一步，现在有不少家长忽视了孩子的心理健康，认为只要尽全力满足孩子的物质需要就可以了。孰不知，孩子在长期的被忽略中性格已悄悄改变，他们的叛逆很大程度上是由于对父母的不满，而当他们对父母感情的寄托转交给别人，精力也就不会放在学习上了。如果长期的行为得不到有效的纠正，便形成了不好的习惯。当我们的家长意识到的时候，恐怕已经很难挽回，甚至要花费很大的代价去弥补。父母不溺爱孩子，要让他们知道什么是对的，什么是不该做的，这与对孩子的欣赏与赞扬完全不矛盾。我们家长对子女多一些交流，对一些了解，多一些包容，多一些陪伴，当孩子认识到父母对于他们成长的重要意义时，他们就会把自己的一些想法及时与父母分享，不至于犯下一些覆水难收的错误。

只可惜，现在我们的家长还有很多并未意识到自己错误的严重性。爱，不只有物质的满足，不只有盲目的认同，不只有要求孩子对自己的许诺。我们在爱的名义保护下，无意中放纵了他们对操行的约束和责任的承担。当家真的成了他们的避风港湾，我们的爱就变成了感情的洪流，淹没的不仅仅是孩子的幼稚的心灵，也淹没了我们本该清醒的头脑。

一个仅 13 岁的生命，为我们的每个家庭敲响了警钟。

但愿父母的爱，对子女不再是伤害。

但愿这样的悲剧不再发生。

4月20日　　落实机制，打造高效课堂

如何有效地落实评价机制，实现高效课堂

教学中，科学的评价有利于促进教学目标的实现。教学评价要关注学生的接受能力，激发其主观能动性。

一、课堂教学的过程引入多角度评价

课堂教学不仅仅是传授知识的过程，更是培养能力的过程。就评价学生在一堂语文课中的表现来看，我想应从以下几方面进行评价：

（1）学生对课堂的学习兴趣、情感和自信心方面的表现（从学生的面目神情、展示标准等可以看出）。

（2）学生在课堂活动中的交流情况（在思考后回答问题、提出问题和讨论问题上的表现）；

（3）学生在思维水平上的表现（价值性、深刻性、创造性、灵活性等）。

（4）学生积极参与课堂展示的情况，在杜郎口中学评价过程中，大多引入一些激励机制，例如送"智慧星、认真星、进步星、表现星、合作星"等形式，开展课堂教学的即时评价，有效地提高学生学习兴趣。

二、课堂多采用分层次教学

以很多老师每到复习总要尝试在课堂上实施分层次教学，可总感觉效果不是很明显，以下是杜郎口中学的孙海燕老师曾总结的一些比较有效的做法。

首先是对学生进行合理分层，这是促进步同层次的学生都能够持续发展的前提，老师可根据学生的水平将学生大体分为"优中弱"三个层次，因材施教、有的放矢，学生通过努力在知识和能力提高后，教师需对学生鼓励，树立其信心，促进其奋发向上，愉悦的发展。

其次，在课堂上对教学目标进行分层，如教授古文言文《陋室铭》时，要求后进生在自读自悟的基础上，记住课文的注释，了解诗文大意，并在小组内相会纠正读音，说说诗句的意思即可，要求中等生在对诗歌大意有了基本的了解后边读便在脑海中形成画面，把想象的景象用自己的话说出来，要求优生体会诗表达的感情，在朗读中表达出来，用记叙文形式改写此诗，虽然学生的层次不同，在课堂上实行教学目标分层后，他们互相取长补短，相得益彰，共同进步，共同发展。再次，课前还可以出示多层次的学习要求，

比如 A 是基本要求，B 是拔高要求，教师限制时间 10 分钟内全班不同层次的学生都要完成目标 A，相同的时间优生肯定能早完成，再进一步补充要求，先完成任务的同学再完成目标 B，目标 A 反馈后，目标 B 的内容让优生去讲讲，这种方式既能加深优生的印象，又能让学习吃力的学生走个捷径获取知识和技能。总之，我们每个教师都是在摸索中走创新之路，摸着石头过河。肯定有不完善的地方，一切事物都是一分为二的吗？只要我们的创新与以前的传统课堂相比有优势，有进步，我们就要一如既往，继续创新，在创新中兴利除弊，扬长避短。

三、保证复习课课堂的兴趣

复习课大多是学生已过的东西，学过的东西，学生很容易感到枯燥无味，所以复习课需想办法调动学生的积极性，激发学生的热情和学习的兴趣，在这一方面，课堂上应该注意以下几点：

（1）以两个组相互挑战的方式提高学生的学习热情。以《三峡》的复习为例：复习时，我们可以把与本课有关的知识点整理到一张试卷上。内容可分为以下版块：字词句翻译类，重点问题理解类，主题及写作手法总结类。发到学生手中，先让学生把不会的找出来，然后在全班同学面前提出自己的疑问，谁会谁来抢答。然后给学生留一定的时间再巩固，有不会的找老师找同学给自己讲解。接下来挑战，挑战的形式为：1、6 组，2、5 组，3、4 组结为挑战对子，向对方组自由提出问题。要求对方组反应要快，不要总是被别组提问。

（2）通过游戏的方式让学生感到学习的快乐，比如告诉学生书本上的基础是每个同学都应该掌握的，如果没有掌握那就是一条漏网之鱼，今天我们就通过捉漏网之鱼的游戏来完成教学任务。然后给学生限定 10 分钟左右的时间先独立完成，这时每个学生为了使自己不致于是被捉住的漏网之鱼，肯定会卖力。时间到了，我们可以采用这种方式进行捉鱼，1、6 组，2、5 组，3、4 组结为挑战对子。每组的 4、5、6 号先捉 1、2、3 号，被捉住的叫大鱼，在本组减 10 分，每组的 1、2、3 号再捉 4、5、6 号，被捉住的称为小鱼，在本组减 5 分，最后老师评价哪个组表现最好，哪个组需要努力。这样学生的学习热情和积极性肯定很高。

（3）课堂上如果学生有了倦怠感，不愿意展示自己的学习成果，老师及时用比较新颖的方式调动起学生的积极性。比如在黑板上给每个组的同学及时栽上一棵还没有枝叶小树，谁到前面展示一次就在小树上划一条枝干，最后比一比看哪个组的小树枝繁叶茂，哪个小组枝条稀疏。总感觉这些都是些雕虫小技，学生有远大的目标和理想，每天都能为实现自己的理想而奋斗不息，这才是学习的不竭动力。

开展课堂教学的即时评价，这样不仅能有效地提高学生学习兴趣，在学生心坎里播下希望的种子，而且能使学生明确今后进一步努力的方向。

4月23日 我们一直在努力

（一）

昨晚的班会课上，我的开场白依然是不可缺少的老项目——算时间账。就在教室墙壁上的日历纸上，我早已将倒计时标注到了中考的前一天。昨晚班会前我还特意看了一下周一倒计时的时间，上面用红色中性笔赫然写着"37"的数字。其实真正在校的学习时间已经没有 37 天了，因为在中考之前学生还有几天休息调整的时间，这样算下来也就是 34、5 天的时间。

眼看着初三同学依然不紧不慢的状态，办公室里的几位同事也免不了说几句气话调侃一下气氛；但说归说，在课堂中初三的几位老师都对学生倾注了自己全部的心血，只可惜依然有个别同学不领老师的情，依然我行我素，没有一丝中考前的备战状态。

今天中午我到班时，已经接近一点钟了，本该是午休的时间，JF、YZ 和 HJ 还在津津有味地看着漫画书。当我走到他们跟前时，他们竟没有一丝反应。JF 很自觉地交给了我，而 YZ 和 HJ 竟然还不愿交上，当时的我确实有些生气。那一刻，突然想起上次邓校在开会时讲到的：对这些学生的管理"急""不得"。稍作平静之后，我把 YZ 和 HJ 叫到了走廊内：一、今天上午放学时，我在前黑板上写上了"从今天中午开始，午休到 13：25"，你们看到了吗？二、午休时间提前了，如果你们不好好休息，下午的课堂效果就不会有保证；三、老师为什么收你们的漫画书呢？不是为了我自己看，而是想让你们有足够的精力去学习。如果你们感觉应该教给老师保管就交上，如果感觉完全没有必要就自己收着。我的话语讲完之后，给你们三分钟的时间考虑一下。后来的结果是两位同学都主动的把漫画书交给了我保管。

这个小小的例子又一次证明了靳校长多次讲到的：我们老师在做学生工作的时候，如果一切从学生的立场出发，先给他们讲明为什么要这样做，然后再去管理，那么就会很容易让学生接受并改正。

（二）

今天是这学期以来第三批香港同胞来思源学习交流。

上午四节课，我的时间排得很紧张。上了两节课，改了一节周测试卷，上午第四节和佛山的何校长进行座谈。唯一遗憾的是，没有抽出时间去转听其他年级的课堂。

下午一点半开始与香港、佛山的校长、老师进行交流。会议的议程和上次有点变化的就是，在下午交流之前，他们与思源的 40 名学生进行了圆桌座谈。

在三点之后的互动环节中，香港中学校长会的何世敏副主席（香港乐善堂王仲铭中学校长）问到了：在杜郎口和在思源进行教改的不同之处。从他提出的这个问题来看，他对这种开放式的课堂思考得很有深度。

杜郎口中学地处偏远的鲁西北小镇，学生的家庭条件与思源的学生简直是"天壤之别"。记得我 01 年刚上班时，学生每周的生活费一般是五六块钱，最多也不会超过十元钱；现在学生每个月的菜金也只有 80 元钱。在这种物质条件下，升学对他们来说虽然不是唯一的出路，却是最好的出路。所以这些孩子很想通过自己的努力打拼一片更广阔的天空。在这种内心渴望成功的驱动力下，大多学生把学习当成自己的事情，学习的主动性就显得特别高。

而思源有的同学家庭条件真是太优越了，一种养尊处优的环境使得他们已经没有了自己的追求和目标，更别说为理想奋斗的激情。我曾经当面问过我班的一位女生对中考的感觉，这位同学很镇定的回答我"没有任何感觉"。我还曾试着和她打赌，看她一模考试的成绩会如何，当问到什么事情对他来说有压力时，她费了很大的心思去想，最终告诉我的结果竟是"没有什么对我来说有压力"。因为以她现在家庭经济基础足可以确保其一生过衣食无忧的生活，这样的事例在杜郎口老师的眼中简直是"不可思议"的，在杜郎口学生的眼中应该算是"天方夜谭"了吧？

我们丝毫不否认地区、学校、学科特点之间的差异，因为教育也有"因地适宜"的区域性特点，有句话说得好"适合自己的才是最好的"。可是条件的差别都不是最主要的，就像各班内学生的个体差异一样普遍存在。杜郎口的教改理念在各个学校都是相通的，我们不苛求其他学校的课堂都像杜郎口一样，只是希望在开放式的课堂中能够给学生更多时间去尝试，更多的机会去把握，更多的空间去展示，这样的学生才会更自信地迎接人生的挑战。

（三）

关于失误

两个班学生的语文周测试卷改完了，一个很大的问题就是——失误太多。比如："学而时习之，不亦说乎？有朋自远方来，不亦乐乎？"中的"说"和"乐"出错的同学不在少数。这是学生对内容不理解或者复习时注意力不集中造成的。其他诗句的失误也有很多。两个班除了蒋捷、陈敬尊满分之外，其他每个同学都有或多或少的失误存在。参加工作十一年中教毕业班也有七年了，我认为有时候学生对于知识的学习，不熟练就等于不会！很多同学学习时都存在眼高手低的毛病。这将是在下一步的语文复习中应该重点强化的方面。

语文课上，我随手在二班的黑板上写下了这样的口诀：诗文背诵必过关，理解记忆效果显。减少失误仔细填，及时回看养习惯。希望能够引起其他同学的关注。同时送给九一九二班同学们一句话：学有真学假学，真假惟己鉴；果有甜果苦果，甘苦皆己酿。

在临近中考的日子里，让我们一起努力！

4月24日 叩问教育

（一）
其实你们很优秀

今天下午是初三体育考试的时间，上周四因为下雨没能考成很是遗憾。今天虽是延考，但天气也算不负众望。

中午十二点，我们几位带队的老师和两个班的同学一起奔赴四十七中。下午一点半，学生开始准备考试。两个多小时的时间，同学们发挥了自己应有的水平，当然也有不少应算是超常发挥，用马明锐的话来说：这次考试出现的"黑马"不少。

男同学中跑步最快的黎建成200米以25秒多一点的成绩略胜一筹，女同学跑步最快的当属邓玉彩了。看着同学们在来去四十七中过程中的表现，我的心情也如着炽热的日光般明亮。李林龙看到我换上了休闲T恤，跟其他同学开玩笑地说我要去参加"非诚勿扰"；蒋捷考完试后硬要和我击掌表示庆祝；就连平时善于将打瞌睡自语为"联想记忆"的易康健同学，在跑了小组第二名的好成绩后也忍不住有些"飘飘然"了；在归途的客车上，岑老师用录像机留住了梁广安、廖镰威、马民锐等同学的"激情演说"——感谢思源的培育，感谢老师的教导；感谢世界赐予万物，感谢父母给予生命；甚至感谢四十七中提供考试条件；感谢自己的努力付出，等等。并且他们还在岑老师的密谋下要给其他四位老师一个惊喜呢！从他们略带调侃的语气中，我突然感觉到这些孩子的可爱之处。他们用幽默的语气表述自己不同于别人的想法，并且思维敏捷，让我这个教了十多年语文的教师感受到了他们的优秀！

真的，一个人的优秀是多方面的。我们再也不能用一把尺子来衡量学生的成功了。记得下午和聂主任交流时，我们还在探讨这样一个问题：为什么思源的学生对待体育的态度要好于文化课？当时的我还认为是因为体育考试要在室外，对"很爱面子"的思源学生来说"不能在外面丢人现眼"；聂主任稍作思考后说，因为他们在学习上很难有成功的感觉，而身体素质是不少思源学生引以为豪的资本，所以他们总要找到自己的一些闪光点，并进行自我放大，从而保住自尊以赢得更大的自信。当我听到这样的话语时，突然有种豁然开朗的感觉。

不错的，就思源的生源来说，我们老师想要把学生的知识教到一个什么高度很难保证，但我们如果注意到学生心理的需要，给他们搭建更多的展示平台去赢取自信，应该可以做到。也难怪有的老师在抱怨学生的同时，也丧失了自己的快乐，因为我们之所以时常感到"工作很累"，关键是给学生的"心理负担太多"。多一些包容，多一些方法吧，不要以为学生的快乐一定是建立在教师的痛苦之上，更不要把学生的痛苦建立在自己貌似的快乐之上。

请记住，尊重是相互的，教育也应是相互的，谁又能否认个别学生不能当做我们的老师呢？蹲下身体，放下架子，只要我们与学生的尊严对等，就不怕个别学生会出现"痛恨"教育的事件发生。错误是暂时的，只要学生的错误还能够在我们校规容许的范围内，我们教师就有责任和义务去挽救每一个学生，不是吗？人非草木，孰能无情？当这段时光成为师生记忆中不可磨灭的风景，我们宽慰的心终究会有安宁的时刻。看来，我们还需有足够的耐心等待——

（二）
我理想中的学校

作为教师，我们是否想过自己理想中的学校？

寂静的夜里，我曾不止一次地问自己，我理想中的教育和学校应该是什么样子？两年多前，我写过一篇《叩问教育》的诗文如下：

不喜欢太多喧嚣的杂音，这里本该是一眼清澈的甘泉，缓缓地流淌教育的真谛；不喜欢任何踏践的脚印，这里本该是一方洁净的圣土，从容地接受阳光地洗礼；不喜欢呼吸污浊的空气，这里本该是一片静谧的林地，用心倾听欢快的歌鸣；这里有可敬的教师，虔诚地守候心中的梦想；这里有可爱的学生，幸福地迎接阳光的沐浴。只可惜，喧嚣的杂音里，满是刺耳的指责；只可惜，踏践的脚步中，不乏盲目地冲动；更可惜，就连那污浊的空气里，窒息了的——不仅是教育的激情，还有理性的思考！于是，残酷的现实整日在煎熬着美丽的憧憬，妄意的评价再次扯断麻木已久的神经；于是，课堂的幸福感从此消失的无影无踪，性情的真快乐也只能隐匿在梦境中；更为可悲哀的是，但凡发出的声音只能是齐声的赞颂，很显然，赞颂的结果便是从此摒弃了应有的真实。试想，当自信被理解为自负，当付出被看作为作秀，当真情被指责为谄媚，当课堂被完美所替代，我迷茫了，自信不是成功的第一秘诀吗？付出不是真我的自然流露吗？真情不是出于对教育的赤诚吗？课堂不是生命之间的真实律动吗？傻傻地思考：这究竟是怎样的一个社会？这到底又是一个怎样的世界呢？在我看来，教育首先应该是真实的，这份真实容不得你我的质疑。学生出错是真实，效果不好是真实，课堂失败也是真实！教育还应该是简单的，简单的不宜长久套用固有的格式。什么三三六，什么二二九，一味坚持的结果便只能是因循守旧；教育也应是人性的，人性的起源完全是出于对教师的爱。这种爱是不掺杂任何水分的真爱，这种爱是超越亲属关系的大爱，这种爱就要始终坚持教师第一的人本思想。原以为，自己的青春会忠实于教育的理想；原以为，久逝的激情会唤醒沉睡的心灵；还曾以为，满怀的希望必会创造无限的可能；可是，我竟然错了，错的一败涂地，没有回转的可能；错的没有理由，也不想再争辩孰是孰非；因为，结果的铸成有时难以解说得清。每一个清晨，我仍会喜迎晨曦的光彩，拥抱黎明的曙光；每一个傍晚，我还会体味落日的多姿，期许浪漫的温情；每一个深夜，我会慢慢地梳理凌乱的思绪，静心地打量残缺的课堂；我知道，我该做些什么；我庆幸，我还在走着我自己的路，在通往教育理想的大道上，我的心，还在向往，还在追逐，还在思索……

很显然，我现在的思绪已经不再是当年的愁闷和孤苦，因为在我的周边有那么多朋友为了教育相携前行。今夜辗转反侧，思绪荡开，我理想中的学校或许是这样的：

她不一定非得要有很大的面积，也不一定是在高楼林立的环境中，只需一片整洁的校园，给人一种能静下来的温馨，让师生们有适当的学习、休息设施和足够的活动场所。

她不一定有太多的学生和老师，老师们也不一定都有很高的学历，只要能够以自己充足的知识储备去面对学生，游刃有余地在课堂中与学生交流，赢得学生的认可和尊重就足够。

她当然也不一定是很高的收费，只要有维持学校正常开支的收入，让老师们可以很从容地面对当地的消费水平就可以了。

她的理念虽不一定是最先进的，课堂形式不一定是唯一的，但在她课堂中的学生和老师一定是快乐的。他们在默契的相守中充分享受着生活、学习、自然的乐趣，不会因为外界的干扰而改变自己美好的愿景。

需要补充的是，她没有什么繁琐的制度和太多强制的规范。她对所有愿意来本校读书的老师和学生都只有两个必须的条件：

一、师生在校所有的行为都要维护自己良好的形象和尊严；

二、师生在校所有的行为都不得有损于他人的利益和尊严。

所有来校的师生如果保证做到以上两点，这所学校的景象应该是这样的：

她有固定的作息时间和课表安排，但对所有学生都没有固定的教室和科目。也就是说，每节课学生都可以根据自己的意愿自由选择教室，自由选择科目，自由选择年级。

她给每个教师的办公室都是一个固定的班级，老师不需要每节都讲课，更多的时间是在学生自习需要帮助时进行辅导，但也不是每个同学都需要辅导，个别问题如果有同学会，老师可以推荐他去请教他人。

因为学生每科的学习进度完全由自己来制定，学生的兴趣爱好完全由自己来选择，只要修完课程的学分，就可以承认毕业，没有学制的限制。当然相应的老师备课就要提前兼顾整个课程了。

在平时的学生操守中，完全是靠自觉性。因为所有的问题都是自己来解决。学生在做每一件事情的时候，都要想到自己曾经许诺的两个条件，那么就不会再出现任何"不和谐的音符"。你想啊，如果学生注意到了自己的形象和他人的利益，还有哪一件事情做不好呢？

我理想中的学校不是苛求师生至善至美，而是在臻于完善的过程中提升自我。办学的宗旨是：快乐学习，幸福成长；校风是：自主自信，探索创新；学风应该是：紧张有序，扎实有效。

我深知，我憧憬的这种理想学校，在现在只是个梦；但我同时相信：既然是梦，就总有醒来的时刻。

4月25日　在赞赏中成长

（一）

浇树要浇根，育人要育心。心理教育既是对"人"的全面培育，又是"熏陶"的教育，更是关注学生"灵魂"的教育。

著名的教育家詹姆士有一句名言：人性中最本质的愿望就是希望得到赞赏。的确，人人都渴望得到别人的承认和尊重。尤其是孩子，他们更是渴求教师的赞扬与肯定。我们教师在教育学生的过程中，如果真正能够走进学生心灵深处，做好与学生的思想沟通，那么教育的效果往往会出乎老师的意料之外。以下是我与一班一位同学的交流记录：

S：老师。

T：是的。

S：今天下午有种被抛弃的感觉。

T：你很优秀，我相信你可以处理好一切事情。

S：老师。以前在二班的时候，因为大家都不是很积极，我也爱表现自己，发表自己的看法，因此也时常受到赞赏。可是到了一班，很多人都很优秀很积极，渐渐地也因为自身的原因，我开始没有胆量，也怕同学们的评论。这几天渐渐积极了，却发现说话没有以前那么流利，思维也不是很清晰，跟以前相比都差好多。

T：哪有？你多虑了。现在的你依然优秀，我是这样认为的。

S：谢谢老师还这么看重我。上课发言，手心都冒出汗了，言语也有些磕绊，不放松不自然。

T：这是因为老师给你创造的机会太少了，不是你的原因，不必自责。你身为语文课代表很负责，我很欣赏你。

S：我还记得当时刚分班，岑宾老师就说："把你放在一班就是让你去争的。"也有一部分原因是自己不够主动。机会也是自己争取的，我觉得没有人会把自己想要的送过来，自己的才是最可靠的。老师，我还是没调节好。有点使小性子了，这样就说要'辞职'，也是放弃一个锻炼自己的机会。

T：你在我眼中一直是优秀的，从第一次上《斑羚》我就知道你的优秀的，你不要轻易怀疑自己。人的最高能力是自我调节能力，你会大有作为。只要调节好自己，别为一些外在的因素干扰自己的目标，你定会成功的。

S：嗯嗯。老师，我可不是那么容易被打败的哦，就这样就泄气了，也太不值当了。既然不甘心，有野心，就更应该努力争取才对。只是难免会迷失方向，走着走着就不知道自己一直坚持那么久的是什么——

T：对。你有自己的目标，有自己的视野。不要被眼前的"井"误以为"天"。成功者自救，你可以的。

S：心还不够稳，就达不到所求的高度。

T：心静则神爽。

S：怎样提高自制力，有效约束自己呢？

T：做学习的主人，生活的强者。这个社会，唯一可以依赖的是自己。情感的寄托要留给真实的自己，外在的情感都是暂时的——

S：没有原来的自己，每走的一步，都是'自己'。而我想要的，想追求的……只能靠自己实现！谢谢老师。善于表现自己，即使会展露更多的缺点，却也增添了改善自我的机会。

T：这就对了。你是优秀的。你会成为我班的骄傲。我相当相信——加油！

S：嗯嗯。谢谢老师。我相信别人能做到的，我也可以。却也不能盲目地效仿，我也有我的亮点。亮出自己，增添信心。

T：祝你成功——

S：老师多保重身体。

T：**谢谢。**

S：我去打作文了，老师。

T：好的——

一位心理学家说，赞赏是对一个人价值的肯定，而得到你肯定评价的人往往也会怀着一种潜在的快乐的心情满足你对他的期待，这在心理学上叫赞赏效应。昨晚22：25分，我收到了S妈妈的短信：徐老师：您好！我是S妈妈，上星期您和S沟通很到位，效果很明显。孩子周末开始学习了，而且情绪特别好，她跟我说徐老师欣赏她，可乐坏了！随后我也将S周测的好消息告诉了她的妈妈：周测班级第一，年级第二，希望她别骄傲。

（二）

下面是S发到我邮箱里的一篇文章，我稍做了改动：

情谊之花，在心头绽放

同样是神清气爽的季节，凉风习习，吹得人身心愉悦。比好天气更让人欢喜的便是遇到了你——许安琪，我的好闺密。我们相遇在网络，远在吉林的你和身在广州的我就这么跨越地域相识。

随着日渐深入地了解，我们的性情是如此相合。你说你很"剽悍"，初一时敢一个人抡起椅子砸向男生；同时你也文采斐然，写出来的文字，是我难以攀越的高度；你说你喜欢带毒的花，表面看上去娇艳魅绝，实际却不能近观亵渎。我认准你也会是性情中人，不然你的文字又怎么可以这么深刻，句句铿锵。或许在别人眼里，你的霸气不可理喻，可我能感觉到你心中的柔情万千。

那时已经步入初三的你日日为学业所累，心神俱疲；才上初二的我却并不懂得更不能体会你所处的艰辛，只有默默为你加油。而今，奋斗了一年，文科极好的你却选择投报理科，我不解，你笑笑，说正因为理科不好才有挑战自我的乐趣。那一刻我从你身上读懂了什么叫"超越"。你鼓励我，不要总说自己不行，说自己数理化无能，要学会相信自己。这句话在我心中荡起涟漪，满怀柔情暖意。我时时刻刻想着念着：相信自己，我可以！

在我一时陷入迷茫，找寻不到方向时，也是你，一直陪着我度过那段难熬的日子。初三了，有很多不如意的事接二连三地向我涌来，将我淹没。就像沧海之中寻找唯一浮木，却连最后一声呼救也销匿。而你一声声一句句地告诉我，要我现实一点，现在只有努力学习才会有好的前途。你说我是个好姑娘，不应该就此荒废。你说只有自己强大了，才可以无所畏惧，才有资格有资本过得更好……你说了很多，我都记着。

我要让自己变得更为开朗，再不吝啬我的笑；我要开始发奋，去追逐自己想要的梦，努力实现。你说青春就是一场盛大的戏，每个人都经历自己该经历的事。我说只有青春是一场肆意的赶逐，才不枉费青春的含义。

我们虽相隔千里，但两颗心紧紧相拥在一起。地域那么远，网络又使我们这么近。有你真好，朋友！此刻的我在电脑屏幕前，敲着键盘，思绪却飘向了有你的方向。朋友，你还好吗？不知你是否和我有相同的心情？我会记得我们的约定：高中毕业或大学时，要去同一个地方旅行。

我也相信，我们的友谊会永存彼此心中！

→ 4月26日　被子风波

（一）
换种方式上课，如何？

周二体育考试两个班差了一节课，今天上午第二节语文课，我给二班同学安排了一节真空自习时间。

上课开始就给大家提了几点建议：可以背诵经典，可以阅读名著；可以课内复习，可以摘抄积累；可以动口读，可以动手写；可以合作学习，可以独立思考；可以质疑询问，可以梳理归纳……我刚说完，同学们脸上立即呈现出前所未有的喜悦。接下来，每个同学都自己安排学习任务：马民锐开始写体育考试后的感想，郑丽璇识记古今中外名家作品，廖镰威回顾浏览《三国演义》，陈光达阅读《青年文摘》，张若璇整理诗词名句，唐莹莹研究作文话题拟定，陈方桉翻阅《汉语词典》……在我巡视课堂的过程中，不少同学都把自己思考过的问题与我交流：

老师，巴金的作品有哪些？他的原名不是"李尧棠"吗？您怎么说是"李芾甘"？

老师，苏格拉底您了解吗？他的主要成就有哪些？

老师，陆游的《游山西村》我们课本上没有，这首诗里有哲理的名句是那一句呢？

老师，作文应该怎样审题？如果让您写一篇《收藏》的文章您会怎样写？

……

这种自主学习的热烈场面是我近期的课堂上所没有出现过的。为什么在这节课上学生会如此的投入？我在思考——

老师从一开始就给了每个同学自由选择学习内容的机会，每个学生都能制定自己喜欢的学习目标；

对于学习内容的方式，老师以关键词的形式给同学们进行启发，每个同学都可以从众多的方式中选择出一种自己适合的方式进行学习；

轻松的课堂氛围，自由的学习环境，师生之间、生生之间平等的对话交流，不仅解决了知识问题，更是拉近了师生、生生之间的距离；

空间扩大了，时间开放了，方式改变了，互动频繁了，学生的学习兴趣也就增强了。

记得前两周学部值日查课时，孙圆圆老师的阅读课堂上，学生有的坐在地板上，有的站在书桌旁，有的在黑板上板写，有的在笔记本上摘录，他们手中都拿着自己喜欢的书籍在专注地读，那种场面是一副副绝美的图片，学生如同一束束饥渴的小苗尽情吮吸知识的甘露。

看来，放手真的也是一种爱！

（二）

九一班的那些事之七——被子风波

戴博（化名），你相信吗，习惯就是这样养成的——

来思源两个半月了。开学伊始，我曾为同学们的自控能力而愁眉不展，也曾为大家的行为重复过错而忧心忡忡。走到现在，虽然班级内还存在一些问题，但我也很明显感觉到了你们的进步：

近两周来，女生宿舍不管是晚寝纪律，还是卫生都走到了级部的前列，上周更是以双第一位居榜首；男生宿舍纪律也有进步，卫生有了明显改观。前几周，我在和靳校长、邓校长交流时说过：管理思源的学生其实并没有太好的办法，就是"死盯"。用崔校长的话来说，就是不能给学生留有犯错的机会，全时空、全方位、全过程的监控，时间久了，也便成了习惯。

在班级常规出现问题时，一定要抓好第一例。记得在上个月开始，针对屡次出现的男生宿舍被褥不整齐的情况，我便在一天早晨检查完后亲自将你的被子抱到了教室，并且在上面放了一张说明纸：叠放不合格被子展评。戴博，那天早晨你很不好意思地将被子揽在怀里晨读，其他同学似有些"幸灾乐祸"地看向你，那时的你作为宿舍长一定是不好意思的，所以我就让你把被子放在了办公室。后来没几天，岑老师代我检查时又一次将你的被子抱到了班里，这次你更没什么话可说了，接连的两次错误竟然都发生在你身上，你甚至自己都不好意思抱着被子，干脆找了个帮手——志宏代替。从那次起，我再检查宿舍，发现你的被子每次都叠放得很整齐。其实，很多事情只要稍微用心一些，效果就会立即显现出来。

戴博，你知道吗？很多老师都感觉你很聪明，只是有时自控能力还差点，总是在该学习的时候情不自禁的和组内同学聊上几句，你的很多有效时间就这样被白白浪费掉了。当然，不可否认，这段时间你的讲闲话时间已经有所减少, 从某种程度上讲是有进步的。六月份的中考, 各位老师都给予了很大的厚望, 认为你通过最后一段时间的努力一定会有所突破。

戴博, 也希望你能静下心思, 专心投入, 取得最后的成功!

4月27日　　"地球人都知道"的烟民

昨天, 我在九二班辅导自习时, 唐莹莹同学问到了关于小说的知识。我在跟她讲解之后, 她还是有些疑惑地看着我: 到底怎样写小说呢? 我答应她要在班级博客上传一篇写过的小说, 希望她在周末回家后能够看到。这是我春节前在杜郎口中学教初三同学小说单元时的一篇下水文, 请莹莹看后多指正:

(一)

父亲从不吸烟, 这是"地球人都知道"的事, 在小怿二十几年的人生印迹中, 从来没有关于父亲吸烟的记忆。

关于这一点, 王小怿曾问起从未走出过农村的母亲, 母亲的回答是: 你们王家往上数八辈, 估计也没有一个烟民。说这话其实有点虚夸, 凡稍微有脑子的人都知道: 往上数八辈, 除了各族家谱存有记录的姓名外, 恐怕对关于吸烟的调查是没有任何记载可言的。

于是, 从母亲的话中, 王小怿更觉出自己的烟龄已远远超过八辈祖宗的总和。他曾经把这一点当成向狐朋狗友们炫耀的资本。这时的王小怿还不到二十三岁。

小怿初中毕业后在一家密度板厂上班, 名片上印的是王小怿, 销售部副主任。明白内情的都知道, 销售部有二三十人, 其实只有一名主管, 其他的人员都是与主管签订临时合同, 为了跑业务方便, 都印上了副主任或主任助理等虚职, 王小怿也在其中的行列。他真实的身份, 就是一名普通的业务员。

(二)

王小怿从什么时候开始吸烟的, 连自己都记不太清楚了。他上初中时, 有一位物理老师烟瘾特别大, 上不了半节课, 就给学生布置几道习题, 自己到教室门口抽上半支烟解馋。说实在话, 那位物理老师吸烟的姿势实在有些难看, 也许是因为课堂的时间本来紧促, 再加上还不时会有查课的领导光顾, 所以不一会儿的工夫, 只见他用几个手指在烟头上部一掐, 留下半支下次再享受。其实那时候的王小怿对烟草的敏感度还没有那么强, 只是周末到同学家里去玩时, 趁家长不在, 他会煞有介事的点上烟吧嗒几口, 常会被呛得连咳上几声, 还蛮有经验似地说, 这烟档次不高, 味太浓。那时, 他对物理一窍不通, 却单单记住了物理老师有些笨拙的吸烟动作, 且模仿的娴熟令其他同学惊讶。王小怿也曾一度怀疑物理老师会因为不小心而烫伤手指, 可期待的场景却从未出现过, 这让他在毕业时不免有些失落。更可惜的是, 在小怿毕业的第二年, 这位物理老师因为肺癌与世长辞。

初中毕业，没能考上高中，小怿先是在家里待了半年，整天无所事事，田里的农活不会干，煮饭经常出差错，有一次红烧茄子，竟把酱油放成了醋，连自己尝了一口都觉得牙齿酸痛。半年后，实在是憋不住了，他就央求父亲给他找了个熟人，进了密度板厂。

进厂六七年了，工资没攒下，烟瘾倒是越来越大。人家有规定，厂房里禁止烟火，他就只能隔上半个多小时去一趟厕所，解解吞吐之急。有时去外地出差，往返一趟，不管业务谈成谈不成，对他来说，收获最大的就是又买到两包外地香烟。

（三）

工友们知道了他的烟瘾，也就不再轻易给他让烟，因为让过一次后，他通常会穷追不舍的把人家剩余的烟惦记完。父母对他更是头疼。他的父亲王大力，人如其名，本是在一家建筑工地干体力活，后来因为干活肯卖力，人又实在，被提为施工队队长，这差事免不了与材料供应商、农民工等打交道。除了管理好工地上的活计外，王大力闲暇的时候就坐在临时指挥部里看看旧报纸，喝喝菊花茶。他的嗓子一直不好，听人讲喝菊花茶可以散风清热、解毒消炎，对口干、火旺、目涩，或由风、寒、湿引起的肢体疼痛、麻木的疾病均有效果。用他自己的话来说，许是在工地粉尘不断的环境中待久了，所以嗓子一直备受煎熬。这样的生活对他来说，似乎已成了习惯。早晨七点吃完早饭出门，中午在工地凑合一顿，晚上安顿妥当，天黑回家吃饭。单一的生活总让人感觉时间过得挺快，他也是这样认为的。虽然日子确实有些单调，但最让他欣慰的就是看到自己工地竣工的那一刻，他会与工友们互相道贺：您辛苦了！看这大楼可全是咱们的功劳啊！那时的他，感觉自己是世界上最幸福的人。

知道儿子的烟瘾是在王小怿初中毕业刚离开学校时。从不吸烟的他对烟草的味觉很是敏感。刚进家门。就闻到了很呛的味道。然后就发现王小怿躲在卧室里吸烟的一幕。一向老实的他微动了几下嘴唇，并没有说什么，转身回到了自己的房间……

（四）

近来王小怿的业务量持续上升，很让他觉得自己的鸿运已到来。跑业务的人免不了与外人打交道时递烟寒暄或请客吃饭。业务量增加的同时，王小怿每月不到两千元的基本工资就显得有些捉襟见肘。因为业务的奖金每半年厂里才兑现一次。随着业务的拓展，与客户的接触也得自己肯下一笔本钱。王小怿逐渐感到有些力不从心了，连自己买烟的钱也是缩了又缩，甚至到了与初中物理老师一样，掐一半留一半的地步。王大力当然知道儿子跑业务的辛苦，可又有什么办法哪！妻子没有任何工作，且生儿子时落下一身的毛病，药不间断，日常花费也不小。虽是施工队长的他，每个月的三两千块钱全都补贴家庭，也就勉强够用。

（五）

最近，王小怿发现，每次回家后自家的茶几上总是放着几个烟盒，打开烟盒，里面是好几种类的香烟。比如芙蓉王里装着的有玉溪、云烟、利群，甚至还有时会有几支中华。这让王小怪多少有些奇怪。可仔细一想，也就没有多问，肯定是父亲从工地上遇到让烟的，就随手装在了一个盒子里，隔上一段时间，凑完整盒就拿回家了。这样的烟，王小怪是不好意思拿出门的，不过他虽然上学不多，但脑子却好使。一个好的办法立刻被他想到了：他平时积攒了不同种类的烟盒，有的是从朋友那里拿来的。这样，父亲拿回的烟被分类到应属的盒子里，他就可以堂而皇之的拿出去应酬客户了。这样一来，自己既节省了开支，又不丢面子，真是两全其美的事情。

（六）

有一次周末，王小怪终于可以在家休息一天，况且这段时间，他的业务量已经远远超过了其他同事，这让他感到无比开心。

到了晚上，父亲还没回家吃饭。也难怪，那段时间工地的建设项目是市医院综合门诊楼，这可是今年市长亲自抓的项目，王大力所在的公司费了好大的力气才捡到了这块肥肉。公司在人员安置上特别想到了让他负责施工质量，这一切都源于他做事的认真。

等了很久还没回来，母亲便催促着他去工地看看。也好，出去一趟，正好捎点酒菜，犒劳一下自己。骑上摩托车，不到十分钟，王小怪到了工地，远远地，他看到了父亲，在指挥部里正一个人吸烟，缭绕的烟雾已经包裹了他的身体，不时响起的咳嗽声听起来是那样刺耳。走近了，他看到了父亲花白的鬓角，在灯光的照耀下闪出夺目的银色。额头上不知何时又多了几道沧桑的皱纹，那是无情的岁月留下的痕迹，也是父亲为这个家辛苦操劳的见证。父亲正坐在那里边抽烟，边思考着什么，烟灰缸里已是蓄满了烟屁股。

他不禁停住脚步，站在那里仔细端详着父亲，已经好久没有这样近距离仔细地观察过父亲，心里顿时涌起一股暖流，喉咙深处也干涩得难受。同时他又感到非常惊讶：父亲是从不吸烟的啊！是何时起，父亲也习惯烟雾缭绕，而且动作看上去是那样笨拙。这让小怪不自觉地就想到了初中物理老师那不太雅观的吸烟动作，甚至在小怪这个老烟民看来近乎有些滑稽可笑。小怪心里暗暗地自责，为自己的粗心，为自己的疏忽，为自己对父亲的冷漠而感到内疚。回想自己与父亲朝夕相处的一个个瞬间，却从为考虑过在这个五十多岁汉子身上的重荷，那张佝偻的脊背曾经承载了多少家庭的责任哪！他更没想到的是，自己记忆中从不吸烟的父亲竟然也成了烟民！

他心里有一种说不出的感觉，五味陈杂，感恩、内疚、自责……小怪在门口稍微定了定神，稍微平息了自己内心的波澜，假装很平静地推门而进。父亲看到他后，看看自己手里未抽完的半根香烟，又看了看小怪，脸上的表情极不自然，嘴唇微微张了张，似乎想说些什么，但又什么都没有说，父子俩就这样心照不宣的对视着。那一刻，空气和呼吸都仿佛停滞了一般，时间在房间里的悄无声息中变得那么漫长。之后，父亲简单交代了一下工作，就坐上儿子的摩托车回家，一路无语。

吃饭的时间又在沉默中缓缓流过，小怪似乎忽略了今晚他买的菜肴是什么滋味。饭后，小怿躺在床上，辗转反侧，久久不能入睡，父亲在指挥部里吸烟的一瞬重又浮现在他的眼前。父亲虽然不善言辞，但是他的一言一行都在为这个家默默地付出着，付出着自己的全部。以前生活的点点滴滴像过电影一样在眼前一幕幕闪过。他体会到了父亲为这个家无怨无悔的付出，他想到父亲以前不会吸烟，现在烟瘾的形成，肯定有自己的原因。因为他清楚的知道：烟民也是有潜规则的。如果一个人在别人印记里从不吸烟，别人是不会总给他让烟的！难怪每次回家看到的烟盒总是满满的！父亲为了那一支支的香烟要受尽多少尝试的苦头。

但是父亲却从未向他和母亲抱怨过，甚至连发牢骚都未曾有过。他又想到了自己这几年稀里糊涂地过生活，从未为这个家思量过，心里顿时惭愧不已，暗暗下定决心，一定要出人头地，好好工作，在事业上做出一番成绩，不再让父亲为自己操心。

（七）

当小怿再次近距离看父亲那日渐瘦削苍老的脸庞时，父亲正安静地躺在重症监护室里。此时的父亲已经再也没有机会参加自己负责项目的竣工庆祝大会了。在医院的两个多月里，王大力并没有太多的话语，他也知道自己所患的肺癌已到了晚期。在生命的最后时刻，他让妻子将小怿叫到自己身边。小怿俯下身子凑到他的耳边，父亲断续的声音已不太清晰，但有一句小怿听得很明白：儿子，其实我也不想吸烟。接下来，房间里又恢复了寂静。午后的阳光洒在父亲斑驳的鬓角，小怿又看到了在光线照耀下夺目的银色。那银色，是窗外新建好的市医院外墙的颜色！唯一不同的是，上次见到鬓角的银色是在工地昏黄的灯光下，而这次却是在医院明净的窗旁边。

故事到此，本来是不该再讲下去的。因为任何故事永远没有真正的结局。而小怿的变化也正如大家所期望的一样，仿佛是在一瞬之间，多年的烟瘾竟然被他断然抛却。在以后的日子里，小怿对香烟已经没有任何感觉可言。年底由于他的业务量最高，所以拿到的奖金最多，被评为年度优秀销售员也就是自然而然的事情了。

清明节那天，小怿携同母亲来到父亲的坟前，说了憋在他心里许久的一句话：爸，我知道——你不是真正的烟民！

→
4月28日　　我一直都在努力寻找自己

（一）

2001 年 9 月 24 日，也是一个雨天。

早晨七点多钟接到崔校长的电话：上午八点钟到杜郎口中学报到。当母亲喊给我时，我犹豫了许久。

一向"志存高远"的我怎么可能屈身于一所僻远的乡镇中学？还没忘记临毕业之前同宿舍的室友在一起的许诺：打死我也不去当老师！那年，我二十一岁。

快八点时，电话又一次响起。我接到了崔校长打给我的第一个电话，浑厚的声音经电话线传进我的耳朵：怎么还没来吗？片刻的停顿，我狡黠答道：噢，他已经去了，可能在路上吧？我知道自己撒谎了。

接下来，已说不清是父母的唠叨还是叮嘱，无奈之中，我只能骑上叔叔的摩托车匆匆赶往学校。

行在路上，我才知道自己竟然没曾想过杜郎口中学在什么位置。虽然毕业前在报社待过近半年的时间，聊城市大多县区都去做过采访，本县的很多乡镇也都去过，但杜郎口还真是第一次拜访。

不记得当时问了几个路人，在将近学校两公里时，摩托车突然出了故障：右引擎杆断开，根本无法启动。本已糟透的心情在那个雨天里变得格外沮丧，后来，我知道了那个地方有个好听的名字——幸福闸。

当我手推着摩托车费力地走到校门口的时候，一看表，快十点了。校门外的墙上挂着除校名之外唯一的牌匾——花园式学校。跨入一扇窄小的铁门，有常见的花木在迎门的花圃里陈列。最让我记忆犹新的是茂然于路的几排大树，为这所地处鲁西北平原上的普通乡镇中学增添了几分勃发的生机和期许。

报到完毕几近中午，恰巧有位旧友在这里临时做司机，幸运的我得到了较为盛情的款待。午饭上免不了杯盏交错，年少轻狂的我自恃酒量可以，不免多喝了几杯。

下午到崔校长办公室集合的时候，脸色因酒精的作用红透至极，崔校长严肃地说：以后大家就为人师了，一定要注意自己的形象，工作期间不允许喝酒。念及你是第一天上班，算做提醒，以后类似的事情绝不能再发生。那一刻，我顿觉自己失态了，做老师的第一天，竟然落下这样的笑柄，我该如何直面即将的教育生涯。

第二天，打理好自己的被褥，安排了宿舍，和博学的同行——丁老师住一屋。抬头望房顶，从斑驳的苇席中可以看出它早已饱经沧桑，丁老师在一旁调侃的说：到晚上房顶上老鼠的娱乐活动可不少啊，你要做好与老鼠抗争的心理准备。我深信，他的这番言语并非玩笑话，现在想来仍心有余悸。

第三天，听课。李校长安排我去维博老师课堂上学习。一节课下来自然受益不小。当时的感觉仿佛又回到初中的课堂上，那时曾这样想，对于我上中学时一向引以为豪的语文科目，如果真能将自己所学的知识传递给我的学生，那也将是一件快乐的事情啊。

第四天，终于和学生见面了。学校安排我任教初一3、4班的语文，担任初一四班的班主任。

晚自习第一节课，我走进教室，环视了一下，八十多名学生，他们还不认识我，仍旧在看书、写作业。咳嗽一声后，我清一下嗓子：同学们，大家好……全班同学的目光齐射向我，若干年后，当我再次回忆这一瞬间，仍能清晰地浮现于脑际。清纯的眸子里绝不掺杂任何的杂质，明澈的眼神中满是对知识的渴求。

接下来，我向学生做了简单的自我介绍，了解了一下学生班干部的情况。前年春节前一次学生聚会，原班的十几名学生约我前去，据他们讲，当我第一次踏上讲台的那一刻，大家对我是有些胆怯的，因为在他们所接触的老师中很少有这样男老师的形象：一副黑框眼镜，一身深色休闲装，一双黑色四季鞋，且我不苟言笑，给他们的感觉很严肃。当然，两年的相处，学生对我有了更深的了解。当时的我与他们年龄的悬殊只有七、八岁，少的只有五、六岁，在他们眼中，我更是一位大哥哥的形象。

两年之后，学生们重又分班，只有几个学生仍在我班，后来四、五年的时间我一直带毕业班。忆及九年教育生涯中所教过的班级，印象最深的还是最初的四班，虽时间久远，但毕竟是自己所教的第一届学生啊。到现在，当时大多学生的名字还能想起，而最近几年的记忆力却减退不少，刚毕业一两年的学生有不少已经记不太清。

在这个深夜，细雨抚着窗棂，檐上垂落的水滴似在叩击着我久逝的记忆。十年，对于一个人的一生来说也是个不小的数字了，重温刚参加工作时的历历往事，如同这雨夜中所有沉寂了的生灵，不可唤醒。

我想，记忆是永远消逝了的梦，只可追忆，不可还原，而真实的自己，在这消失的记忆中兴许还可以找回，唤醒……

（二）

你来了 / 静静地靠近我的躯体 / 看着你 / 和唱韵律的诗 / 袅娜的身姿 / 起舞在黑夜 / 空气中 / 听到你凝重的呼吸 / 睡着了 / 一直晃动着你的影子 / 就这样 / 悄悄地离去 / 那个梦 / 又一次滑落到心底

（三）

时光走着 / 你的踪影 / 模糊在成长的甬道 / 忙碌的日子 / 任思念荒芜了记忆 / 难寻觅 / 风中定格的温度 / 曾经 / 轻狂湿热的心迹 / 不经意间 / 再现你滋润的容颜 / 记忆的洪流 / 恣意奔淌 / 耳畔漫过你疾缓的呼吸 / 潮湿的心 / 浸渍在尘封的故事中 / 沉醉睡去……

（四）

生命中 / 你选择了从容 / 也就背弃了怯懦 / 平俗的身影 / 常被大众的视野忽略 / 当清纯的面容 / 滴落成泥泞的颜色 / 你仍笑着 / 用断续的撞击 / 欢跃出清脆的音符 / 也湿润了一方干涸的土地 / 有你的夜 / 记忆的门总能被轻轻的叩响 / 梦到自己 / 曾经无怨着你的执着 / 坚守过你的方向 / 于是 / 我开始慢慢懂得 / 其实 / 我一直都在努力寻找我自己

五
月

做一名有魅力的教师

回忆我的学生时代

　　提笔前，我犹豫了很久。因为我实在不知道自己的学生生涯该从何时写起。

　　现在的我，记忆力已大不如以前，总是在工作上、生活上遗忘很多事情，也为此有过苦不堪言的悔恨。记得原来在电视里看到某些增强记忆力的保健品广告，还觉得遗忘是老年人的专利，那是离自己很遥远的事情。没想到近年来我的记忆力竟到了和老年人类比的程度。好在，文字的妙处就在于可以留下记忆的符号，所以我要用拙笨的笔记下我的学生时代。

（一）

　　仔细想来，对于学生时代的记忆应该可以追溯到上幼儿园。那时的我还不到七岁，教我们的是本村的一个女老师，我们都叫她"梅老师"，其实她并不姓梅，只是名字最后一个字是梅。记忆中最深刻的是她甜美的笑容和浅浅的酒窝，她管我们这些调皮的小孩子用的唯一杀手锏就是——贴小红花。在教室的后墙上有一个专门的评价栏，只要做的优秀就可以贴上一朵，一次不听话就要随时摘掉一朵。这种评价的方式对那个年龄的小孩子已经很管用了，记得有一个小朋友因为不听话被老师摘掉一朵后哭了半天鼻子。那时的我被老师们公认为听话的好孩子，所以经常得到老师的表扬，小红花的数量自然也高居榜首。现在记忆中有些清晰的场景就是有一次母亲到学校接我去姥姥家，等我做数学题，到现在还记得我在运算时掰着手指采用"凑十法"，梅老师就站在母亲旁边夸我的聪明。不知为什么，很多童年的往事如同风干了的记忆，却唯独这个场景印在了我脑海的深处。或许是残存着小小年龄就得到老师肯定与赞赏的虚荣心在作怪吧？

（二）

　　七岁时上了小学，每天和小伙伴一起上学放学。学校就在邻村，步行要十几分钟，有时会埋怨离学校的距离太远，其实我家在村子的边上，只是相对于其他小伙伴远了一点而已。去学校的路有很多条，我最喜欢的是穿过村子中间，然后过一条小河，再沿着一个水塘边上走弯曲的小路。那条路上有许多不知名的花草，有蚂蚱、蛐蛐等小动物，池塘里还会时有鱼虾跃出水面，有时我会停下脚步玩耍一番才去学校。

　　小学二年级升级考试后，老师让我留级。留级的原因不是因为学习成绩不好，竟是因为全班就我的年龄最小，为了给那些年龄偏大的同学机会，老师就找到我的母亲到学校商讨，最终我在满心委屈中又读了一遍二年级。

　　四年级我被选入学校小合唱队在县礼堂演了一次节目；五年级代表学校参加县运动会，项目是仰卧起坐，一分钟做了五十多个，没有拿上名次；考初中前参加数学奥林匹克竞赛培训班，最终也没拿上奖。这就是我小学五年所有的战绩，虽总计的荣誉不多，但都是在快乐中度过的。

（三）

小学升初中满分 250 分，我考了 239、5，位列全县前十，上了初中就有些飘飘然。初中三年中，数学不好的我一直担任数学课代表，被老师选中的理由是写字还可以，能够帮老师抄写成绩单。初中时最差的成绩是英语，老师更换频繁，初一一年就换了三个，对英语不怎么感兴趣的我几乎没有及格过。

语文变成我的强项是在初三上学期，那时教我们的是身材魁梧、性格粗犷的 ZXQ 老师。他的管理很是严格，只要背书过不了关的，后果定会不堪设想，不少同学到了"谈语文而色变"的程度，语文自习上迫于畏惧的压力，大家的背书声异常洪亮。现在想来，我的语文基础积累正是从背诵开始的。记得有两次，我的作文被 Z 老师在两个班进行表扬，从那时起我学习语文的兴趣就更浓厚了，曾经在不到一个学期的时间里翻看了一遍《成语词典》。

1995 年，那年我上初四。噢，别误会，初四并非是四年的学制，而是我初三复读的代称。那年中考的分数线是 520 分，而我只考了 460 多分，复读在当时已经是被家长和学生广泛认可的学习方式。因为全县只有两处高中，每所高一招生只有十二个班，而我在的城关中学初三毕业班就有十二个，全县共有二十几所初中，教毕业班的老师曾经给我们算过中考是"八里挑一"。那年中考我是八分之七中的一员。复读的学校还是母校，初三本来有八个班，后来又增加了两个复读班，我就是九班中的八十几分之一。一年的复课时间，让我记住了一些很有特点的同学，虽然现在已经很少联系，但对每个人的特点却记忆犹新。有一位说话总爱讲英语的 YF，他与任何人讲话总会冒出一些惯用的英语，如"What do you mean?"因为他经常讲英语的缘故，所以他的英语成绩也一直不错；还有一位冬天里也只穿单衣单裤的 LWB，我那时就怀疑他是不是因为比较胖而耐冻，后来聚会时还聊到这个话题，他笑笑说那时家里兄弟多没有钱买棉袄；另一位更是如神仙般的人物 GMX，他的年龄比班里其他同学都大，整天一副睡不醒的样子，学习成绩也不好，但他写的字却是全班公认的好，特别是他写自己的名字，那感觉就像是书法家的签名，当时我们都很佩服他的字体，也常常会因为得到他的字迹而沾沾自喜，据说他的毛笔字也不错，可惜我们都没有见过。除此之外，还有经常问倒老师的理科天才 XJB，爱写诗歌的女生 SCF，还有被我起名外号为"变形金刚"的 XXZ 等等。有时我也会想，为什么复课班一年的同学留下的印象深刻呢？或许是因为复课班里汇集了很多不同乡镇的学生，所以就出现了不同成长环境中形成性格的交流和碰撞。

总之，初中四年有着最美青春的印记，我会将所有的故事好好珍藏。

5月3日　由一模考试所想到的

今天是中考前的一模考试，毕业班的老师对此都比较重视，并且一模考试的难度与中考相当，成绩也可作为选报学校的重要参考。上午发完试卷后，我拿了一份开始做题。乍一看题目，不禁有些窃喜，因为在昨天的一节课上，我给学生讲到的重点知识至少有8分以上，比如：用典诗句、奉献诗句、哲理句等。考试的过程中，我在巡场时浏览了一下学生做题的情况，结果并不乐观。考完后，我还和晓瑜等开玩笑地说，昨天课堂上我至少讲到5分吧，他们也都点头默许。收卷时又了解到，竟然还有郝子辉等同学没有写或没写完作文。这种情况是我不曾料想到的，连一模考试都不重视的学生，老师对其真的有种心有余而力不足的感觉。对考试的漠视态度，对责任的逃避意识，谁之错？考试本是学校为大家提供了一个自我反馈的平台，通过考试，清楚地知道自己的知识疏漏，明确下一步复习的侧重点，以迎接中考的检验。可总有一部分学生认为分数是为老师考的，对待分数已经到了一种"熟视无睹"的地步。虽然分数不是学习的唯一标尺，但作为一个学生，要想培养自己今后适应社会的能力，至少应该掌握一些最基础的知识吧？很难想象，一位不学无术的学生将会怎样面对激烈的社会竞争？

记得本学期刚接手九年级两个班的时候，中途接班的我并不被学生认可，特别是作为一名班主任，制定的一些班级制度有时很难实施进行，不是因为要求苛刻，而是学生对通过的班级制度心不在焉。刚开始实施时学生还有一些自控的能力，两次三次之后，学生就会因为积习已久的惰性任意违犯。这种状况持续了一段时间之后，我突然发现，原来在这里管理学生没有太好的办法。面对这些基础较弱、自控力较差、行为习惯非常不好的学生，讲得再多而不去检查落实还是等于零。我在和靳校长交谈时还说到，在杜郎口做了十多年班主任所积累的管理经验在这儿竟是一片空白，我必须从头开始，以一名小学生的谦卑之心多向其他老师学习。我及时调整了自己的管理思路：能不说的就直接写在班级公告栏上；能不在全班讲的就采取单个交流的方式，逐个做思想工作；能抽出时间给学生书面交流的就以信笺、纸条的方式进行。通过全时空、全方位、全过程的监控、落实、兑现，学生的常规、课堂秩序、宿舍卫生等都有了很大进步。思源的老师们的确需要有一颗耐心来支撑自己的教育信念，不要轻易被学生的调皮挫伤自己的信心，迷失前进的方向。

记得上周六我与一位并不熟悉的八年级的学生在操场上聊天：

T：你认为上课时同学们的学习状态不好，是不是因为老师安排的内容难度太大？

S：不是太大，根本就是从小学开始基础就没打好，有些同学上课听不懂就自我放弃了。

T：哪些老师上课的效果会好一点？

S：语文、数学吧？老师上课要求严格的，效果就会好一些；但还是有的同学感觉管严了，是跟他过不去；如果老师很松散，又收不住课堂，个别学生会对老师还不尊重。

T：从你这个角度，你会喜欢什么样的老师？

S：上课时能够有一个好的秩序，给学生一个轻松的环境，幽默风趣一些，不要总是板着面孔，跟学生的距离近一点。

T：为什么会出现很多老师付出得非常多，而有的学生不买账？

S：全班每个人的性格都不同，大多都有青春叛逆的心理。甚至有的同学认为学不学是我自己的事情，老师干嘛要管我？

T：那这些同学到学校来还有意义吗？

S：这些学生只是因为不想在家待着才来学校，来学校只是"面子"上的事情，并不是为了学习。

T：有这样想法的同学在你们班会占到多少？

S：大约的比例是 3：2 吧？也就是说有一半多的同学有这种想法。所以想学的同学学不进去，不想学的同学老师又管不了。

老师们，面对这样的孩子我们应该怎么办？是怪责于基础太差？基础差是明摆着的事实；是怨恨学生的习惯太差？习惯是长久的行为坚守，我们为纠正学生的行为重复了多少次的行动？老师的义务和责任就是为了培育学生高尚的到的情操和适应社会的各种能力，我们为何不能把在郁郁寡欢中度日如年的酸楚，幻化为尽心尽力的改变现状？学生的思想固然是很难改变的，但我们却可以从改变自己的教育方式、课堂设计、交流语言开始，用天使般的微笑去迎纳每一个孩子的愚钝或无知。教育本是件"功德无量"的事业，光荣而自豪的我们又岂能轻易推脱自己担当的重任？

我校学生当今存有的问题肯定是多个因素造成的，家庭教育有逃脱不了的责任。抱歉，这并非是身为思源教师的我在推卸学校教育的责任，我只是越来越强烈的认识到家庭教育对子女成长的重要意义。在思源的两个多月的时间里，我的确见到了个别家长的蛮不讲理，一位在学校里因为多次偷钱而被开除的学生，他的家长到学校竟然公开叫嚣，说对思源的老师太失望了！还有个别家长周末为了让孩子在家多待一晚，溺爱孩子到了向老师虚报生病的地步。这种家庭教育的残缺直接导致了孩子性格、心智的不完整。有不少家长慑于孩子逼迫的压力放任自流，顺其发展。殊不知，若干年之后，我们的家长需要付出更大的代价来补偿原有的教育缺失，我们的孩子同样会付出应有的代价来承受社会竞争的重压。

作为思源的老师，葆有一份积极健康的心态，及时进行自我情绪的调控，根据学生的基础设计适合的课堂内容，在保证学生能投入课堂的前提下，尽量选择一些能调动学生积极性的方式组织课堂教学，从培养学生的兴趣入手，注重课堂效果的落实与基础达标。我愿与思源的各位同事共勉同进。

5月4日　　别了，我心中永远的故乡

我顺手翻开放在床头的《生命沉思录》，前言中说"在生命的最深处，我和你可能都是绝对的悲观主义者，但这并不妨碍我们积极乐观的活着。正是前者，决定了我们人性及思想的高度，而且也决定了我们快乐生活的内涵与界限"。我有时总认为自己太过悲观，想事情总是先把结果想到最坏，也许真是为了等结果告白于世时，能够勉强留下一个自我告慰的理由吧？

有雨的夜晚，总拒绝不了想念的诱惑。收起窗帘，眼中是雨滴缓落窗棂的轻柔，树上青绿的芒果被打落在屋顶，如沉闷的鼓点叩击心中久封的记忆。

曲黎敏在《出离的心》中说"人人都有故乡，人人都有值得留恋的地方""一直有出离的心，一直又无法逃离"。一段浅显的文字弥漫在这间不足二十平米的小屋，让我重又念起那永远消泯作别的故乡。

小时的居所是一座砖泥混合的土坯房。五间的北屋，东南三间是相通的，中间一间是厨房。正房较窄，院子就显得很大。院中三棵梨树，其中有一棵每年结果虽不多，却结有最惹眼的鸭梨。浅黄的外皮，香脆的汁肉，极大的满足了我幼时贪吃的欲望。回想起那时鸭梨的味道，是以后从任何集市上买来的所不及的。

那时的旧居处处是乐园。门口对着一个水坑，每到夏日，雨水涨满的时候，约几个玩伴潜入水中，嬉闹一番，好不热闹。最有趣的当属钓鱼了，从最初使用大口的玻璃瓶，到后来自制的鱼竿等垂钓工具，钓鱼——至今仍被我当做儿时炫耀的资本，早已被我载入个人光辉历史的影册。念想间，仿佛自己又回到了二十年前的故乡，夕阳的余晖拉长了一个十岁少年瘦削的身影，池塘边，专注的神情不难让人推测出争强的性格。那种满怀期待的心情，那份收获丰盈的喜悦，充斥着我美好的少年时光。

一九九二年春，我上五年级，老屋走完了她生命中最后的岁月。熟悉的颜容改换成了宽敞明亮的钢筋水泥房。半年之后，我也终于有了自己独立的卧室兼书房。虽然仅有十几平方，但在那里记录了我曾经挥洒汗水奋斗过的三年高中岁月，并成为我在外求学的心灵归属地。结婚时父母腾出了自己居住的两室一厅，又经过一番装修后，简易而又不失温馨。从此"家"对我来说，更是一种难以割舍的精神寄托。

那时的院落也被水泥覆盖，雨后的地面更是清洁如拭，只可惜，再也难以嗅出来自泥土的芬芳。庆幸的是，一向与人和善的父母将大门外与公路连接的空处也都铺成了平滑的水泥地，还安放了一些规整的石块供人休憩。于

是，每到农闲的白天和夜晚，门口总会聚集不少闲谈的大人和顽皮嬉戏的孩童。每次周末回家，也会习惯地听到秀荣婶大嗓门的玩笑话和孝廷爷爷很有特点的咳嗽声。还记得，夏日的夜晚，承伍大爷讲说《三侠五义》的精彩内容，那时的我，吃完晚饭（因在暑期），早已搬着小板凳等着待续的情节；也记得，雪后的空地上，我也会像闰土所述的捕鸟办法，手拉长绳，耐心等候觅食的鸟雀。

前年五月，"故乡"成了我人生经历中模糊的印迹。随着拆迁日程的推进，故乡对我来说已永远不可复得。在机器的轰响和嘈杂的叫喊声中，生养我三十多年的屋舍在瞬间被夷为平地。在眼潮湿润喉咙哽塞之时，我真切的感受到：一种由渴求变成绝望的心痛。

从此，我再也看不到乡间错落有致的村落，再也寻觅不到村头那棵歪斜的老柳树，再也走不回那条脚下磕绊的巷道，再也尝不到院子里那低垂枝头的红枣。

我的故乡，的确变了：每户三层的家居楼房，自家独立的精巧院落，合理设计的楼底车库……可所有这些在外人看来令人羡慕不已的别墅小区，对我却怎么也高兴不起来。这，难道还是曾经承载我诸多喜笑愁伤的至爱故乡吗？

故乡的轮廓竟这样无情地消失在我模糊的视线中。假若时空可以逆转，我倒宁愿回到那个破旧难舍的小院，重新捡拾已逝的快乐，然后装点进生命行程的背囊。

别了，我永远消逝了的故乡。或许有一天，我会在新的居所，手执记忆的拙笔，用干枯的文字抒写与你共处的幸福。请原谅我冒昧的打扰，好吗？

故乡，何时再回我梦中——

5月7日　理解语文，爱恋终生

（一）

一直以为自己是一名"钟情"于"语文"的非语文专业老师，还有个别飘飘然的时候，经常找不着北并以此为荣。不错的，我是一名语文老师，可是，我真的理解语文吗？

今天，我重新翻阅原来的工作日志，看到了靖主任到杜郎口中学听课时对语文老师课堂的评价及分析。作为一名从教多年的语文教师，至今仍觉汗颜。

语文课文无非就是例子，我们使用教材来教，而非在教教材；

写作首先源于学生在生活中细心地观察，形成一定的素材，然后在这个基础上教师可以进行有针对性（即写作技巧、方法）的指导，让学生再对自己的作品琢磨、加工，最终达到让写作成为学语文人的习惯，成为一种生活需要。如果积累的素材不多，再讲方法的指导便是空谈，毕竟素材是来源于生活的，我们教师在课堂上需要做的有很多，但至少要让学生养成仔细观察生活的习惯和意识；

语文教学无非读读、背背、想想、写写；

语文课堂的好坏就是看学生收获了哪些知识，教师对学生有哪些方法的指导，以及教师对文本的独特解读让学生学到了哪些益处，最终让学生逐步养成学语文的习惯，以此享受学语文的乐趣，体验语文学习的快乐，感受语文学科的魅力；

让学生建好自己的随笔本，随笔本质量的好坏就意味着这个学生是否在乎自己的生活质量，以至影响其人生的发展走向；可以试想，当若干年后，学生拿出自己的成果汇集是一种怎样心情呢？他有了一定的文学积淀，就等于有了丰厚的人生积淀；

写作的核心是——真！拒绝了"真"，学生的写作必会落入"假""大""空"的陷阱；

写作的规律在于"练"。学生只有保证了数量，才有可能有质的提升，然后才要"炼"，从字斟句酌上下功夫；

语义教师要做一位明白老师，每次上课前先要清楚地知道这节课要让学生有哪些训练点、增长点。

不要把语文教学简单的事情复杂化。

语文教师要充分发挥自己的学科特长，在课堂上做好育人工作，也就是说课堂是育人的主阵地。"阳光读写"的宗旨即是让学生读阳光健康的书籍，让学生有阳光健康的心态，让学生做阳光学子，阳光公民。

教师的作用：组织、引导、点评。而非传统意义上的：传道、授业、解惑；

做语文教师应是一份快乐的职业，因为语文课堂有无穷的魅力，只不过是我们的眼睛缺少发现，我们的心灵还没有去深切的感知罢了。

语文教学再怎么改，也要遵从它应有的规律，一张一弛。学生的静是为动做好准备；

语文课堂离不开激情，激情并非狭隘的理解为高声呼喊，而是学生发自内心的一种自我需求，而我们的学生一旦到了"不得不发"的地步，那么"展示"对他们来说是一种潜在的释放，个性的张扬。

课堂首先要守住一个"真"字，写作同样是这样的。只有教师顺应学生"真我"的需要，让学生抒发源自内心的真情实感，这样的课堂才有生命力。

语文教师要加强充电学习，丰富个人的内涵，不仅为了在课堂上对学生的指导，更为自己丰富内涵，过更有意义的生活。

看来"钟情"不等于"倾心"，钟情只是出于自己的一番爱好，而"倾心"必是对其有过深入的思考和全面的理解后，发自内心的研究。

走进语文，携手前行；理解语文，爱恋终生。

（二）

九一班每日班级公告

2012 年 5 月 7 日

项目	情况汇总
宿舍卫生反馈 （郝子辉）	511 宿舍陈敬尊、黄伟嘉被子不整齐。
早晨到班情况 （陈微虹）	表扬：瑜琳、蒋捷、飞霞 6：40 前到班学习；瑜琳、飞霞、润甫、智勇、启锵早操前学习投入。 吴志鹏迟到 3 分钟、胡宏基迟到 5 分钟。早操班牌、口号、集合速度有问题。
晨读学习状态 （蒋捷、李智勇）	
上午课堂反馈 （各科老师）	语文课五组、二组学习状态不好； 孙赐然、陈敬尊、叶俊杰等不投入； 体育课李林龙未人走桌净，五组未关空调。
课间操情况 （陈微虹、杨梦影）	
中午餐厅检查 （各小组）	张文彬、江帅、李凌风、叶俊杰四个餐桌未擦，一组延续一天，明天起有几张餐桌未清理，值日组延续相应天数。
午休到班秩序 （杨梦影）	孙赐然、张文彬、李林龙迟到。
下午课堂反馈 （各科教师）	下午最后一节自习课，李昂、吴志鹏、易康健旷课打篮球。
晚修学习状态 （各科教师）	易康健上化学自习睡觉，付锦飞放学后与二班同学打闹。
校服穿戴、教室卫生、黑板 （各组长）	雷德彬一次丢垃圾，卓一镇多次乱丢垃圾； 黎建成、卓一镇经提醒穿上校服。
宿舍纪律反馈 （宿舍长、宿管老师）	506 宿舍有说话现象。

5月8日　　二十多天，心态最重要

（一）

送给九年级的家长们

时光总是会在我们的不以为然中留下些许遗憾。且不论是我们背弃了时光，还是时光辜负了我们，不可否认的是，最终的结局总是常态的影射。

一模成绩已经揭晓，这两天通过校讯通将每个同学的成绩发给了家长，我的手机上陆续收到了一些家长的电话或短信，从交流中我能够明显感觉到家长们的迫切心情。现在距中考也仅有二十几天的在校时间，老师们和家长们的心情是一样的，都希望在最后的日子里，能够通过我们的共同努力让孩子有一个理想的成绩。就有家长在短信中说，当听到孩子的一模成绩后内心很不安；也有不少家长坦言，孩子不是广州市的户口，倘若孩子的分数太低，就是拿再多的赞助费都不好找一个好的高中学位；甚至有家长专门到学校进一步了解孩子的在校表现，当面谈话鼓劲。所有这些举动，我们老师真得很受触动，听着家长对子女几近哀求的言语，我们在感受到肩负重担的同时，更多的是对这些家长由无奈到幡然醒悟的庆幸。

二十多天，我们家长和老师们还能做些什么呢？无需置疑，知识的学习肯定是少不了的：夯实基础点，突出重点，攻破疑难点，强化易误点，培养习惯点……知识方面最主要的是课堂的"保温"，除此之外，我想，对于九年级一二班的同学来说，葆有一颗积极的心态是中考前最重要的。

家长们都知道，好的心态是成功的基石。一模考试后，成绩稍好的同学不要沾沾自喜甚至得意忘形，"骄傲使人落后"的古训永远适合现在的你我，我们应该清醒地看到与其他学校同学的差距，想要进入自己理想的重点高中，必须对自己所处的位置有一个客观公正的评价，正所谓：知己知彼，百战不殆；成绩弱的同学首先对自己要有信心，虽然时间短暂，想要大的突破已不太现实，但只要再努力一把，坚持到最后，总会让自己问心无愧的。成绩差并不可怕，可怕的是自暴自弃，即使还有二十几天，你们要相信血汗的浇灌定会开出耀目的光彩。奇迹的发生不是为梦想家准备的馈赠品，而是奋斗者自己得来的战利品。

心态直接影响一个同学的学习状态。只要是学习的时间，就要使自己的心平静下来。一千八百年前，诸葛亮在《诫子书》中说"静以修身""非宁静无以致远""学须静也"，他忠告孩子，宁静才能够修养身心，静思反省。不能够静下来，则无法有效的计划未来。而且学习的首要条件，就是有安宁的环境。五六月份，大家首先要面对天气炎热的挑战，让身体坐下来，心思静下来，才有可能学进去。给自己营造适度的紧张感，追求投入而忘我的学习状态，不为外界的因素所干扰，这便是学习的最佳状态。记住那句话吧：一个人投入的时刻是最美丽的时刻。积极乐观的心态能够让自己变得更加阳光，更加健康。

总之，一切源于用心，功夫皆在平时。我们九年级的各位老师愿与家长一起努力！

（二）

送给九年级的老师们

今晚对于"幸福"话题的思考，是因为我刚刚见了一位同学的家长。请他到校的原因连我都觉得很唐突。就在今晚自习课结束前，两位班委同学交给我一张同学们的签名决议书，先是列举了该同学上课睡觉、侮辱同学、带头起哄等六个不良行为，然后还有组长、组员、班干部的签名及班长的建议。我意识到这已经不是小事情了，一位同学到了让其他同学都不认可的程度，那这个同学肯定是在班级做事太出格了。

放学后，我让微虹（班长）、梦影（组长）到门口等候他的家长，大约20分钟后，家长准时来到学校。印象中应该是这位家长第一次能够配合老师的工作，因为在上周日晚上，我曾经给他打过三次电话询问孩子没有到校的情况，还发过一条短信，可最终都没有回复。不可否认他的家庭条件相当好，有自己的中型企业，谈话间也毫不掩饰自己引以为豪的地产，据说孩子在小学时他就肯花费二三十万送到自认为最好的学校，初中时还曾有把孩子送到国外读书的想法；可就在他与孩子的对话中，传入我耳畔的却是孩子对父亲的蛮横之语。路旁昏暗的灯光，也没有掩盖住父亲脸上的孤苦和无奈……

我来广州后，也听不少人说过在这座城市"幸福指数不高"的谈论，原因主要是就业、住房、日常消费等压力比较大。我作为一位刚接触羊城的局外人，自然没有太多的发言权。可今晚这位家长的到校，却让我不得不思考：物质条件好的就一定幸福吗？诚如这位年过半百的父亲，白手起家，好不容易闯下了一番可以为子女提供优越生活的事业，到头来却因忽略对子女的教育而郁郁寡欢，甚至捶胸顿足。

也罢，还是谈谈我们老师的幸福吧。

我在读书时曾见到过这样的阐述，人大概有三个层次：物质跟欲望的满足；文明跟艺术、文化的层次；精神的、宗教的、完全超越物质生活意义的层次。境界越高，视野越高，困难就越小，也就会越感觉幸福。看来越是斤斤计较物质收入、欲望满足的人，他们在疲惫追逐中越不幸福，而那些超脱世俗的诱惑，追求内心宁静的人，反而得到了许多意想不到的惊喜，收获了属于自己的快乐。

幸福的感觉决定在你的内心，在红尘中有独处的心，在独处时要有红尘的怀抱，这样你才能时时用平常心来看世界。其实，发现人生的不完美才能快乐，最完美的境界是不存在的，只要你尽力就好，尽力之后就可以无恨、无憾、无悔……

痛苦会过去，但是美会留下来，生命的痛苦考验都是台阶，是我们走向智慧的营养，只要我们有这样的信心，就会不断的走向幸福。

林清玄的几段文字对于我们教师来说同样有激励性，告诉我们做人要有一颗平常心，使平常之力，善待痛苦，追求纯美，才会有幸福的感觉。

记得周国平也曾说，领悟悲剧也要有深刻的心灵，人生的险滩关头最能检验一个人的灵魂深浅。所以我也同样相信，只要没有被苦难彻底击败，苦难仍会深化一个人对于生命意义的认识。

由此，我们教师更应该直面自己生活的惨淡，工作的困难，也只有在这种勇敢中，我们才会更多一份自信，也多了一份成功的充实和喜悦。记住：幸福是我们内心的一种感受，悉心体味幸福的人永远都不孤单。

（三）

送给九年级的同学们

心态

付出才有获，有因定有果。若欲榜题名，必将惰性舍。

投入

精力本有限，不可使分散。心中无杂念，全力攻难关。

江城子 寄语初三

初中生涯欲过往，细思量，自难忘。九年寒窗，拭目待金榜。奋力拼取为己愿，争朝夕，竭力上。

黄粱梦醒惜寸光，暂失利，又何妨！如今苍颜，何日焕荣光？漫道雄关从头越，当迈步，益自强。

（四）

九一班每日班级公告

2012 年 5 月 8 日

项目	情况汇总
宿舍卫生反馈	507 宿舍床底有一处垃圾，508 宿舍李昂床边有两处垃圾。
早晨到班情况	李凌凤、易康健、胡宏基迟到 3 分钟，吴志鹏、李林龙、孙赐然、付锦飞、李昂迟到 5 分钟。
晨读学习状态	易康健学习状态不好。
上午课堂反馈	
课间操情况	集合速度比原来慢了许多。
中午餐厅检查	排队时后半部分跟不上，显得比较乱。
午休到班秩序	冯绮雯吃饭时间太晚，建议：做事效率需提高；易康健休息时间离开座位。

项目	情况汇总
下午课堂反馈	最后一节自习课迟到的同学：卓一镇、李昂、吴志鹏； 旷课的有：黎启锵、郝子辉在饭堂，孙赐然、王东亮、叶骏杰、付锦飞在三楼。
晚修学习状态	
校服穿戴、教室卫生、黑板	卓一镇、雷德彬乱丢垃圾。 雷德彬、胡宏基、江帅、李凌风经提醒后穿校服。
宿舍纪律反馈	506宿舍胡宏基、雷德彬说话；507宿舍黎建成说话。

→

5月9日 # 精彩课堂之课堂评价

教学中，科学的评价有利于促进教学目标的实现。教学评价要关注师生的主观能动性，激发积极主动的学习态度和工作热情。杜郎口中学的课堂改革取得了很大的成就，凝聚了全体师生的集体智慧。课堂成功的关键在于校委制定了对于课堂的评价标准，并深入到每位教职员工的心中，落实在实实在在的行动中。正因为有了这种评价标准，我们的课堂才有了质的变化。

一、课堂教学过程评价的三个方面

1. 学生动起来。老师首先应该进行充分的备课，围绕中心多设计一些开放性的问题，积极倡导自主、合作、探究的学习方式。学生是学习和发展的主体，爱护学生的好奇心、求知欲，充分激发学生的主动意识和进取精神，倡导自主、合作、探究的学习方式，培养学生主动探究、团结合作、勇于创新的精神是老师的首要职责。我们的小组排位也有利于培养这种学习方式。

教师应实施多元化评价，帮学生树立语文学习的信心。课堂中及时发现学生的优点，并以激励性语言对学生进行有针对性地评价，如"你回答得真好，见解独特"、"你的勇气让优生佩服""你这种想法真独特，老师也没有想到"等。课堂评价不能只是单纯的语言评价，老师还应该加上自己的肢体动作评价，如：竖起大拇指，拍拍头，一个赞许的目光，一个会心的微笑等等。课堂上，老师的每一个动作、每一句话都传递给学生一种信息，那就是让学生感到自己能行、自己是最棒的，只要自己敢想、敢说、敢动、敢尝试，就能得到老师的肯定，同学的认可，从而激发学生学习的积极主动性。教师要以调动学生思维，培养积极的学习情感为出发点，一句简短的表扬、一个鼓励的眼神，对学生的课堂学习都会带来积极的影响，也只有这样做，学生在课堂上才能敢说、会说。灵活多样的评价方式，都是以欣赏、赞美、鼓励学生为出发点，老师只要相信学生，跟学生一个自由的空间，那么学生将会给你一个惊喜。

2. 课堂活起来。教师是学习活动的组织者和引导者，教师应转变观念，更新知识，不断提高自身的综合素养。应创造性地理解和使用教材，积极开发课程资源，灵活运用多种教学策略，引导学生在课堂中学会学习的方法。课文只是一个例子，教师应当创造性地使用教材，为培养学生多角度分析问题的能力，开发学生的思维。

教师应努力建设开放而有活力的课堂，教学应在师生平等对话的过程中进行。教师是平等中的主导，学生是语文学习的主人。教学应激发学生的学习兴趣，注重培养学生自主学习的意识和习惯，为学生创设良好的自主学习情境，尊重学生的个体差异，鼓励学生选择适合自己的学习方式。课堂应植根于现实，面向世界，面向未来。应拓宽学习和运用的领域，提高学生的学习效率，初步获得现代社会所需要的综合实践能力。

课堂应培养学生的创新能力。正确回答出老师的问题已不能成为评价学生的唯一标准，所谓"仁者见仁，智者见智"，"一千个读者有一千个哈姆雷特"。教师要关注学生是否真正地开动脑筋思考问题，有自己独特的见解。每个人的喜好不同，对问题的感悟也不同。因此教师允许学生用自己独特的方式来学习语文，为学生的学习和自由发展创造宽松环境。

3. 效果好起来。在课堂教学中，努力改变单一的教师评价模式，把评价的主动权还给学生，积极引导学生开展自评与互评。通过自评，促使学生对自己的学习进行反思，了解自己的长处、存在的问题，从而针对性地进行学习。通过互评，使学生能正视自己、尊重他人，同时提高了学生的鉴别能力、分析和表达能力。评价学生在课堂中的表现。评价学生关键看他们是否有自己的主见与独到之处。能够写规范的字；说流利的普通话；大胆表达自己对文本的理解，并能够联系现实生活谈出自己独到的看法。学生在课堂中应该有充分的独立阅读、思考时间，能够结合自己的生活有阅读感悟和阅读体验。课堂中必须给学生以沉思的时间，让知识在头脑中得到沉淀。通过学习培养自己高尚的道德情操和健康的审美情趣，形成正确的价值观和积极进取的人生态度。并且具有一定的自主学习意识，自学能力。

二、课堂教学效果评价的保障措施

课堂教学不仅仅是传授知识的过程，更是培养能力的过程。就评价学生在一节课堂中的效果来看，我校主要从以下几方面进行评价：

1. 主动的学习状态。学生对课堂的学习兴趣、情感和自信心方面的表现。师生精力充沛，精神饱满，朝气蓬勃，富有热情，激情高涨，学习渴求强烈。师生、生生意相通，心相融，心领神会。课堂中要求同学们人人发言，人人展示，每个人都要说、写、读、听、评，用自己最喜欢的方式来展示自己，每人的展示达到精彩，精彩的标准是看是否用心去对待学习，课堂暂不管发言内容的长短，参与度是一定要高的。同学们为了保证自己有参与的机会，便会你争我抢，气氛倒也活跃，对于个别没有展示的同学，课下一定要查清原因，问清事实，帮其改正。学生积极参与课堂展示的情况，在评价过程中，我们应引入激励机制，以送"智慧星、认真星、进步星、表现星、合作星"的形式，开展课堂教学的即时评价，有效地提高学生学习兴趣，保证每节课学生的参与面积。

2. 生动的学习过程。学生在课堂活动中的交流情况（在回答问题、提出问题和讨论问题上的表现）。以语文课为例：先引导同学们用自己喜欢的方式去读，可自读，合读，分角色读，情景读，表演读，画面读，唱读等，给同学们一定的方法指导，他们会把自己的风采展示出来，分析是就语文的角度而言，在字词句的斟酌中，在语言风格的推敲中，在写作技巧的探究中体味语文的内蕴，教师可示范。感悟是就学生的个性而言，学完一篇或一段文章后，可以写心得、体会、收获，可以仿写、缩写、扩写、画写，可合作交流、表演、放声高歌等，是就本篇文章的一个心灵感应，此处是个性、是独特、是创新、是人性的解放，是生命的关注，是情感和灵感的迸发，是生命之花的绽放。

3. 生成的学习效果。学生在思维水平上的表现（创造性、灵活性等）。在保证人人参与，个个展示的基础上。培养优秀，"海阔凭鱼跃，天高任鸟飞"；保证最后一名学生达成基本目标，"下要保底"。发掘所有学生的潜能，每一位学生得到与之潜能相一致的发展。实而不虚，通过努力学习，积极思考，探究交流，每个学生真正理解、把握、体会、感悟、应用所学内容，人人达成学习目标。低耗高效，学生用最短的时间，投入最少的精力，习得更多的知识，形成更高的能力，增长更多的智慧。

三、课堂教学评价的分层次

我们不可否认学生的个体差异。首先是对学生进行合理分层，这是促进步同层次的学生都能够持续发展的前提，老师可根据学生的水平将学生大体分为"优中差"三个层次，因材施教、有的放矢，学生通过努力在知识和能力提高后，教师需对学生鼓励，树立其信心，促进其奋发向上，愉悦的发展。课堂上如果学生有了倦怠感，不愿意展示自己的学习成果，老师及时用比较新颖的方式调动起学生的积极性。比如在黑板上给每个组的同学及时栽上一棵还没有枝叶小树，谁到前面展示一次就在小树上划一条枝干，最后比一比看哪个组的小树枝繁叶茂，哪个小组枝条稀疏。学生有远大的目标和理想，每天都能为实现自己的理想而奋斗不息，这才是学习的不竭动力。

开展课堂教学的即时评价，这样不仅能有效地提高学生学习兴趣，在学生心坎里播下希望的种子，而且能使学生明确今后进一步努力的方向。在课堂上对教学目标进行分层，如教授古文言文《陋室铭》时，要求后进生在自读自悟的基础上，记住课文的注释，了解诗歌大意，并在小组内相会纠正读音，说说诗句的意思即可，要求中等生在对诗歌大意有了基本的了解后边读便在脑海中形成画面，把想象的景象用自己的话说出来，要求优生体会诗表达的感情，在朗读中表达出来，用记叙文形式改写此诗，虽然学生的层次不同，在课堂上实行教学目标分层后，他们互相取长补短，相得益彰，共同进步，共同发展。再次，课前还可以出示多层次的学习要求，比如 A 是基本要求，B 是拔高要求，教师限制时间 10 分钟内全班不同层次的学生都要完成目标 A，相同的时间优生肯定能早完成，再进一步补充要求，先完成任务的同学再完成目标 B，目标 A 反馈后，目标 B 的内容让优生去讲讲，这种方式既能加深优生的印象，又能让学习吃力的学生走个捷径获取知识和技能。总之，我们每个教师都是在摸索中走创新之路，摸着石头过河。肯定有不完善的地方，一切事物都是一分为二的吗？只要我们的创新与以前的传统课堂相比有优势，有进步，我们就要一如既往，继续创新，在创新中兴利除弊，扬长避短。

总之，只要我们认真研究，便会在开放式的课堂教学中将评价日臻完善，使之与教改同步发展。

附：杜郎口中学课堂评价表格：

考评组课堂评价表
年　　　月　　　日第　　　节

教师		学科		年级		班组	
课题						课型	
学习流程							
标准	精气神情 （6分）	导学探究 （4分）	展示汇报 （6分）	创造应用 （4分）	全员实效 （30分）	合计 （50分）	
得分							
优点							
建议							

评课人：

注：1. 违反课堂十忌，评价结果为零分；综合达标低于 80％者，评价结果为零分。

2. 综合达标 80％者为合格，81％——90％者，每个百分点计 1 分；90％以上为优秀，91％——100％者，每个百分点计 2 分。（综合达标以课后本节

课堂内容的测试为准）

3. 政史地生及识记性课堂指标提高 5 个百分点。

5月10日 开放式课堂中学生创新能力的培养

关键词：开放课堂；思维习惯；创新能力。

创新是一个民族的灵魂，是一个国家兴旺发达的不竭动力。中学语文教材中的课文，蕴含着许多培养学生创新能力的内容。充分、适时、科学地用好这些材料，在年幼的学生心里播下创新的种子，对他们的成长成才以及素质的提高必将起到积极的作用。如何在开放式的课堂中切实培养学生的创新能力呢？

一、在课堂上努力培养学生的感悟能力和习惯

因为要在语文课堂教学中让学生的创新潜能充分释放出来，就必须给学生以自由思考、自由想象的时空，这是创新能力滋长的沃土，更是培养创新能力的前提。课堂上没有感悟的语文教学是乏味的，可以说是鹦鹉学舌，木雕泥塑。

要培养好学生的感悟能力和习惯，教师必须先培养学生读书的兴趣，丰富头脑"内存"。我国古代教育家孔子说："知之者不如好之者，好之者不如乐之者"。有的同学看小说会废寝忘食，阅读有趣的书时兴趣盎然，都是因为"乐此"，才"不疲"。心理学研究证明，兴趣是人们积极探索客观事物的一种认识倾向，它能极大地提高大脑皮层的兴奋状态，增加快乐的情绪。对阅读而言，兴趣可以激励读书的积极性与主动性，提高阅读的效率。在兴趣浓厚的情况下，注意力最集中，接受新知识最容易，记忆东西最牢固，思维最活跃、最敏捷。其次，在课堂上"授之以渔"，教给学生必要的学习方法。如不动笔墨不读书、边读边思考、读书要留下读书的痕迹、标出好词佳句进行赏析、在感受深或认为含义深刻的句子旁边做上批注、在不明白的地方打上问号、积极的在小组内探讨交流等等，在全班交流学生的见解或感受时，教师要注意尊重学生独特的感悟和体验，鼓励学生有创意的表达，培养学生不唯师，不唯书，不盲从的精神。久而久之，学生自读自悟能力和习惯就养成了。

二、创造一个宽松的课堂，鼓励学生创新

教育家、心理学家罗杰斯认为，学生是具有良好的创造潜能的。要开发学生内在的潜能，就要给他们提供较多的心理安全和心理自由。心理学研究认为，人只有在消除紧张状态，心理放松并且注意力集中，有高涨的积极性的时候，才是理解得最准确、最迅速的时候。教师必须了解学生的心理状态，在教学中，要尊重学生，变师生关系为朋友关系，把"讲台"搬到学生中间去。要有民主作风及平易近人的态度，要有学生充分动脑、动手、动口的时

间和空间，教师刺激学生思考的语言应该是平和的、热情的、和蔼可亲的、富有情感的，创造一个宽松的课堂，使课堂气氛变的和谐、活跃，鼓励学生"敢说"，从而使学生"会说""能说""说好"。

三、让学生的创新火花在师生愉悦的交往中绽放

课堂上，教师把学生看成是有主观能动意识的社会人，是学习的主人，就要以平等的身份参与教学，与学生愉悦交往，缩短师生之间的心理距离，并善于从不同的思维角度，采取不同的教学策略，激发学生的求知需求，使其创新思维最大限度地活跃起来，进而产生创新火花。我在杜郎口中学听课中曾有一位老师创设过这样一个教学情境导入新课："有三个来自不同国家的小朋友在一起比哪个国家的楼高，一个小朋友说'站在我们国家的高楼上，可以随手揿一片云来擦玻璃'，另一个小朋友说：'站在我们国家的高楼上，可以随手摘一颗星星来下棋'，第三个国家的小朋友也不甘示弱，假如你是第三个国家的小朋友，你会怎么说？"学生的大脑立即沸腾起来，静思几秒钟之后，学生争先恐后地发言：站在我们的高楼上，可以到太阳上去点烟袋窝；站在我们的高楼上，可以把月亮摘下来当盘子；站在我们的高楼上往下跳，不会摔死，为什么呢，因为落地的时候，他早已经饿死了……在这一节课上，学生还用夸张的手法形容天冷：天冷的火山都在喷冰块；天太冷了，南极的企鹅都滑着冰来我们这儿来坐客了；天冷的打个喷嚏都结成了冰花……这些答案无不彰显着学生的想像创新能力。

由此可见，教师制定恰到好处的教学策略。师生、生生相互启发、补充，这样的教学氛围，无疑为培养学生的创新素质，发展学生的创新思维提供了有利的条件。

→ 5月11日 提出问题比解决问题要重要

四、让学生的创新意识在求异思维的训练中形成

语文课上的问题主观性都是比较强的，答案并非唯一。教师不能用参考书上的现成答案来束缚学生的思维，而要鼓励他们积极地独立思考，要求他们不人云亦云，不唯书本、唯老师，敢于发表独到的见解，因为"一千个读者就有一千个哈姆雷特"。打开学生思维的空间，期待更新更好的答案，学生就能挣脱标准答案的束缚，展开想像的翅膀，闪现智慧的火花。只有这样，学生的发散性思维才能得到训练，创新能力才能逐步提高。

在一次诗词赏析课上，同学们赏析柳宗元的《江雪》，一个同学提出了这么一个问题："这么寒冷的下雪天，这位老人真的是在钓鱼吗？"一石激起千层浪，是啊，不是在钓鱼又是在干什么呢？教室内立刻雅雀无声，学生开始了深思。一分钟之后学生畅所欲望言，有的说："老人感到十分孤独，每一行

的第一个字连起来就是'千万孤独'。有的说："老人是在独自欣赏雪景。万里江山，粉妆玉砌，渔翁之意不在鱼，在乎雪景之美也。"还有的说："这位老人看起来很清高。"诗人那种不愿与世俗同流合污的心迹不正隐含其中吗？最后一个学生说："他在钓一个春天。"是啊，冬天来了，春天还会远吗？诗人在经受重重打击之后仍然孜孜以求，不正是等待"春天"的到来吗？学生的诠释独具慧眼，精彩至极。

如果老师在学生求异思维过程中善于推波助澜，还能掀起辩论的高潮。实践证明学生只有在辩论中才能不断碰撞出创新思维的火花，所以教师要善于营造民主气氛，宽松和谐的氛围，创造讨论争辩的环境，鼓励学生有不懂的问题及时提出，每个同学都是课堂的主人，对于同学的看法、课文剧的编排、老师的见解要敢于质疑，敢于挑战，敢于否定，让学生在质疑争辩的过程中无拘无束，畅所欲言，充分表达自己的观点，从而提高他们的认识水平和表达能力，发展他们的创造力。在一次阅读名著交流会上，有几个同学评价张松一致认为他是背叛国家，背叛主子的卖国贼。老师这时发感慨，难道就没有为张松鸣不平的吗？有一个同学从容的站起来说："我不同意张松是卖国贼这一说法。张松的主子刘彰懦弱无能，国家被他国所灭是大势所趋，与其等着国家在一次惨不忍睹的交战中灭亡，不如拱手献给深得民心的仁君刘备，使生灵免遭涂炭，虽然这样做有卖主之嫌，但为了国家，为了人民背个罪名也是值得的。"一石激起千层浪，全班同学形成正反两方，为了证明自己的观点，双方同学旁征博引，据理力争。思维的闸门彻底被打开，智慧的火花不断闪现，不仅培养了学生的想像创新能力，逻辑思维能力，而且还训练了学生的口语表达能力……

五、让学生的创新能力在质疑想象的过程中培养

爱因斯坦说过："提出问题比解决问题更重要。"学生通过自己独立思考、判断，敢于提出自己发现或设计的问题，其思维更具挑战性，能好地培养学生的创新能力。在一位老师指导学生阅读《皇帝的新装》一课时，有个学生说，这篇文章是安徒生靠想像来写的，我也设计了一个问题来激发同学们的想像创新能力。问题是：皇帝最后意识到自己受骗了，但出于皇帝的尊严，还不好承认。假如你是那位皇帝，你有什么高明的办法来治服骗子？（这只是一个假设，并不是这篇文章的继续，生讨论交流）几分钟之后，有同学发言，我有一个办法：先以赏赐这两个骗子为由，把他们招进宫。然后宣读圣旨："皇帝为了答谢两位织师，又特意请人设计了一套衣服，这件衣服也有一个特点，就是诚实的人穿上这种衣服用钻刻刀在上面刻花，人就会有接受穴位按摩的感觉，特舒服。请马上为两位织师更衣。"两个骗子穿上衣服在接受钻刻刀刻花的过程中受尽折磨……还有同学说，我也有一个办法：就是把骗子招进宫后，皇帝以衣服轻飘为由，让两个骗子在衣服上镶上宝玉，如果三柱香后镶不上，就要推出午门斩首示众，骗子自然被治服。同学们听了这高明的

办法，立刻总结出了这是"以其人之道还治其人之身。""以牙还牙，以毒攻毒。"的做法。在这里学生的思维源于教材而不拘于教材，其创新性得以充分展示。

所以，要让每一个学生的创新意识和创新潜能都能在课堂教学中得到发展，这就需要每一位语文教师在课堂教学中坚持以人为本，确立"人人发展"的理念，培养"人人善问"的习惯，激发"人人求新"的欲望，提供"人人参与"的机会。只有这样，才能真正使每个学生都能成为具有创新意识和能力的人才。

5月14日　　　反思我们的课堂

（一）

教师篇

印第安人说：别走太快，等一等灵魂。这句话的意思是：身体与灵魂有时候不那么步调一致，身体总是前行太快，因此需要停下来等等灵魂慢慢地追赶上来。

反思我们的课堂，是不是现存的激情有时也会蒙蔽我们理性的思考呢？张文质说：教育是慢的艺术。他还说，研究教育就是"回家"，回到教育，回到细致、持久的省悟之中。

再想一想我们的课堂教学中，是否也会进入顾此失彼，甚至矫揉造作、因小失大的尴尬境地呢？或许，我们会不假思索的说：这是阶段性产物，亦或说是教改的高原期。可这样的推辞是经不住推敲的。难不成为了精彩，我们就可以减少信息量，以学生时间的牺牲做教改进程的推动？说这话时你得反驳说言过其实了。可我们有没有做到真正从学生当下的需求出发，先来满足一下他急需提高的知识品味？

试想，当一个人强聒不舍夸夸其谈之时，对我们更有价值的是他的外在表现还是所讲内容？答案不言自明。

余文森教授去杜郎口中学时所表述的求知欲与展示欲的课题，到现在我们仍没有解决好，原因何在？是不是我们有时太过于彰显外在的浮华，而忽略了内在的素质呢？是不是我们在喧嚣鼎沸的人流中迷失了方向，也找不见自我了呢？

教育者的姿态应该首先是一个倾听者，然后才是一名倾诉者。当我们的工作有这样那样的问题出现时，我们是心焦不耐烦的妄下定论，还是用美丽的姿态倾听思考，辨清问题的关键，找出问题的症结，追寻根源后再尝试解决呢？

（二）

课堂篇

近段时间，课堂标准成了老师们挂在口头上的常用语，其每日被各位领导和普通教师的点击量绝对要以百计，用崔校长的话来说，展示即命运。

仔细想一想，也是。展示水平的高低基本上能代表一个学生给人的感观评价。譬如，当我们不知道一个学生的学习程度时，如单从展示就可分出能力的差别。当然这并不意味着，展示好程度就一定高。因为，我们不能排除个别性格内向的学生展示的精彩度与能力不完全成正比。但不管怎么说：注重课堂教学中学生展示标准的提升，终是能为学生的后续学习和终身发展而奠基的。

面对九年级复习内容多、时间紧迫的现实，如何在保证课堂标准的前提下，落实课堂效果呢？下面是我的一些浅显思考：

一、将标准与内容结合，注重实效

在强化学生展示标准时，应考虑到本节课的内容设计，不能出现所展示的内容与课堂教学牵连不大，或毫不相干的信息。否则，现在的学生都有自己的想法，如果仅是为了提高标准而展示，学生也许会言听计从，课堂的实效性却打了折扣。所以，提高标准的展示应该是在学习的内容中进行，尽量在照顾到知识达标的基础上，突出重点，有针对性的展示。

例如，在强化《公输》"荆有长松文梓梗楠豫章……"一句时，学生对"梓"的解释为"梓地"，课堂就自然过渡到"桑梓"指"桑树梓树"，实际上代指家乡，随后又拓展到毛泽东的一首诗"男儿立志出乡关，学不成名誓不还。埋骨何须桑梓地，人生无处不青山"来强化学生对于桑梓指代意义的理解。这样学生的展示就不再是"为展示而展示"，而是在基础掌握的前提下，对内容进行适当拓展后的附加内容，即课堂的增长点。

事实证明只有做到学生自学的内容进行重新的整合，筛选才能保证展示内容的含金量，这也是判断展示环节有无价值性的重要参照。

二、将口头与笔头结合，强化落实

为什么每个同学都背诵过的内容，学生如出现如此多的错误呢？我想主要原因就在于学生只注重了口头上的"背"，而忽略了笔头上的"写"。对这首诗里的易错字没有用心记，所以动与静、张与驰、口头与笔头的结合，在学生的整个学习过程中是相生共存的，只有把握好两者关系，并有机结合起来，才会有好的课堂效率。

三、将开放与互动结合，力求增长

"三、三、六"自主学习模式中课堂主旋律即为开放。在开放课堂的过程中，优秀学生为赢得更多的机会而频频出场亮相，而一些能力稍弱或内向性格的学生就不占太大的优势，所以在课堂中如果太多同学仅仅是停留在"听"的层面上，而缺少生生的质疑互动。学生的"真思维"便不会迸溅出智慧的火花。所以，我认为在开放的前提下，应该让学生多一些互动，哪怕是即兴的提问、质疑、点评等都是不可或缺的。

互动的前提是开放课堂中师生关系的民主和谐，教师在课堂中应该努力发挥自身作为课堂学习资源的优势，通过追问、点拨、引导，让学生呈现对问题的思考过程，最大限度的进行生生、师生、教材、作者的平等对话。互动不等于提问，也非问题式教学，而是在轻松自由的环境中，师生知能的共同提高和发展。

四、将展示的面与反馈的点相结合，分层拔高

要想真正落实课堂效果，我们在展示时应该让更多的同学参与到课堂中。锻炼的机会多，标准自然就会高，知识掌握自然熟练，能力增长就快；但在反馈教学时，应该突出重要内容，对个别同学进行单独强化，以掌握第一手材料，反馈真实信息，使课堂效果落实最大化。

在有些课堂中，往往会出现学生争抢展示，互不相让的局面，这是一种良好的课堂氛围。在这种环境中，学生的参与积极性被调动起来了，但随之有些学生由于学习习惯的养成不好，会出现只注重自己所展示的内容而忽略其他同学展示的现象。所以在开放的课堂环境中，认真聆听，做好记录，强化重点，及时反馈就显得尤为重要。如学生在聆听其他展示时做到心无旁骛全身投入，在展示自我时注重内容的价值性，这样才能给其他同学传递更多有效的信息，则课堂效果的落实就找到了根基。

总之，课堂越开放，教师的主导作用体现越要加强，只有做到知识与能力并重，展示与效果并举，我们的教改才会健康持续地发展。

5月15日　　做一名有魅力的教师

教师一旦有了魅力，学生才会真正达到"尊其师，信其道"，才会出现融洽、和谐的师生关系。课堂的效率、效果才能有所保障。如何做一名有魅力的教师，我认为：

一、知识渊博，学生信服

教师专业知识牢固，能够在课堂上灵活驾驭、调控，对学生的展示"点石成金"、游刃有余，教师有实力才有底气，才会从容。当然，我们教师不一定要学富五车，但一定要备好课，做好课前的预设。只有丰富的知识储备，才会在课堂上有备无患，不至于出现尴尬的局面。所以，我们要有充电学习的意识，与时代前沿信息同步，才会让我们的学生富有时代的创新精神；对于古典的、传统的精髓也要兼容并包，古今中外、天文地理，多多益善，只要是有用的，我们唯一做的便是——汲取。学生的求知欲也便能在我们的课堂上得到最大化的满足。

二、方法科学，引领提升

对于本学科的学法及课堂的实际教法有研究，能够对学生做科学、规范、有效、实用，尤其是创新、独特的方法引领，让你的学生与别班学生不同，让你的语文课与其他语文教师不同，一旦你教学的个性成为一种特色，学生便会在潜意识里受到熏陶和感染，教师的综合魅力指数便会上升。当你以一种好的方法引领学生的时候，本学科的知识便会以点带面、举一反三、触类旁通，对于学困生学习本科也便势如破竹，让所有学生都能形成一套适合于自己的方法，"会学比学会更重要"，让学生把学习当成一件好玩的事情，又何愁学生不出成绩。

三、氛围宽松，和谐民主

给学生创设一个轻松愉悦的氛围，学生的肢体、思想才是开放的，给学生时间、空间，学生才能自己把握机会。课堂中你争我抢，互不相让，学生的展示大方自然，学生的心态才是阳光、积极、健康的。学生由本节课的一个成功会走向下节课的另一个成功，当学生对于本学科的课堂产生期盼心理的时候，这个学科的老师也一定是最幸福的。

四、良好的潜质，感染学生

教师个人的素养极高，能有较好的教态，或有业余的爱好及专长，在课堂富有激情和感召力，让学生在不自觉中进入"磁场"且被深深吸引，这样的老师为数不多，但我们要努力去达到。

五、个人的魅力，影响心灵

当教师个人的人格、品质让学生信服、崇拜之时，教师形象便会在学生心理留下深刻的烙印，以至影响学生性格的形成，这也许是教师的最高能力吧。看来要会教书和会育人，做一名有魅力的老师，我还有很长的路要走……

5月16日

致学生

（一）

送给学生的话

初三的全体同学，当我们一味抱怨家长或老师对自己的期望值太高时，我们又是否意识到：有可能是我们对自己的要求和标准太低呢？

认真做事只能把事情做对或做好，用心做事才能把事情做到极致，请问，你用心做事了吗？要为成功者，请严格区别几个词语，凡事不可"尽力而为""量力而行"而要"竭尽全力""全力以赴""超常规""挑战极限"。

每到周五看着清早同学们"整装待发"的情形，我突然意识到"噢，今天是周五了""同学们下午要回家了"曾听不少老师说过"周五的效果不好，学生的心不好收"。对此我也有同感；可是，大家又是否想到：周五——可是一周在校时间的五分之一呐！在我们初三剩余的日子里又能有多少个"周五"呢？大家回家的心固然理解，可如因此影响了一整天的学习效率，岂不有点"因小失大"？又何况"家人"也不曾想要我们这样吧？由此推及，试问：对我们的"双休"你又会怎样看呢？

优秀学生的十大准则：1. 先做人，后做事；2. 不说或少说无聊的话；3. 善于思考和总结；4. 有良好的生活、表达等行为习惯；5. 懂得珍惜时间和提高效率，并有持久的学习热情；6. 善于利用同学、老师、资料等学习资源；7. 创造性的遵守规则；8. 平等、宽容、真诚的处理好与人关系；9. 留意身边的每一次机会；10. 注重决定成败的每一个细节。

我的格言：1. 不知道昨天干了些什么的人是虚妄的，不知道今天干了些什么的人是不幸的，不知道明天该干什么的人是愚蠢的；2. 记住吧，人的最高能力是自我调节能力；3. 人最重要的两件事：什么是对我来说最重要？我该用什么样的方法去做好？4. 要始终相信：今天的学习付出程度是与今天生活的幸福指数成正比的；5. 听听高尔基对我的启示：①你要知道给永远比拿愉快。②不要慨叹生活的痛苦，慨叹是弱者的表现。③一个人追求的目标越高，他的才力发展的越快。④凡是坚信自己的思想有生命力的人，定会跨越一切障碍。

（二）

晨读

时间本不多，内容又繁琐。劝君提效率，一切为效果。

（三）

心态

精力本有限，外移后可观。愿君早醒悟，赶超须扬鞭。

（四）

阅读课给学生的建议

全面浏览，重点整理；
字词基础，文学积累，查缺不漏，温故知新；
语句摘抄，启发创作，聚精会神，保质增效；
质疑思考，拓展总结，归纳盘点，提升拔高。

（五）

成功

健康是本钱，身体最重要。时间不可轻，抓住才有效；
态度要端正，为己而学好。学有针对性，树立小目标；
方法讲科学，优化有技巧。适度紧张感，做事效率高；

每节有收获，效果必达标。诚心去交往，关系协调好；

精力要专一，莫为闲杂扰。培养高素质，铺就成功桥。

5月17日　　唯有排空，才能注入

《中国教师报》报道天卉中学的创新做法：①每组六名成员，中间对排是小组内程度较高的同学，其桌面换成的板桌面，让学上不仅可以讲说，还可以演示，这样做到了学生口头与笔头的相结合；②教师成为专题讲师，即每个教师在本学期内负责一个专题，轮班上课，这种做法减轻了教师们备课的负担，但相应也会带来一些问题，比如：①学生和老师的默契程度是否会影响到课堂参与主动性；②课堂问题反馈的周期长，效果是否会打折；③对教师的评价与管理，特别是课堂效果的评价不好进行。

洋思、东庐、杜郎口之所以在中国教育的舞台上粉墨登场，异军突起，其主要原因就是注重了学生的先学，将学置前。记得崔校长也曾说过：学生学习的最大敌人是依赖，教师教书最大的悲哀是包办。其实这两者是依存的关系，依赖越多，包办越多，学生的兴趣也便受到了影响。

李炳亭先生说过"向农民学教书"，刚开始，我不太理解，教师怎么能向农民学教书呢？他是这样解释的：看农民种地好不好，不用和其聊天，只需要到他种的庄稼地里去看一看就可以；同样看一个老师上课上的好不好，也不用只是听其讲座，就到他的课堂中去看一看，就可了解到他的水平。所以当我们听完一节好课，通常会问一下老师这节课是如何设计的；当我们听到这节课不好时，我么也会注意到老师该如何驾驭课堂。崔校长说课堂的评价有这样几个关键词：主动、生动、活泼、精彩（后来是：主动性、精彩性、成果性）来评价，这几种评价方式都是围绕学生的学得怎样来进行的。天卉中学的胡志民校长曾质问老师：你们想，是我们自己吃饭香，还是别人嚼了之后给我们吃香；是我们自己造的身体健康，还是别人给我们输血健康？

为什么在课堂中学生的主体地位得不到落实，因为老师还在沿袭着"先讲后练"。邱老认为只要颠换顺序，这个问题就可以解决。正如"吃包子"，学生还没尝到什么滋味，我们老师就先说出了什么滋味，学生还会有"吃"的兴趣吗？

杜郎口中学的校园文化牌上曾有这样一句：学生动起来，课堂活起来，效果好起来。课堂教学的三个要素无非是：1. 学生怎么学；2. 教师怎么教；3. 课堂如何评价；对于课堂评价，已经成为开放式课堂较为敏感的问题。

小组的评价，可以有以下措施：

（1）搞好组员评价：①小组长汇报制 a 榜样 b 建议；②协助任课教师，搞好学习效果的抽查 a 对查 b 抽查；

（2）搞好对组长的民主评议：①调查学生，进行意见反馈，如评己评他评组长评班活动；②无记名举手表决，看支持率。

（3）实行逐层评价：①形成班级管理体系，组长、部长、班长的逐级评价、排序等；②班会反思；

让组员动起来，可以有以下措施：

（1）树立参与无错的课堂氛围。对其赏识，培养自信，让其勇敢教师要有包容之心，容许学生出现问题，问题有时也是亮点。出错，辨错，纠错，改错。

（2）培养小组参与积极分子：让小组内个别优秀同学产生"酵母粉"的作用；

（3）及时评选课堂参与度：①正字统计法②井字累积法③红旗点星星统计法④表格统计法⑤评价树：枝繁叶茂，果实累累⑥储钱罐，加冰可乐等方式。

（4）树立课堂评价标准，及时赏识，评星评模。评价标准是指挥棒。对个人及小集体实行不同分值的评价措施，这种能够方式有利于调整学生在课堂上存在的一些问题，实现"兵教兵"的效果。①一人加 10 分，全员加 30 分；②对于较弱学生不参与课堂，实行不同分数的量化标准，例如先让组长进行排序，然后再进行加不同分数进行比较；③也可以让组长排序后，在课余时间实行从倒数先展示的方式，目的在于给那些较少参与的同学以更多的机会。

总之，只要思想不滑坡，方法总比困难多。所以在教改的路途中，问题的存在是再正常不过的事情了，难题变课题，除了探索，还是探索！

有一句是：惟有排名，才能注入。只有以一种谦虚的心态，尽快尽快转换自己的思想理念，才能以博厚的胸怀注入更多地教改营养，让自己今后的路更顺。

但凡认为自己想做的事情，主动去做，用心去做，就一定会有效果。山西柳林的王校长办自己的学校说了两句话：①只要第一，不要第二；②我招老师，只要刚毕业的，不要曾上过课的。无疑，他是一位很有思想的老师，虽然，王校长几乎没怎么上过课，但他的这个想法即是对传统学校某些校长的一种不认同。看来，做学校和做人一样，须活出一个真实的自我！

→ 5月18日　每天对自己的生活和工作默想

（一）

韩愈在《师说》中曾说到：师者，所以传道、授业、解惑也。我在想，如果将其调换一下顺序：师者，所以解惑、授业、传道也，岂不更好？

解惑，是为师的初级阶段，在学生独立思考或苦思冥想之后，思而不得，思而无解之时，教师就应发挥自己作为"有效课堂资源"的作用，拨云见日，解惑释疑，使其茅塞顿开，豁然开朗。

授业，则不仅仅是在传授知识，更包括向学生传递一些解决知识的途径，让学生由学会到会学，最终形成一套适合于自己的方法，使学习效率大为提高，学习效果则事半功倍。

而传道，则是教师通过过硬的专业素质，在学生心目中形成的人格魅力。这种人格品质会成为一种无形的"大道"，唤醒学生的心智，打动学生的心灵，乃至塑化为一种内在的品质，这才是教师作用最大化的体现。

什么样的教师作用是有意义的，让我们记住这样几个比喻：学习就是学走路，学习就是认地图，学习就是玩游戏。当学生把学习当成好玩的事情，我们教师也一定是幸福的。不信，试试看……

（二）

我认为学生学习要达到三个境界：

一、让自己成为主动的人。把学习真正当成自己的事情来做，坚决去除对教师的依赖心理，使自己成为一名有独立学习人格的主人；

二、让自己成为乐观的人。当学生对学习有了浓厚的兴趣和适合自己的方法之后，你会发现，原来学习其实也可以成为一种简单而又快乐的事情。如果将这种积极的心态转化为持续学习的行动，你会突然发现自己不仅在对学习的认识方面，更在对生活的价值和人生的意义上发生了一些微妙的变化，并且这种欢愉感会支配自己更好地完成任何困难的事情；

三、让自己成为智慧的人。如果说，学习可以让自己变得聪明，那么，思考便可以让自己变得更加智慧。学习不是人生的目的，学习是一种手段，一种找到生存最佳状态的手段，是让自己的精神状态趋于完美的一个过程。拥有智慧的人，其幸福指数不一定是最高的，但其享受幸福的过程一定是最有意义的。因为，智慧可以使幸福变得更加完美。

相信吧，主动自发的意识，乐观积极的心态，才能让我们的学生拥有渊博的知识、健康的身体、智慧的头脑，乃至形成健全的人格，过一种幸福而有意义的生活。

（三）

我每天忙忙碌碌，却又总是碌碌无为，原因恐怕在于个人理性的思考分析没有优先超越盲动的低效行为。所以有人说，做正确的事比正确做事更重要。看来，做事的目标不高远，计划性不强，标准低劣，往往会导致趋于完美的空想与现实存在的效果之间总有一道难于逾越的鸿沟。记得张校长曾经说过，杜郎口中学语文组教师最需要思考的就是"严谨"二字，当时听起来让人费解，现在细想来确有道理。把简单的事情做彻底，把平凡的事情做精彩，把琐碎微细之事做到精品、极致，这需要的已不仅仅是做事的技术，更是做人的艺术。崔校长也多次讲过，做事先做人，德立而行，品高而敬，所以，对教师来讲，人生的修养是教育的载体，境界是教育的起点，人格是教育的风帆。

世界青年基督联合会主席，同时又是诺贝尔和平奖得主的约翰？莫特认为每个人都可以成为"圣人"，其中的一个重要因素便是"每天对自己的生活和工作默想"，我想，这或许是人生的大智慧，也将是我今后工作的准则。

5月21日　　永远坚守杜郎口文化

今天上午，我重又回到了熟悉的杜郎口中学的课堂。

到学校时，正是上午第二节课。我先到了三个年级办公室，将从广州买回来的糖果分到了各年级的冰柜里，然后到前教学楼听课。艳艳正在上《斑羚飞渡》的预习课，按照杜郎口中学课堂的惯例，艳艳将该课的预习过程非常清晰地列在了前板上，有几个外校听课的老师在认真地做记录；上二楼后，看到外板的书写就能想到肯定是于娜老师的课堂，与之前稍有不同的是这次学生板写的内容量更充实，有不少板块不够用的学生就干脆写在了地板上，整个版面给人一种赏心悦目的感觉；三楼是庞东的课堂，当我进入教室走到身旁拍了一下他的手臂，他才突然发现我的到来，这种课堂的专注状态是杜郎口中学师生在长时间形成的一种"抗干扰能力"的体现。

第二节课后大课间时间，在学生做完操后进行了教师的职称评定颁奖。第三节课我帮胡主任出了一份初三的抽考题，然后到办公室与高老师交流，听她讲述第二节转课发现的问题以及杜郎口课堂的现状，很是佩服。高老师将手机上拍到的板面内容一一展示给我看，有些相邻的同学写的是同样的内容，有些共性的错误依然存在，有些并非是学生自我汇报的内容，有些内容的呈现针对性和价值性并不强，等等。高老师每次回到学校总能发现课堂亟待解决的问题，这说明她对课堂教学中的"共性问题"敏感度很高，而我总是走马观花，感觉课堂整体还是不错的，不能由课堂细节中的一个点来把握整个课堂的走向，这也是今后我特别需要学习的。

虽是久违的杜郎口中学，却是依然坚守的学校文化。这些与众不同的学校文化总能引起外校老师的密切关注。

（一）反思会

每天两次的反思会，由值日领导反馈半天的课堂情况和常规问题，部分科目教师谈自己的创新做法和教学失误，也可让学生展示课堂成果。有利于教师在短时间内改正不足并相互借鉴，以更优质的课堂资源呈献给学生，也极大促进了教师的专业化成长。

（二）条桌文化

每天两次的反思会结束后，以学科和年级为单位将前一天检查的材料，如教师的备课活页、听课记录、阳光档案，学生的预习笔记、纠错笔记、手抄报、抽测记录等在条桌上进行公平、公正、公开地展评。条桌文化是课堂教学的有益补充，也是学校反思文化的重要组成部分。

（三）墙壁文化

将学生课堂中的生成作品、创作成果、手抄报等及时张贴，将学生的帮扶对子、每日名句积累、优秀小组合影等展示于众，营造班级文化氛围，记载学生成长历程，使每一面墙壁都散发文化的气息，让每一位学生的心灵得到放飞，情感得到熏陶，个性得以张扬，人格得以尊重。

（四）一报两刊

学校每周出版《探索创新》报纸，每半月出版一期《自主求真》杂志（学生版、教师版），凝结着教改智慧，让师生作品及时呈现。为每位师生搭建培养自信的平台，让每位教师捕捉课堂的精彩瞬间，反思个人的课堂教学，并及时形成成果的积累，使全校师生相互学习、勇于创作的热情空前高涨。

（五）课程开发中心

随着教改的不断深入，在学科整合的基础上，注重知识的拓、挖、思、悟，以达到教师对于文本的深入解读，使教材更贴近学生的生活，让每位教师以教材为例子，学会用教材来教，争取达到各学科的融合，最终形成专题、专利、专著式的成果。

（六）职级评定

为了激活和调动教师的积极性，将全校前勤教师分为四个职称等级，分别兑现不同的奖励。一类教师的标准：师德过关，课堂优秀，帮扶他人，引领提高；二类教师的标准：师德过关，课堂效果良好，善于学习钻研；三类教师的标准：师德过关，课堂合格，有进步需求；四类教师的标准：师德过关，课堂有待提高，是被帮扶的对象。

（七）课堂三性

参与性：课堂是学生自由求知的殿堂，是学生风采展示的舞台。每节课应努力达到人人参与、个个展示、人人精彩、个个提高的目标。

精彩性：学生的展示应该大方自然、声情并茂、抑扬顿挫、轻重疾缓，学生的自信展示应为今后的人生而奠基。

成果性：注重每节课学生的生成创作、积累与收获，将沉淀及时形成书面文字，每节课学生都应有所思、所感、所悟、所得。

在我重新盘点梳理以上学校文化内容的同时，内心总有一种别样的感动。在"杜郎口"这个名词响彻大江南北的时候，谁会想到她背后隐忍着怎样的艰辛？暂时在广州思源学校的我，不是也常常感喟在杜郎口时种种的好？

记得在去年初三毕业典礼时，杜郎口学生讲到最多的一句话：只有走出杜郎口中学的学生才真正知道杜郎口中学的好。现在我只想说的是：只有走出杜郎口的老师才懂得杜郎口的好！思源给我更多的是一种在特殊环境中生管理的挑战，杜郎口给我的永远是教学水平的不断提升——

不同的地域，不同的收获。还是那句话：任何的经历，都是一笔财富。

但请相信，不管环境、时空怎样变化，我都应好好珍惜——

5月22日

思源学校管理实施方案

（一）

思源学校初中部管理实施方案

一、责任下放，权利上移

实行"学部主任——科组长（常规查课）——科任教师"的教学评价和"学部主任——班主任（值日学部主任）——餐厅组、常规组、查课组"的常规评价同步交叉管理。让每一位教师参与某一方面的评价，提高自我管理意识和管理他人的能力。

二、细化评价，关注课堂

自本周以来，初中部将课堂评价进一步细化，制定了细致的查课评价标准，内容如下：

1. 教师关注度（10分）

全身贯注；学生的精神状态良好；没有游离于课堂之外的情景；师生不做与课堂无关的事情。

2. 学生投入度（10分）

精力专一；能够跟随学生或教师的思路思考、质疑、讲解、补充等；保证每个学生投入课堂。

3. 课堂参与（10分）

积极主动，发言有序；参与人数多，参与面广，参与质量高，使不同层次的学生能有所提高。

4. 展示标准（10分）

声音洪亮；表述清晰；运用适当肢体语言，大方得体；较长发言到聚焦点展示；适当脱稿。

5. 板书质量（5分）

能运用双色笔；态度认真；书写仔细；相邻的同学互相批改；保证板写的真实性和价值性。

6. 教室卫生（5分）

桌凳排放整齐；地面无粉笔头、纸屑杂物；饮水机擦拭干净，周围无水迹；电脑桌清洁卫生。

三、及时反馈，当场反思

每天由两名值日学科组长和一名班主任查完课后，都要进行课后的评价。

几位老师聚在一起，查课老师指出该课堂中存在的问题。这种评价的及时性有利于上课教师及时改正，避免下一节课在另外一个班级出现同样的问题。

四、短期奖励，兑现落实

对于每天查到的课堂，选取最优秀的和进步较大的老师进行 20 元的当天奖励；每周汇总优秀的和进步大的分别给予 50 元的奖励，以促发老师们工作的积极性，对于优秀的老师更是一种鼓励和肯定。这种积极正面的舆论导向是为了更深入的推动教改的实施，落实的具体有效性也是紧紧紧围绕课堂教学改革制定和展开的。

五、找寻共性，巩固提高

每周一下午的初中部全体会议，由各科组汇报一周出现的问题，进行共性梳理，并指出问题解决的办法，对于下一周的工作进行部署，强调每一周工作的侧重点，逐步将课堂教学改革向纵深发展。

（二）

香港校长再访思源学校重点讨论问题

（A）与学生小组面谈
（请勿事前通知学生下列讨论问题）

1. 未来思源之前你觉得自己是个怎样的学生？

2. 就读思源之后你觉得自己有没有甚么改变？

3. 你是怎样做预习的？

4. 你怎样与组员分工做课堂展示？

5. 如果有组员参与不积极或表现欠佳，组员、老师和其它同学会怎样做？

6. 你是怎样学会独立预习、小组合作、课堂展示和交流讨论这些技巧？

7. 你希望课堂上老师多讲还是同学多讲？

8. 你喜欢恩源这种课堂模式吗？

9. 不同年级和科目的效果有没有甚么不同？

10. 你怎样做课堂总结、反思和覆习？

11. 在课堂学习方面，你最欣赏学校的是甚么？

12. 同样在课堂学习方面，你最希望学校改变的是甚么？

（B）与老师小组面谈
（请预早通知老师准备下列讨论问题及复印有关资料）

1. 你是怎样来到思源当教师？

2. 学校有没有给你甚么职前和在职培训？

3. 你在施行思源这套课堂模式遇到甚么困难？

4. 你是怎样解决这些困难？

5. 由学校最初开始到现在，老师和学校作过哪些在课堂教学方面的调整及改变？是为甚么和后果怎样？

6. 你是怎样为不同课堂和班级订立学习目标？

7. 怎样指导学生预习？预习案是怎样设计和推行？（请覆印样本范例作参考）

8. 怎样培养学生进行小组展示和课堂讨论的能力和常规？

9. 你认为教师点拨的要诀是甚么？

10. 要成功落实思源这套课堂模式，最基要、不可或缺的关键环节是哪些？

11. 你认为这套课堂模式的最大优点和局限是甚么？

12. 对于有意推行思源这套课堂模式的学校，你会有什么忠告？

5月23日　教学的几点思考

一、学生读书的深入来源于教师的高度

有很多时候，往往我们老师抱怨学生在课堂上分析的肤浅，殊不知，在很大程度上预习中学生是否专注投入地去读，决定了对语文的解读力是否深入。"宁静以致远"，只有静心读进去，才有可能用心悟的出。教师要引导学生对文字有敏感度。

二、课堂的亮度更多来自于即兴的生成。

真实作为课堂的第一要素，免不了会有一些同学在老师的引导、学生的展示中突发奇想，即兴而谈。作为老师，我们要大胆的倡导学生说真话、说实话、说最想说的话。毕竟课堂的亮点是"可遇而不可求的"。学生的即兴发言不一定是流利通顺、文辞斐然，但可以产生思维的碰撞，情感的共鸣。因为这样"直白"的语言不是资料书上现成的"答案"，而是头脑中真思考的果实，所以有很大的感召力和感染性。

三、随笔记录不仅是一种习惯，更是一种态度。

现在我校开放性的课堂以口语表达为主要的表达方式。要知道"听到的往往印象不是很深刻"，所以随笔记录，读写结合、动静结合的场景应该穿插于课堂各环节中。让学生及时将自己的收获沉淀下来。

四、板书中设置应根据文本分析的内容而定。

五、文本分析应抓住一个点或牵出一条线。

学生散读的结果便是漫天撒网。教师的作用要体现在收放自如，提纲挈领，设计出课堂的层次性。

写在毕业前的话

——送给九年级的同学们

转眼间，几近六月。

一周后，你们要选定报考的学校。重高，普高？亦或职高，中职？所要的选择都是因你的实力而定；选报的学校，或许也会影响到你三年后的发展。

十几天后，你们将共赴中招的考场。无奈，兴奋？亦或紧张，淡定？不管是内心重视也好，无所谓的心态也罢，中招将是你步入高一级学府的必经门槛。这门槛虽不高，却也足以让部分同学和大多家长殚精竭虑，煞费苦心。

不可否认，这已经不是一个以考定终身的时代。可是在机遇面前，我们现在能做的也只有放手一搏。毕竟，在优质的教育资源面前，人人平等。想要任何不劳而获的意外所得都如空中楼阁，遥不可及。

三年了，三年的代价换回是什么呢？除了匆匆流逝的时光以及年龄的增长外，是不是也有些成长收获的甘甜和共度往昔的怀恋？思源老师给你们的，不仅仅是知识，更是学习知识的能力；思源学校给你们的也不只是三年时光的衍变，她以博厚的胸怀接纳你的缺点，并教会你应该如何做事做人。每一个富有良知、懂得感恩的思源学子，都应该清楚地知道在你三年的思源记忆里，给你更多的应该是记录自身成长的历程。这种转瞬即逝的快乐和琐屑的经历，就叫做"幸福"。

悉心找寻，思源总有让你留恋的难舍记忆和感动。课堂上，同学细心地给你讲解；自习上，班干部不厌其烦地提醒；黑板上，老师们熟悉的字体；办公室里，你质疑解惑后的畅快；宿舍里，生活中的相互照顾；操场上，共同锻炼的矫健身姿……这些，你们应该不会忘记吧？

当母校的记忆成为一个个斑驳的符号，若干年后，那些陈年的往事会如溪流般荡起你心中的涟漪。当校园中木棉花、栀子花重又绽放笑脸的时候，或许你正在新的学校，新的教室里与新的同学一同怀念初中一同走过的路，上过的课，打过球的操场……甚至睡过的宿舍。所有这些都会因毕业的迫近而远离你们的视线，取而代之的是，前板上更清晰的数字倒计时：距中考只有 15 天了。

现在的你，对所有教师的忠告都可以不再理会，但你一定要记得：习惯是铸就成功的基石。不管以后你到了怎样的环境，将要面对怎样的学业，假如有一天你对成功的渴求更强烈了，或是想要尝试改变一下自己了，建议你请先从习惯开始。回首三年或是更久的学习时光，为什么你会与成功无缘牵手失之交臂，原因只因一个词而起：习惯。

你们今后的路还很长，长的或许还会让你有"无所知晓"的"虚度"念想，请明白一点，谁也不会总提醒你抓住存有的时光。任何的机会都是要靠自己把握的，任何的路途终究是要自己来走。所以，当你茫然无措时，请先审视一下自己，并重新认定自己的目标在哪里？哪些人，哪些事对你来说更重要。正如蒋捷在博客评论中所说的：人生总有很多无可奈何，能看清自己脚下的路，并坚定不移地朝着认定的方向走去，直至终点，是很困难的。在这过程中，我们会遇到大大小小的磨难，会经受许多诱惑，从而使我们放弃了最初的目的。往往在后来，才会叹惋悔恨，可是已经来不及了。我们不能做到让每个人都喜欢自己，就力争做到自己问心无愧。只有自己变得更强，更优秀，才能让人无处可挑，才可以完善自我。同学们，千万不要将宝贵青春作为明天的赌注，那样你会输得很惨。

或许真的当你举步维艰时，你才无暇顾及外在的诱惑，转而更加关注眼前的现实，这是 2000 后的通病，更是你们致命的缺陷。因为当你推脱责任的一刻，承担的意识也将与成功一同远离你。任你千般呼唤万般悔恨，过去的伤痛毕竟会留下一些心灵的伤疤，等到伤疤痊愈时，你是否还会痛定思痛，重新为自己翻启一页新的篇章？

就在我写下这些文字的同时，李林龙和周恩培拿着摄像机到办公室，让我给大家做毕业留言。还有十几天，我还能再说些什么呢？

重又记起了陈微虹的对我讲过的话：望山不知山高，望水不知水深。我们看到的总是那表面浮云的事物，很多东西不是我们想做的，却往往在不经意间犯下错误，我们曾经想过为自己解释，可总找不到适当的理由为自己辩解，于是，渐而渐之，我们把这种恐惧转化成另一种叫做"勇气"的东西。也许，我一个人不能代表所有人，但请老师别把我们抛弃，我们还有许多不足，但我们始终还是十五六岁的中学生，在人生最重要的阶段，我们需要一个能陪伴我们久一点的老师或者是朋友与知己。

是啊，老师没有抛弃你们，也不曾有过抛弃你们的想法。只要你们没有放弃过自己的追求，有勇于改正错误的决心，有哪一位老师不愿通过自己的努力能帮你们踏上成功的舞台？有哪一位老师不希望自己能够走近学生的心哪？又有哪一位老师不希望自己教过的学生能够实现自己的梦想呢？还是那句话吧——改变是进步的开始。虽然到了最后，我还是想让你们能够有所改变。

会吗，九年级的同学们？但愿我的希望不会变成失望。

→
5月25日　关于"展示的深刻性"的思考

一周听课所得

近段秦主任积极组织学部内的公开课，给课堂注入了新的活力。通过大容量、快节奏的转课、查课、听课，确实给自己的课堂教学不少新的启示。在感到不少教师标新立异、创新实践的同时，也发现了一些问题亟待解决。现把自己的所感所思疾书于下，希望能引起学部其他同仁的关注和思考。

在上周课堂开放日之后，学生的课堂投入度和参与性都有所提高，在本周所听的美玲和唐珊的课上，我也能明显地感觉到，学生在课堂上的状态比原来好了很多。不可否认，经过老师们的努力付出，课堂效果有了不小的改变。记得在李耀军老师的历史公开课上，不少学生也能够走到聚焦处洋洋洒洒、一展才艺，很有些"你唱罢来我登场"的意味，课堂上你争我抢、各不相让的精彩表现让香港的师生对我校的课堂教改刮目相看。

可是，我们自己千万不要在鲜花和掌声中自我陶醉。在开放式的课堂教学中，学生在课堂上主要的呈现方式是以口头表达来实现的。试想：我们的学生所展示的内容，是在课前进行了深入的思考或探究后得出的，还是仅仅停留在一种浅尝辄止、浮光掠影式的简单整理？有多少内容在展示过程中能够引起他人强烈的共鸣，或引发不自觉的掌声？又有多少在课后给学生留下了难以抹去的印记？相信所有上课的教师应该清楚地知道：这些问题绝不是无中生有，更非搬弄是非。在我们每天的课堂中是实实在在存有的。如果我们仅仅用学生的基础薄弱来搪塞是远远不够的，我们需要更多的是直面问题的勇气和尝试改变的精神，不是吗？

无需质疑，展示的深刻与否直接影响课堂的效果。那么，怎样才能让学生的展示更深刻。我想可以通过以下几点来实现：

首先，加强预习指导，增强预习的实效性。首先保证学生在预习时不偏离主题，紧紧围绕"本"来预习。一些只可"言传"而不能"意会"的内容要委婉劝绝，避免做一些劳民伤财的无用功。教师最好对学生进行"边指导边预习"，这样可以提高学生预习的效率，也能在方法上给予传递和强化，为逐步走向自主预习做好准备。

其次，在课堂点评时，教师也要练就"金口玉言"式的点评指导，从话语权上彻底解放学生，挖掘其最大的潜能。这就需要我们老师"不说则已，一说惊人""一石激起千层浪"。事实证明，有价值的语言往往能够打动学生的心，久而久之，学生的发言也会受到有内涵的点评语的感染，从而变得说话注重价值性。

另外，在质疑碰撞的内容或环节中，让学生在提出问题后先在小组内讨论交流，这样就解决了个别同学琐碎的、价值性不大的问题，如果本小组同学都认为该问题有必要在全班提出，可以让组长将问题筛选后做出决定。保证了问题的价值性，也就能在学生发言时，不至于出现让老师"哭笑不得"的问题，同时也加快了课堂的节奏。在预习过程中如果给学生安排了书面成果研究，在课堂展示前，也可以先在小组内让组长组织同学相互修改完善，争取把本小组最具有代表性的成果展示出来，这也是给其他同学一个信号：

凡是认真准备精心修改的成果，便有机会在课堂中展示。

当然，要想真正达到展示的深刻性，单靠我们老师的"一厢情愿"肯定是不行的，只有学生有"一心向学"的"饥饿"，在长期的"读书、积累、思考、实践"中吸收，沉淀，才终会主宰自己的命运，领跑自己的人生。

5月28日　一个严于律己追求卓越的传奇校长

（一）

说实在话，我佩服崔校长其中之一就是他严于律己的工作作风和追求卓越的工作思想。崔校长带我外出讲课有很多次了，但每次出门他从不带任何稿子，有时做报告长达四五个小时，条目有一二百条，却全是凭自己的大脑记忆，竟能脱口而出，而我却与之相去甚远，这也是我努力向他学习的地方。

在一次学校业务论坛上，我曾说过：现在我最缺少的是知识，最感到不足的是自身能力的有限，甚至是水平的低下，所以我现在每天坚持读点书籍，写点东西。昨天晚上我开始整理今天发言的思路，以随感的形式写在了我的笔记本上，这全是我自己伴随杜郎口中学成长的真实感受。

杜郎口中学的教学改革历经十年，从"生龙活虎，欢呼雀跃，争问抢答"的课改雏形到"三三六"自主学习模式的日臻完善，走过了一条坎坷而又曲折的道路，"十年磨一剑"，其中的酸楚也只有每一位杜郎口中学的教师才会有更深切的感知，但我们又不得不承认，作为杜郎口中学的教师，我们无疑是幸运的，因为在这个漫长的教改历程中，有各级政府的支持，各级教育专家、教师同仁们的厚爱，有崔校长英明的决策做指导，更有杜郎口人始志不渝，持之以恒，甘于吃苦，乐于付出的精神支撑我们的行动。

我是2001年参加工作的，那时我眼中的杜郎口只是一所名不见经传的极其普通的乡镇中学。当时，全部的教室都是低矮的瓦房，有些房顶上甚至还露出几丝光亮，更有甚者，房顶上叽叽喳喳的麻雀还不时的在师生的身上、书本上绘上几幅彩图；学校西面紧挨的是一个养鸡场，每至夏日，那种气味自不用多提；校门还是生了锈的推拉式铁门，宽度是连拖拉机都要小心翼翼开进的小窄门。几年的时间杜郎口中学发生了翻天覆地的变化：教学楼、办公楼、实验楼一字排开，餐厅、报告厅、学生宿舍楼东西矗立，教师公寓、标准化操场也有望一一就绪。

但我校毕竟是一所乡镇中学，生源大多是本乡老百姓的孩子，记得北京的一位老师临走之前，很有感慨的说："你们的孩子跟我们的相比家庭条件太苦了，但学习条件又是何等的优越，他们是在享受着天底下最好的教育。如果时光能回转两年，我会把自己的孩子送到你们这儿。"是啊，农村孩子的家庭条件确实不是太好，我们的学生到现在，还有不少的女同学每周的生活开支不超过五元钱，学生每顿饭的总花费不超过一元钱，所有学生每周的花费一般不会超过十元钱。

即使在这种环境下，我们的学生并没有抱怨过什么，"农村的孩子早当家"，也许他们更懂得自己的学习机会来之不易。作为农村孩子的教师，我们也更清楚的知道，他们父母的期望值已经远远超过对庄稼地的本身，在教师的眼中这个孩子可能是四十几分之一，但在父母的眼中，他们却是父母的100％，作为教师的我们还能有什么理由不去笑迎每一双求知若渴的眼睛，不去善待每一颗个性成长的心灵。

2001 年的杜郎口中学，课堂教学改革还处于起步阶段，当时我也是一名刚走出校门的大学生，课堂给我视觉上强烈的冲击力，从其他老师的课堂上，最直觉的效果就是课堂上学生说的多，老师讲的少。至今记忆犹新的是听赵老师的一节语文课，学生的活跃程度完全超乎于我的想像，当时我们平房教室里还有讲台，黑板也只有前后两块，老师一说爬黑板，学生纷纷争抢着冲上讲台，第一排站了七八个学生，后上的同学就搬了凳子站在上边写。再后来，学生干脆到水泥地的墙边和教室外的水泥面上去写。以至于到现在，我们办公楼上有四面六块大黑板，很大程度上也是受学生思路的启发。在学生回答问题的过程中，经常会出现一名学生上了讲台，另外一名学生拽着衣角把他拽下，或者站凳子站桌子参与展示的场景。

其实教改之初，我们的动机很单纯，就是想让学生在课堂上"动"，"0＋45""10＋35"也就是保证学生动的时间，动的空间，动的机会，因为老师们传统的思想在自己的头脑中已经根深蒂固，所以要想真正的解决老师们的思想顾虑，只有先从形式抓起，这是一个必需的过程，也可以说没有形式，就没有内容，有些超常规甚至反常规的做法在当时确实是起到了举足轻重的作用。

就拿教改之初调动学生的课堂积极性来说吧。首先，在各组挑选成绩较好，组织管理能力特别强的同学担当小组长，让小组长在课余时间统计组内每个学生的发言次数，第二天的年级会或校会上反馈情况，半天或一天没发言的同学要当众说明情况，这样在第二天的课堂上这个同学可能是被迫无奈的发言一次，教师就要及时给予表扬鼓励，初中孩子的表现欲是极强的，他品尝到了参与之后的成就感，第二天第三天就会继续参与，大胆的阐述自己和别人不同的见解或主张。

不必说学生，在教改之初，我的头脑那时也不是太开通，尽管年轻人对新鲜事物的接受能力理应强一些，但我那时总是幼稚的认为，学生的能力毕竟是有限的，老师不管怎么说是受过十几年教育的人，学生又怎能与老师相提并论，但这种想法在不多长时间就被现实否定了。

记得有一次学校临时召开全体教师会，我无奈中匆忙给学生布置了当节课的学习任务，并安排科代表全权负责，其实就是在布置任务的那一刻，我的心理还抱着怀疑的态度，但是当会议结束后回到教室的时候，我的眼球立即被同学们自发主动，热烈积极的火热场面吸引住了，临下课 10 分钟时，我当堂检测，学生掌握知识的效果还不错，原来没有老师的课堂，学生的表现竟会如此精彩。

从那以后，我便开始彻底放手发动学生，利用学生，课堂效果也还一直不错，每次县里组织的考试，都是在前两名之内。

其实细想起来，我们的语文课堂，也包括其他学科的课堂，到底有多少知识非得通过我们老师的口说出，即便是当我们老师在台上滔滔不绝，眉飞色舞之时，又有多少学生在真正的"听课"，就是"听的"学生到底收获了多少呢。再者，学生被动接受的知识很难在大脑中留下深刻的印象，他们还需要大量的时间来复习、巩固、强化效果，有些问题启发式的教学，也往往在我们早已设好的圈套中，企图让学生中计，以达到自认为"标准"式的答题思路，这样做的结果，只能是知识"死"的越来越多，学生"活"的越来越少，教师的职责就真的变成一种单调乏味的，简单重复的机械运动，沦为只是按照固定程序，缺乏创新意识的"教书匠"，更为可悲的是，在这个过程中，教师体验不到自己职业生活的快乐、幸福，更感觉不到自己生命的价值与意义。

所以用传统的眼光来看待杜郎口中学可能是不可理喻的。有些网上留言说到我们的课堂不乏有作秀的成分，是有悖于教育学规律的反常规行为。当然教师的放手并不等于放任自流。放开的课堂最高水平，也就是老师的最高水平，教师的精彩并不代表学生的精彩，但反过来说，学生精彩的背后，肯定有老师的精彩，或者说，因为学生的精彩，需要我们的老师更精彩。

现在我们不能只是以我们的学历水平低来找自我慰藉的理由，用学生的精彩、老师的无奈与苍白来掩饰我们的缺点，开放的课堂对我们老师备课的要求更高了，相应的要求我们驾驭课堂的能力更高了，如果课前没有认真备课，周密地组织，精心安排的话，课堂上会很容易出现学生提出问题，老师解决不了的尴尬局面，所以现在我们老师备课所花费的时间和精力是原来的几倍，甚至是十几倍。

经常会有外校的领导问到：你们每天这样忙碌，到底累不累，如果说"不累"那是假的，但是当我们把工作当成一种习惯，或者乐趣，真正投入其中的时候，我们会发现，其实每天活的真得很充实，大抵人生的价值和意义也在不断的奉献与付出之中收获着甘甜。如果说非得提"累"的话，我们也并非是因为时间和体力的付出而感觉到累，而是因为自己的课堂技能与优秀教师相比有很大的不满足。直言之，是竞争机制下的忧患心理造成个别老师的"心累"，这才是最大的累，如果每天都在学习着，实践着，反思着，进步着，那么也必然是快乐着，又何累之有？

随着教改的逐步推进，现在我们在原有的学生"动"的基础上，逐步做到了课堂的"活"与效果的"实"相结合的文章，也就是做到了谢局长所说的"有序"和"有效"相结合的文章。就学生活动而言，在课堂上有许多呈现的方式，比如说，语文学科的小写作、课本剧、歌曲、舞蹈、绘画、相声、辩论；数学学科的一题多解，规律总结；英语的对话表演；理化生的实验操作；政史地的规律总结，理解记忆等，都在做好课堂形式的基础上，更加注重了效果的落实。比如语文课堂中学生的聆听能力，更加注重于从他人的展示过程中获得有价值的信息；数学课堂上学生的点评与追问，反思与总结等等，就连爬黑板，现在我们也是以自由汇报的形式，单双号分开，相邻同学汇报不同的内容，再交换批改，学生自评的方式来检测学生课堂效果的落实，因为我们知道黑板才是主阵地，他能够在第一现场将学生们出现的共性问题显现出来，在第一时间将问题解决。

作为老师的我们深知，课堂教学的过程是提高学生个体学习质量及生命价值和意义为宗旨的特殊生活实践过程，是一个学生不断超越和提升现有生存状况，创造一种更为完善才能的动态生成过程。

但作为农村孩子的知识面是非常有限的，他们在课堂上获取信息的途径是在班内与其他同学合作交流，互通有无，以达到资源的共享，思维的碰撞，心灵的沟通，情感的升华，知识的内化，能力的培养。因为教育的目的终极是培养人，塑造人，发展人。让孩子学做人的教育是我们教师的第一要务。在我们学校，有很多内向的学生，性格变得开朗起来，消极的思想逐渐被积极、主动、勇敢、乐观的精神所取代，也有身体残疾有缺陷的学生在我们的课堂上表现得毫不逊色。

初二·二班的朱忠新同学每天挂着输尿袋，架着双拐，他在日记本上曾这样写到：我的腿是残疾的，每天晚上躺在床上，心里总觉得缺少点什么，但我在学校的课堂上却是快乐的，我的心里每天都是满载而归。聊城市教育局教研室王秋云主任有感而发：杜郎口中学学生貌似物质上的乞丐，却是精神上的富翁，他们没有太多的营养品滋补身体，心理却比其他学校的孩子更健康，他们不因乡下人而自卑，却因学习主人的身份而备受尊重，他们家境贫穷，却享受着被爱的温暖和爱他人的幸福。茌平县教育局靖恒海主任到我们学校说到：我来的时候，看到学生在回校的路上，骑着简单的甚至只剩下两个轮子的自行车，却奏出了一曲曲内心欢快的乐章，这是多么值得庆幸的一件事啊！

我们的课堂就是想让同学们快乐的学习，幸福的成长，为以后的人生之路打下坚实的基础，真正做到学生各方面的可持续发展。同时，当每个杜郎口中学的老师回首自己几年、十几年的教学生涯时，受益最多的是自己的能力随学校快速发展的步伐有了量的增多和质的飞跃。

不曾忘记崔校长率领着教师们修公路，修房顶，焊车棚，亲自在校园捡垃圾，在教室一整天听课的身影，不曾忘记杜郎口中学的老师晚上办公，主动自罚，废寝忘食，乐以忘忧的奉献与付出，更不曾忘记杜郎口中学的学生在课堂上入情入景，大方自然，精彩纷呈的表现。

当我们在抚今追昔之时，就不难理解崔校长经常所说的点点滴滴，扎扎实实，精耕细作，紧锣密鼓的工作标准，就不会质疑"严格是最大的关爱""改变是最大的成绩""能力提高是最大的福利"的话语。在以后的发展历程中，肯定还会面对很多问题的挑战。发现问题是一种胸怀，承认问题是一种境界，分析问题是一种能力，解决问题是一种智慧。说到底，教改最难解决的问题并不是学生，因为学生的某种行为靠我们老师对他们的意识不断强化，才能逐渐形成一种习惯，或者说，老师只要要求到学生一般都会做到，其实教改最大最难改的真真正正是老师的思想，只有我们彻底解放自己，才能解放学生。

杜郎口中学每天迎接着来自祖国各地的听课者，又有多少结合本校实际，收获了属于自己的东西。难怪六中的一位朋友回去之后，发了一个信息："一只队伍，两位校长，三下杜郎口，学成四不像，实属无（五）奈，可怜六中人，行程七百里，八点赶到，难学九阴真经，只落得十分遗憾。"还有回文联与之相对："千言万语，百般思量，十年辛酸，九州大地，八成教改，七分赶潮，六起五落，四处翻新，三心二意，无非一种结局，不了了之。"

（二）

别离

冽风的二月，在 2012 年春节后永远停滞在鲁西北的寒意中。

再醒来时，被奢侈绿色包围的我，思绪已经飘飞在南国润湿的空气中。

在整月的回南天里，倘若见到太阳，便是一种奢求。

异乡的风里，也总夹杂着一丝焦躁的渴望，让人难免会感喟天公的薄情。

我非常清楚地知道，一旦踏上飞驰的列车，又怎晓得征程中别样的生活是甘还是涩。

转眼间，六月的步履渐近了梦乡，回家的念想在时光的鳞波里愈发溢出了光彩。

已过而立之年的我，任岁月打磨着青春的容颜，直至蓄备的激情消失殆尽。

回忆也变成了一把刻刀，无情的手划出了了痕迹，细心地雕镂过往的风景。

风干了的五羊传说，不经意间，遗失在昨日的记忆中。

窗棂上的雨滴明明告诉自己，这段风景将永远尘封在岁月的相册中。

身处异地的心，如飘忽的浮萍，无目的地荡漾。

我不求路人怜悯式的施舍，更无屑追捧者强装的称颂。

我只记得，再远出走的心也要忠诚于真实的自己。

无意凝视门口的芒果树，才发现在浓密的叶子中竟藏满了青绿的果实；

而平日匆促的步履中，却常伤感于那些被风吹落的青果。

自然的法则真是无争的定律，眼前忽略的竟是最美的景致。

夜晚屋脊上一阵阵闷响后的滑落，惊扰着沉梦中还未谢幕的故事。

那声音不是他们离枝的怒声抱怨，而是心甘情愿的快意决断。

往往，人们很难理喻的，却恰恰是自然本该注定的。

自诩为高级智慧的人类，有时也不得不承认逊色于充满奥秘的大自然。

花城于我，只会是一个珍藏经年的梦，在我还未醒来时，还会快乐地高歌与无端的梦呓。

梦醒后呢，淡然面对今后美好的憧憬，也未尝不是另一种人生。

唯美自有唯美的伤痛，平淡自有平淡的高洁，去与留舍与得之间，谁又能说得清楚。

虽然还未到离别的日子，但我已经明显感到了自己的"魂不守舍""寝食难安"。

这是我为凡人的平庸智慧，也是苟且残喘的求生本能。

也许在不久的将来，我也会面带微笑地挥手作别：再见，广州。广州，再见！

5月29日　导入方式和重新思考在课堂教学中的运用

（一）

课堂导入方式列举

1. 兴趣式：激发学生兴趣，能够吸引学生注意力。

2. 实物式：直观形象，贴近生活实际。

3. 歌曲式：贴近学生兴趣点，与时尚接轨，视听效果明显。

4. 诗歌式：文学气息浓厚，渲染气氛。

5. 故事式：贴近社会，娓娓动听，让学生尽快融入。

6. 引题式：剖析题目，自然衔接、恰当。

7. 温故式：新旧知识联系，目的明确。

8. 反弹琵琶式：用文章最后的关键字/句/段提出来，让学生对文章进行深入分析。

9. 图片式：用文章中的人物或与之相关的图片、简介引入课堂。

10. 问题式：启发思考，留有悬念，激发兴趣探究。

以上方式各异，目的雷同，都是为了整节课堂的更好地进行而展开。但不管怎样的导入，共性的作用在于：1. 激发兴趣。2. 衔接内容。3. 尽快融入。

导入需注意的问题：①时间不宜过长，三分钟以内便可以。②面向全体同学，营造整体氛围。③教师或学生感情融入，语言清晰明了。

（二）
对语文教学的重新思考

一、创设阅读氛围

1. 从激发学生的阅读兴趣开始。

2. 聚学生之力，搜集图书，保障数量。

3. 创建图书角，评选读书之星等活动启动。

4. 安排好课时，保障阅读时间。

二、注重读后积累

1. 培养学生边读边思边记录的习惯。

2. 建立专门读书随笔并坚持。

3. 鼓励学生尝试精典背诵并检测。

4. 开展读书及背诵效果评比活动。

三、观察感悟生活

1. 教师启发引领带动学生做生活有心之人。

2. 努力让学生养成细致观察深入思考周边生活的意识。

3. 多了解接触生活中的人与事，给自己更多体验生活的机会。

4. 有一颗积极、健康、阳光的心，用心面对一切人与事。

四、坚持尝试创作

形式：1. 读书感悟。2. 生活随笔。

注意：1. 降低写作门槛。2. 培植写作兴趣。3. 保护写作自尊。

4. 养成练笔习惯。5. 感悟生活主题。6. 呈现写作成果。7. 保障写作数量。8. 拓宽写作思路。9. 回归生活本真。10. 渗透写作方法。

五、构建大语文观

1. 敢于打破陈旧常规。2. 善于重新整合教材。3. 注重课内外读写结合。4. 尝试编写校本教材。5. 保障知识信息容量。6. 提升学生做人素养。7. 创设浓厚文学氛围。8. 提升教师人格魅力。

六、发挥学科协作

1. 团队集体意识。2. 保障听课数量。3. 组织评课议课。

4. 搞好子课题研究。5. 推广创新操作。6. 分工合作备课。

毕业典礼及课堂思考

（一）

广州思源学校 2012 届初中部毕业生典礼

活动时间	6月6日下午16：00
活动地点	中学部大报告厅
参加人员	学校领导及初中部所有师生
活动主持	谭红海　陈微虹　周瑞敏
活动主题	回忆·感恩·珍惜·前行（幻灯片首页）

议程安排

时间	活动内容	负责人
16：00前	组织进场，有序就坐。	班主任
16：05	主持人宣布开始，介绍领导	谭红海
16：10	第一项：奏国歌	谭红海
16：20	第二项：老师对同学说（配音乐，放视频）	陈微虹　周瑞敏
16：30	第三项：老师代表发言	龚婉芝
16：40	第四项：班长及学生代表发言（加七八年级共五位）	周瑞敏
17：00	第五项：学生三年图片（钢琴曲，放PPT）	陈微虹（李凌风）
17：10	第六项：互动：台下同学在思源三年的进步之处	陈微虹
17：20	第七项：学生宣誓，唱思源之歌	谭红海
17：30	第八项：感恩朗诵（老师事例），向恩师、学校献礼品	谭红海
17：45	第九项：校长讲话	谭红海
18：00	第十项：签名留念，其他离场	班主任
	会场整理	九年级学生

附：锦旗内容

十分眷念，情系此方乐土；几度耕耘，感念母校恩情。

（广州思源学校 2012 届九一班毕业生）

回眸校园三年，生活精彩纷呈；奠基幸福一生，未来宏图大展。

（广州思源学校 2012 届九二班毕业生）

（二）

语文课堂

1. 上课难，上语文课更难；上好语文课是难上加难。谁都敢听语文课，谁都愿评语文课，却不见得谁都能上好语文课，老师们对语文课的要求是锦山添花，但对语文教师的要求却是雪上加霜。说这话，也只是图嘴巴一时之快，让我更想做一下自我挑战。虽是这样，但还是说做一名优秀的语文教师，只能说出，我会努力做一名合格的语文教师。

2. 朗读时语文教学的基石，书声琅琅难道不是校园里一道别致的风景？

3. 当崔校长在学期开始的讲话中讲到"深入解读文本"时，我突然想起了这样的一句话：感受到的东西我们不能立即理解它，只有理解了的东西才能更深刻的感受到。如此说来，对文本解读力的大小与个人的理解程度有很大关系，所以动脑思考无疑是产生一切智慧的源泉。巴尔扎克说，一个思考的人，才是一个力量边的人。我们不禁要问：我们的学生有多少在课堂上是真正思考了呢？

（三）

教学所思

1. 把课堂上更多学生没能展示的内容利用课余时间再整理、修改、汇报，会进一步激发学生的文学热情。

2. 写作指导（叙事性文章）要让学生从真实性、典型性、层次性上做文章。用真心去写，感受生活才能写"真"；认真观察，用心体悟，才能选出典型材料，抓住人物的典型特征；理清思路，列好提纲，总体把握，才会层次分明，突出中心，不至于离题万里。

3. 帮扶对子要有针对性，最好两人或三人一组，这样才能保证交流的效率。

4. 将班级内各项任务细化，再细化，可以提高做事效率。

5. 预习环节中，让学生坐得下，沉下身，静下心，读的进，才会谈的深，悟得出，收获大。

6. 烛光只有在黑暗的夜晚才显得的光明，一碗水只有在干旱的地方才显得珍贵，余老师用这种方法让学生懂得了什么是"烘托"，虽然没有出示概念，但学生的理解程度却深透了许多。

7. 写作切忌假、大、空，只有做生活的有心人，处处留意，时时积累，才能妙笔生华，作文程序：自改自评；互改互评；总结改正。

5月31日　再与家长谈"改革"

一、故事启示

前几天，我接受了汇德教育李老师的邀请，去韶关进行一次面对家长的培训。作为一位来自杜郎口中学的老师，我是幸运的。伴随着学校教学改革的深入发展，这几年走遍了全国二十几个省，县市级以上的公开课上过两百多节，这是其他学校的老师很少有的机会。感恩学校，给了我进步的空间和提升的机会。但做家长培训对我还是第一次。想到自己既是孩子的家长，又是一线的老师，并且一直做班主任，我自认为还是有发言权的。

家长被学校邀请来听我的报告，我想不应该仅仅是为了来凑个场子或图个热闹？而是看出我们父母对于子女教育的重视。大家应该知道对孩子的教育方式有：学校教育、社会教育、家庭教育。只有三个方面协调发展，才最终达到孩子的一种自我教育。而三个方面中，家庭教育无疑是最基础的。庆幸的是，现在已经有不少家长认识到了家庭教育的重要性。认真做事只能把事情做好，用心做事才能把事情做到极致。家长对于子女教育重视程度的不同，也会直接导致教育效果的差别。请先听这样一个故事吧——

从前，有两个饥饿的人得到一位长者的恩赐，一根鱼竿和一篓鲜活硕大的鱼，一个人要了一篓鱼，另一个人要了鱼竿，于是他们分别了。得到鱼的人原地就用干柴搭起烈火煮起鱼来，他狼吞虎咽，还没有品出鲜鱼的肉香，转瞬间，就被他吃个精光，不久他就饿死在空空的鱼篓旁。另一个人则提着鱼竿继续忍饥挨饿，一步步艰难的向海边走去，可当他看到步远处那片蔚蓝的海洋时，他浑身最后的一点力气也使完了，他也只能眼巴巴的带着无尽的遗憾撒手人间。

又有两个饥饿的人，他们同样得到长者恩赐的一根鱼竿和一篓鱼，只是他们并没有各奔东西，而是商定共同去找寻大海，他们每次只煮一条鱼，他们经过遥远的跋涉，来到了海边，吃下最后一条鱼，从此两个人开始了捕鱼为生的日子，几年后，他们盖起了房子，有了各自的家庭、子女、有了自己建造的鱼船，过上了幸福安康的生活。

这个故事说明：我们的教育如果只顾眼前的利益，得到终将是短暂的欢愉；既要目标高远，又要面对现实的生活，只有把理想和现实有机结合起来，才有可能让子女成为一个成功的人。既要让学生学习，更重要的是让其学会做人。所以说，现在的课堂教学改革势在必行。真是如此，有时候一个简单的道理，却足以给人意味深长的生命启示！

二、为什么改

1. 从"杜郎口"这个关键词谈起

杜郎口仅仅是鲁西北平原上一个极其普通的农村小镇。杜郎口中学的改革一路走来，历经艰辛。现在的杜郎口中学已非昔比：学校硬件设施、教师福利待遇等大为改善。杜郎口的大多老师也都外出上课的机会，提高了自己的课堂驾驭水平；不仅如此，杜郎口的学生在课堂上的表现更是赢得了外校老师的赞誉。

改革后的杜郎口课堂特色：

（1）在参与中学习

课堂采用"小主持人制"，由学生替代教师组织课堂。课堂教学中需要完成的任务、目标、知识点以及解疑、评价，甚至课堂板书也全由学生完成。课堂充分激活学生的感悟，培养学生积极的能动性。

（2）快乐地学习

杜郎口的课堂结构呈现形式的多样化，运用情感激励法、唤起注意法、自我发现法、讨论辨析法、竞赛评比法、小品表演法、分组结对法、擂台比武法等等来调动学生的学习热情，培养孩子的学习兴趣，从而达到"快乐学习，幸福成长"这一境界。

（3）使用正确有效的学习方法

每个学生都要掌握"学习方法五字诀"：读、思、问、议、评。

（4）注意培养良好的学习习惯

培养学生"会听、勤思、敢说、善问"的习惯。

（5）多层次对课堂把关

a. 对各学科进行不定时抽听课，了解各学科的进展情况。b. 学科的促进课。c. 年级的督促课。d. 班主任的坐班保底课。e. 考评组的考核课。

（6）结对子工程

基于教师教学思想、专业知识、课堂技能的差异，推行骨干教师与薄弱教师结为帮扶对子，提出了工作的价值在于创新，只有创新才能求变，只有求变，才能提高，个人进步是最大的成绩这样的理念。

（7）取消讲台，搬走讲桌

教室不设讲台、讲桌。教师不再是传统课堂里真理的垄断者、是非的仲裁者，更不是一锤定音的"最高指示"者。教师在课堂上与学生平等对话、讨论、争论，相互学习，能使学生体验到教师的关爱，让学生形成积极的人生态度。

（8）取消作业，设置预习笔记、双色纠错本

改作业为增设预习笔记，让学生自主探究，重视学习过程中的体会，让学生把有价值的内容记录下来，养成主动学习、发现问题、独立思考的习惯；通过搜集信息、整理重组这样的过程，更利于学生形成自己的知识网络，为展示课做准备。

双色纠错本，是根据学生对知识的掌握情况设置的，遇到有疑难的问题，

学生可以有针对性地记录整理，这些问题一般要在课堂上完成。

（9）主题班会，专题校会

每周例行的班会都由学生自己组织，其中一个主要内容是同学们交流学习体会，介绍各自学习的方法。专题校会是师生围绕课堂改革这一主题展开讨论辩驳、各抒己见的交流平台。

（10）建立互访互学机制

初一新招的学生，开始的两周，不是让其尽快进入上课状态，而是首先组织他们到初二、初三各班中去体验和感受。即便是平时，各班也经常性地派代表到其他班级"访问"；教师之间时时交流，互相听课、评课，从而达到共同提高的目的。

2.贵校改革的必要性

外部环境：在我曾去过的学校中，这所学校优美的环境给我留下了深刻的印象。再加上学校的硬件设施完备，是学生理想的选择。

校长理念：通过直接的接触，校长是一位很有教育情怀的领导。他办学校不是先考虑自己的经济利益的回报，而是出于对家乡教育的责任感。

教师意识：大多老师去杜郎口参观学习后应该有所触动，传统的教学观念急需转变。改变自己教育教学的现状，转变自己的教学方式方法，以更好的适应学生未来发展。我们培养孩子不能成为考试的机器，而是对社会有用的社会人。

三、改的效果

1.对于孩子"学习"的重要意义

2012年2月19日，广东茂名信宜市镇隆镇的家长反映，该镇的镇隆中学、镇隆一中两所中学的10多名初一、初二学生在晚应该回校上课时，却不见了踪影。学生集体厌学的背后说明了什么问题呢？我想，没有一个孩子会主动厌学，主要是我们的老师没有激发起学生学习的欲望和兴趣；深圳新闻网也曾报道：五年级学生体重80斤，书包在12斤左右。学生考到了98分仍厌学！如此种种的社会新闻，不得不引起我们家长和老师的反思：谁为这种教育乱象买单？

开放的课堂教学模式下孩子的成绩不会受到影响。从学会知识到会学知识，这个看似简单的顺序颠倒，对学生来说却是质的飞跃。学生从会做题到会讲题再到会出题，这是学习的三个层次，优秀的同学通过帮扶他人，对自己来说进步更大。兴趣是最好的老师。老师只要在保证兴趣的前提下，给学生自学方法的传递和指导，让学生在自我参与的过程中发现问题，找寻方法，他们便会把学习当成自己的事情，逐步提升自我能力。

有一个案例很能说明问题。在一所幼儿园里，老师说：孩子们，快到六一儿童节了，你想送给小朋友一个礼物，你会选什么？老师随手在黑板上画了一个圆，并且涂满了红色。老师的本意是想让学生说这是红气球。一位孩子说：这是苹果。老师说：你吃过这么圆的苹果吗？又有一位小朋友说：老师，这是乒乓球。老师说：你见过红色的乒乓球吗？小朋友说：我知道了老师，这是被染了红色的乒乓球；我们再反过来考虑。老师画了一个红气球后。孩子问：老师，您画的是什么？老师说：这不是一个很漂亮的红气球吗？孩子说：老师，我们好像没有见过这样颜色不均匀的气球。那么这时，我们的老师又会说些什么呢？所以，我们培养孩子的创新思维，就不能让孩子在课堂中囿于老师设好的固定答案。

2. 对于孩子"做人"的长远考虑

学习就是学习惯。我们培养的孩子应该是自信的学子，阳光的公民，培养适应社会的人。我在杜郎口应聘大学生的例子以及袁一鸣同学成长的例子就足以说明问题。

四、怎样改革

1. 学校会做怎样的改变促进课堂

座位的排放、黑板的悬挂，这仅仅是一种课堂形式。在这个形式的背后，关键是推出了学生学习的主体地位。当然这也并非是抹杀教师的作用。

2. 家长应该给予怎样的支持配合

家长应该理解并支持学校的改革。孩子是最有发言权的，当他一旦获得了自信的满足以及成功的认同，他便会从一个成功走向另外一个成功。

总之，家长的选择将对孩子产生重要影响。孩子在这种开放的课堂中得到的，不仅仅是学习的进步成绩的提高，更是自信向上的人生；不仅仅是身体成长，更是心理的健康人格的健全；也不仅仅是校园内优雅的环境，更是他们无暇的心灵和做人的提升。

六月

打捞记忆碎片，珍存那些幸福

6月1日　　您的爱我记在心里

今天是初三的二模考试。

第一场，同样是语文。

在经历了两个多小时的等待之后，我开始了繁重的改卷征程。此刻的心情是复杂的。既有一种想要了解学生考试情况的期待，又极不情愿的花费很多宝贵的时间用在阅卷上。不过还好，这次的语文试卷难度一般，容量也不是很大，所以阅卷任务相对要轻松一些。当然，这更多是进行自我安慰的话语，实际的工作量要远远大于美好的想象。

上午第二场，考物理。

我在九二班教师监考，在保证纪律不错的前提下，我随手拿出作文开始翻阅。时间的推移并没有让我感到监考的煎熬，而相反的是一种感动。虽然临考还有十几天，但是看来我不得不重新看待这些学生了。

本以为这帮孩子长久的不良习惯到最后也只能是"守株待兔"般的无望结局，没想到他们竟然也会"良心发现"，甚至竟有"痛改前非"的嫌疑。

ZWB是自初三下学期以来书写最好的一次，虽然我给了他46分，但进步已经很大了；HHJ绝对是这次作文的"黑马"，他放荡不羁的性格好像没有在乎过什么事情，而这次的书写和内容都用了心思，最终得分56分；最出人意料的是SCR，他是一个在班级被大多数同学排斥的对象，因为他的脾气和做事方式与他人格格不入，家长对他也几乎丧失了信心。看看在他的文章中出现的内容吧——

您的爱我记在心里

小时候，您对我的爱，我却当成了无所谓，现在我都明白了。

现在的我知道了，您让我洗菜是让我学会承担；

现在我也明白了，当我把四驱车弄丢后，您骂我是因为让我学会珍惜自己的东西。

小时候的我实在是太不懂事了，不会体会您对我的爱，让您操了很多心思，现在的我虽然还不是太懂事，但我已经知道了您的用心良苦了。

……

在物理中学到力的作用是相互的，在化学中学到，不管什么化学变化都是质量守恒的。我想爱也是一样，没有永远的爱也没有永远的被爱。爱是需要回报的。

努力吧，把握最后的10天，回报父母对自己的爱。

通过这次的模考，让我知道了，原来学生对关乎自己前途的事情还是非常重视的。他们的感情也是非常丰富和真挚的，只不过有时用冷漠的外表掩盖了本真的心灵。很想对即将毕业的同学们说上这样一句话：珍惜一切吧，你们会慢慢长大。

6月4日　老师，我们爱您！

上周五离校前，我和岑宾老师把本周毕业典礼的事宜做了安排。我班蒋捷同学负责写几个老师的介绍词，以下是她发给我的内容（个别做了改动）

我行走在幻境之界，打开了一扇门，里面是璀璨星河。一个个质朴的盒子缓缓启开，闪耀着的是一颗颗明珠。

（一）

我能看见您日日夜夜俯首案台前的身影，微淡的荧光将您照射，您在苦思冥想着什么？

您的身上有我们想学却学不来的智慧，您的话中有许多我们听过却没有悟出来的道理。

您应是少见像我们这般模样的学生吧？面对着我们幼稚的举止，您循循善诱春风化雨。

更重要的是，您身为第九位语文老师又是老班，让我们明白了：在"管"与"不管"之间，

有一个很美丽的词语叫"守望"。其实您一直在守望着我们的错误，也守望着我们的成功。

您让我们学会错误要自己承担责任，成功要自己把握机会，成长要自己经历风霜雨雪。

记忆中，您最常见的一个姿态就是凝望远方。您虽话语不多，却是一个感情真挚的人。

同事送的礼物，同学送的水果，班长送的温馨祝福语，都被您摆在案边。

您的率真和质朴已经影响到了我们。若干年后，我也想成为优秀的您——谢谢您，老班！

（二）

您不是天天把分数挂在嘴边的老师，也没有絮絮叨叨的叮嘱。

只适时提点一二，也绝不拖泥带水，一如您的教风。

您不擅措辞，却在球场上和我们一较高低。挥洒热汗，一身酣畅淋漓，好不痛快！

您浑厚的嗓音底气十足，让午后睡意朦胧的我们都在您一声吼中驱散了睡虫。

课堂上您竟是这般不苟言笑，却无人敢对您有任何的不尊重或公然叫板。

您对待我们向来都是有问必答，无半分倦烦。在您的带领下，我们的数学成绩稳步提升。

我们知道，在这份喜悦的背后浸透着您多少的辛劳与汗水啊！

听说您在孩子刚刚出生不久就回到了课堂，让我们甚为感动。

在此让我们深深的给您道一声：谢谢您，许启荣老师！

（三）

您是跟着我们最久的一位老师，我们三年的辛酸苦辣都由您记载。

记否记否？您日复一日地守候，毫无怨言。在深夜收到您发来的短信，这是常事。

您眼里似是一汪秋水望不尽的深远，

大多时候您默默地看着，看着我们这一帮"小兔崽子"，将我们印在心里。

您的一张嘴，从不肯稍稍放松，言语间掺着爱的狠冽。

我知道我知道，您从未停过一刻的松懈来教育我们。

那一次次恨铁不成钢的苦笑之后，您又何曾不牵挂着我们的成长？

您说您要将我们的一点一滴都记录在案，等十年以后让我们看看现在的傻样。

您说，即便您的心被我们伤的千疮百孔，仍要承受我们一次次无知的放纵。

您说："生时何必久睡，死后自会长眠。"您说："不要做思想上的巨人，行动上的矮子。"

您对我们说了太多太多，我不敢忘，您刀子嘴下的豆腐心。

谢谢您三年的陪伴三年的呵护三年的坚持，岑宾老师！

（四）

初逢时，您让我们大气都不敢出，

因为您对我们要求得很严格，

以至于胆小的我竟有时会恐惧您教授的学科。

后来您幸福地怀上了小 baby，

我们的相逢就此告上了一段落。

怎么会料到，最后一年的政治仍是由您来带领。

此时的您好似和原先不一样了，少了嗔笑怒骂，变得很是随和。

在我们"犯浑"时，您犀利的语言是其他老师所不及的。

我们知道，您是不甘看到我们就这么沉沦，您想唤醒了我们长久麻木的灵魂。

您的课让我们很投入，您的话语让我们很振作。

可惜的是，今后的我们不会再有您的陪伴——

但还是要谢谢您——龚婉芝老师，我们会永远记得您！

（五）

您伴随着我们两年了，您似乎是老师中经常被我们"欺负"的那个。

面对我们，您娇小的身躯驻守着强悍的灵魂，为了要让同学们听清楚，你不得要将嗓音提高八个调。

但我们许多无心之失，却给您带来了伤害。

您曾有过弃我们而去的念头，只是看到我们竭力挽求，您终是不忍心。

我们何曾不念您的好，您为我们深夜批卷，课下解答，

晨练时也总见您的身影陪伴着；

您为工作兢兢业业，为同学不厌其烦，

乐观善良的您总是笑着鼓励我们。从此，物理课成了我们喜欢向往的

时光。

章秋菊老师，请原谅我们对您的伤害。谢谢您甘心的付出与耐心指导；

难忘您甜美的笑容——

（六）

您总谦虚地说您的课不生动您上的不够吸引人，

在您得到好的学习方法后总是急于告诉我们，

一些好的课堂模式您也总是积极实践，

您时常对我们苦口婆心地劝导，

甚至很少对我们发脾气。

您想我们能主动学习体会到化学的乐趣。

您希望我们学的不要那么辛苦，那么枯燥。

您变着法地抓取我们的眼球，调节课堂的气氛，

等我们大多同学能够真正领悟到您的良苦用心，毕业的时间也到了。

不会忘记，您每日的"化学新闻"；不会忘记，您和善温柔的语言；

黄小燕老师，我们爱您——

（七）

您爽朗的笑声，幽默的话语，

在我们的脑海中留下一道道靓丽的风景线。

我们的体育课，是轻松的，是欢乐的，也是"残酷"的。

为了中考，每日的体能锻炼让我们苦不堪言。

但您总是能让我们"苦中作乐"，逗得我们以笑泯灭劳累的苦楚。

于是，总有那么多明知山有虎偏向虎山行的"勇士"追随者您的脚步，

也总有一小部分同学每天都要挑战您的侦察能力。

您一遍遍的叮嘱，都是为了我们能以好的身体状态迎接考试，不要做无

谓的牺牲。

考完了，您说您并不是那么在乎我们的最终成绩，

而是在这过程中，对我们品格的锻造。

体育成绩出来了，我们都很高兴，

因为正是有了您的严格，我们才会在众多的学校考生中立于潮头。

是啊，体育考完了，但坚持付出成了我们的习惯，我们也依然能感受到您带给我们的，

不仅仅是体育成绩，更是一种不甘落后勇往直前的体育精神。

感谢您，我们的党硕老师！

（八）

您强大的气场，足以征服我们每个人，

在您的眼皮底下，您敏锐的洞察力让我们不敢有半分懈怠想要逾越。

在您的课堂，您致力要让每一个人懂每一个问题，绝不能马马虎虎得过且过。

我们总能在您的课上找到欢欣鼓舞的原因，

您掷地有声的语言让我们牢牢记在了心里。

初中三年，我们并未因数学这一学科的乏味而放弃，也有您很大的功劳啊。

那时的我们越来越喜欢数学，也越来越喜欢有您的数学课。

即使现在您不再带领我们在学海中遨游，

但您铿锵有力的声音，独树一帜的风格，让我们铭记于心。

我们也知道，尽管这样，您的心始终是牵挂我们的。

您密切关注着我们的所作所为，为我们及时指点迷津，找到前路的方向，

有您的提醒甚至批评，我们也会感到安心；有您的鼓励，我们只能更加奋勇向前！

谢谢您，靳永利校长——

（九）

您虽然从未带过我们的课，却也时时为我们付出着。

还记得刚升上初三的我们，那么无所适从。

是您屡屡为我们召开咨谈会，认真地化解我们心中的埋怨。

您和善的与我们谈心，鼓励我们应该找到属于自己的位置，并要不断付诸行动。

您说即使是就剩最后一个月，也还有提升的空间，谁坚持到最后谁就是赢家。

印象中您似乎很少言笑，却把我们初中部管理的仅仅有条；

您严厉目光的背后，是对我们毕业班同学殷切的希望。

您语重心长地引导我们，让我们学会适应初三的生活，

不要为了其他琐屑的事情影响到自己的情绪。

秦晨虎主任，您辛苦了！

（十）

您是一位思想卓越的校长，更是一位称职的家长。

您用瘦弱的身躯撑起了我们思源人的一片天；

您用超人的毅力走出一片教改的广阔土地。

您为学校的发展费干了口舌，熬白了头发，花尽了心思。

您的心如茫茫大海，蕴藏着无限的能量，我们知道，那是源于信念的力量！

不管别人是否认同，您一如既往勇于创新，坚定不移地直奔心中的大海；

不管别人是否改变，您坚持不懈勇立潮头，用生命捍卫践行先进的理念。

若不是您，我们不可能在此相聚，相守，相惜；

若不是您，我们也不会收获这么多的欢声笑语。

您的思想，您的胆识，您的果敢，集汇成思源人辉煌的篇章。

感谢您，我们最亲爱的邓校长——

以上所有的老师们，我们爱您！有您陪伴走过的日子，是锦瑟华年中足以让我们珍藏一生，最美最好的留恋。

6月5日　　　生活，瞬间的思考

人生漫长的行程中，有一瞬间经历的快乐，有一瞬间承受的痛苦，也有一瞬间爆发出来的灵感与激情。萧伯纳曾说，人生不是一支短短的蜡烛，而是一支由我们暂时拿着的火炬。我们一定要把它燃烧得十分光明灿烂，然后交给下一代的人们。在如烟似雾迷梦一般的单程旅行中，谁也不会有太多的时间去怜悯你的苦痛，这需要你自己去体味生活的每一瞬间。

——题记

人啊人，一降生，就注定了在这个尘世上的位置，就注定了要担负一定的责任，就注定人生的喧嚣与摇曳，注定了在你的身边要发生些什么。琐碎而平凡的每一天里，我们冶炼着自己的心灵，丰富着自己的阅历，打磨着自己的躯壳；提升了的思想，增加了的智慧，雕塑了的灵魂，让我们豁达，让我们明智，让我们从容，让我们自信，让我们拥有无所畏惧的力量，让我们拥有勇往直前的勇气和宽宏大度的气魄。

岁月的车轮，滚滚而过，我们在慢慢长大，逐渐成熟；然而这只是所谓的成熟，但就是这所谓的成熟，就会让我们付出万分沉重的代价。人性里善良的本原，由此而支离破碎；人之初的秉性，也总有一丝恍惚的记忆，每每幻化成深夜里心中一个个迷茫的梦。

可是，没有人愿意放慢自己人生的脚步，总是在为自己想要得到的东西匆忙的追逐着，身心俱惫的我们很少有时间欣赏路边的风景。我们用辛劳的汗水浇灌出时代的印迹，但也只是一个不规则的符号而已，雁过留声人去留名的光环毕竟属于少数，在历史的长河里声名远扬的也总是为数不多。当我们真正能闲下来，当心思有了短暂的休憩，一个偶尔的回首，难免会有几丝遗憾几分伤感徘徊在心底。于是，心灵深处的那份孤独感，便蓦然间蔓延整个心房；倾刻之间，便能打破我们层层的伪装，訇然直击我们内心最脆弱的一隅。

人们总是在孤寂袭来的时候，任过往的种种快乐或忧愁翻滚着、升腾着交织成一网幽幽的记忆，而这记忆的网重又叹息着将我们深深浅浅的心意，延伸着伸向远方，而后弹响或浓或淡的心弦——不觉中我们的双眼已被世俗的烟雨紧紧地锁住，物欲横行的尘世亵渎了人们涉世之初的所有美好的天性，现在的人们只能默默的在每个黄昏里寂寥着，任郁闷的藤萝缠绵成袅袅的心事，造就一个个匆匆而过的影子，依稀在梦里。所有心底的柔和，只能在记忆的某个角落里悄然流泪，然后任其自由的泛滥，酿成或甜或苦的酒！

自认为，已经经历了人生中无数的不可能，世间一切，早已看的云淡风清，以为自此可以简单，可以从容。骄傲的灵魂，在现实的残忍中，在世人的眼光里，蒙上了忧郁的阴影；平静恬淡的外表下，那种难言的孤寂开始飘零，重又开始了新一轮的波涛汹涌。内心深处的涟漪，不再安于潜藏的姿态，悄悄漫过心底，浸湿了往日堕落的灵魂，在上天早已设好的局里踽踽独行，了此一生。我们都没有看透，是谁在最现实的红尘里付出了今生所有，又是谁在最后的午夜里松开了手；如果真的可以轮回，也许在数世的轮回中，我们的行为就不会再重复同样的错误？

迷路的心境揉和着黄昏沉沉的暮色，将孤寂的灵魂，放逐在天际的浮云间起伏着。深邃岁月中，把尘世苦闷化为绕指温柔。人这一生总有许多很玄妙的东西，如影随形。放逐心灵到天际，等待真心的回应，便可无愧地走过，有忧伤也有欢乐，但请不要让痛苦蒙住你清澈的双眸，不必让心灵的小舟从此歇航，更不可在忧伤中虚掷年华——因为一次的选择，就有可能付出自己余生的代价！生活磨平了我锋砺的棱角，岁月消磨了我青春的容颜，心底的徘徊泯灭了我往日的激情。我开始相信命运，以为这一切都是命中注定的，也许只有当生命的终止符贴满我千疮百孔的心时，我才敢于将内心的这份淡定，摊开晾晒；然而，在长满了岁月皱纹的额头上，早已分不清今天和昨天的界限！

放眼人生、剖读心灵，心灵最深处的徘徊，静静地展示了对生命的真诚，渐渐悟出的是一种生活的真实和生命的价值。

久违了，我真实的自己！当能微笑着应对这一切时，便也有了心灵最深处的徘徊与淡定！

6月6日　做一名让学生爱戴的老师

我是一名语文老师，这是我最本职的工作。语文课的本身就应该充溢着语文气，荡漾出文学的涟漪。我在同外校老师交流时，曾用两句话与诸位同仁共勉：一定要把语文课当成语文课来上；尽量让语文课上多一些文学的气息。

大家都知道，语文的外延等同于生活，这是一种教学的较高层次，也是语文课的旨归所在。学语文的目的终究是要服务于社会生活的，但这并不意味着语文课堂上就可以无限量的拓宽其外延。因为课堂的时间是有限的。我们就要在这段有限的时间内追求最大限度的课堂价值，为学生提供最优秀的学习资源，只有这样才能算得上是高效的课堂，才能获取真正意义上的课堂效益。

我们可以试想，如果学生的谈吐间简单的只能表达出自己的意思，那么我们可以视为这个人是一位凡人；如果学生能够运用适当的语言文字，更好的表达自己的思想，或摘经据典，或旁征博引，那样的学生有可能成为一名智者；再者学生能够有深厚的文学底蕴时，在他的身上我们看到的不仅仅是知识的力量，而是一种有魅力的内涵，只有这样的人才会成为哲人或伟人。往往这样的人言语不多，却能有"静观云卷云舒，坐看花开花落"的惬意和包容万物后"思接千载，视通万里"的豪迈。这样的课堂是何等的充实，因为每名学生和老师周身透露着儒雅的风范；这样的人生又将是怎样的幸福，因为与文学结伴，和伟人同行也将是一件很快乐的事情啊！

所以，我认为要想让学生喜欢语文课就要让学生首先喜欢语文老师。一个对老师存有成见的学生是很难对这科产生兴趣的。试想当我们的学生对老师达到了一种崇拜，甚至于顶礼膜拜的程度，我们还用再担心学生不爱学语文，或学不好语文吗？当然，要做有文学底蕴的老师并非是朝夕之功，需要我们有紧迫学习、自我充电的意识，只有文学的积淀到了杜甫"语不惊人"的程度，才会厚积薄发，在课堂上"指点江山，激扬文字"。古人云"朝闻道，夕死可矣"，由此，作为凡人中的一个小小个体，我们又有什么理由"据文学于千里之外"呢？

其次，我要争做一名有人格魅力的教师。文学的底蕴是成功语文教师的根基，而具有高尚的人格魅力，尊重学生无疑会拉近师生间的距离。走进学生的内心深处，与学生"同甘苦，共患难"，这种良师益友的身份恰是新时期每一名老师所必须要做到的。时代的发展对我们老师提出了更高的标准和要求。惟有人格的健全是亘古不变的底线。像"范跑跑""杨不管"似的老师，他们的所作所为，无疑是对教育圣土的践踏，和对教师职业的亵渎。

其实尊重学生是一个很简单，也是最基本的问题。假想当我们蜕去"教师"的神圣外衣，作为一个基本意义上的"人"，我们也要学会相互尊重。在教学中，很多时候，我们自我感觉对学生付出了"苦口婆心"，而部分学生却仍"执迷不悟""无动于衷"，原因就在与我们没有真正去尊重学生，或者没有想到一个适合的方法而已。

还有，就是我们很多老师所认为的"尊重""关心"，这样庄严的字眼，有时也被个别人赋予功利性的色彩。因为有时候，我们所谓的尊重其实就是针对于成绩好的学生，我们所付出的关心在个别时候也是考虑到自己的成绩不受太多的影响，这样的尊重与关心是一种"伪尊重"或是"假关心"。

我认为尊重学生最主要的是以诚相待，古人云"宽以待人，严于律己"就是这个道理。"心诚则灵"，用诚心相对，那么你就可以收获真诚；尊重的前提条件便是"用真诚换取真诚，用尊重赢取尊重"。这样的教育，又如何会丧失其原有的色彩与激情呢？

最后，我还想说一点，就是就要想让学生喜欢，我们首先自己要有乐观的人生态度，把最美的笑容留给学生，更不要吝啬你善意的表扬和及时的鼓励，我们每位老师如果能成为创造快乐的使者，就会消除倍受学生压抑的阴霾，因为人的情绪是可以互相感染的，快乐也是会一直往下传递的。

平日的工作中多一些幽默的言词，多一些灿烂的笑容，多几个会心的眼神，多几句宽慰的语言，甚至再多一些商量、询问，征求的口吻及必要的道歉表示，你会发现，你在学生心中的位置陡然间又高大了许多。

总之，成为学生最喜欢的老师不是一件容易的事，却可以成为最快乐的事，"人生无获，不索何求？"希望自己的生活可以活得更简单一些，自己的工作更快乐一些，前进的脚步更自信更坚定也更从容一些。

→ 6月7日　　忘却也是一种美

有一种心情叫释怀

当今社会，物欲横流，人们的生活工作学习节奏加快的同时，心情也变得愈加躁动不安。人乃七情六欲之身，又岂能避祸躲灾。情至深处难以自拔；欲至极处，也必遭后患。

大千世界中的芸芸众生，每天都在忙于自己的"经纶世务"，却很少有闲情逸致之时来品茗赏景，聊叙娱己。世事难料，又岂能苛求完美。

心路的历程似乎也很难与这个高速发展的社会接轨，反躬自省之余，我也常感叹这个时代的弊病：人与人之间的隔阂，社会上的网系结构，心与心之间的隔离，考虑问题的思前顾后，处理问题的顾此及彼，尤其是言语的谨慎与行为的敛收已经让现代人成为一种比机器更程序化的"物品"。之所以称为"物品"是因为人的"思想"也逐渐被一些"order"所指使得无所适从。这，莫不是时代的悲哀，更是整个人类的悲哀。

"释怀"不单是一种心境，而是一种思想的提升与行为的释放。释怀的心情需要的是一颗"不逐春风上下狂"的平静之心，需要的是"悠悠见南山"的安贫乐道之思。释怀是一种心情，更是生命的一种状态，常有释怀之心必有超然于物外之趣；常存释怀之情，必能有"心远地自偏"的宁静。

人生如秋，草木尽显其郁葱之态，在生命即将枯萎之时，其释怀于"春泥护花"之举，繁花似锦之季，蜂碟释怀于"采尽人间芳菲"之劳，世事万物,如有释怀之心,必能"容海纳川""阅尽人间春色"。

愿释怀之心人皆有之,愿释怀之人心常乐之。

忘却也是一种美

泰戈尔说过:世界上的事情最好的是一笑了之,不必用眼泪去冲洗。

"往事如烟俱忘却,心底无私天地宽",选择性的把痛苦忘掉,才能打开闭塞的心扉,恢复原有的性情,轻松踏上将行的人生之旅,快乐幸福也就会时刻陪伴着我们的生活。

逝去的岁月里或多或少会有一些不尽人意的事情发生在我们的周围,如果我们能将其放得下,那就可以称之为"幸福的忘却",因为忘记忧愁的日子的确是一种幸福。无论以什么理由,对过去的事耿耿于怀、怀恨在心是不值得的。多少潜留在我们内心深处的悔恨,多少永远难以平复的创伤,多少已经失去再也回不到我们生活中的人或事,侵蚀着我们生活中许多原本可爱美好的事物;于是,我们被自己深锁在自己内心的牢房、陷入苦恼的深渊,甚至无法为降临的幸福而感到愉快,怨恨像毒蛇一样紧紧地缠绕着身躯,把毒素种植到我们的生活的点点滴滴里,逐渐吞噬着残喘的生命!

忘却痛苦让胸怀更坦荡,让心情更豁达而明洁,一如傲雪的寒梅,在雪中坦然释放晶莹,骄傲地守侯着春天的到来,任寒风侵袭,不变的是执着,难改的是坦然;忘却痛苦,淡忘他人的无情与冷漠,一如心存高远的溪流,洗涤万物,荡尽黄沙始到金,任时光荏苒,一路欢歌,坚守自己不止向前的信念。

忘却可以使你不计宠辱,保持心境平和,是一种静待花开花落的从容、坐品云卷云舒的恬淡。当时光把痛楚的棱角慢慢磨平,只留下时隐时现的些许执拗;当一时的悲愤已幻化为平静,对往日俗事多了些宽容与谅解,过去的那些争执与猜疑随风飘逝。如果想快乐幸福的过日子,就要把注意的焦点放在曾经使你快乐的事情上,不管怎样的快乐都行;或者干脆憧憬未来的美梦,构想一下美好的未来,提早感受成功的快乐。

忘却曾经的痛苦,放飞压抑的心情,让久居内心的压抑和痛楚,在自由的空气里劲舞,让我们肆意享受驰骋的快乐,感受生活中温情的存在,快乐也就会犹如七彩的烟花一样,在我们生活的上空中绽放,透明清澈的心境在蓝色的天空中尽情的闪烁;忘却的智慧化作一只灵鸟带领我们穿越光怪陆离的霓虹与灯红酒绿,穿越红尘沉浮的大喜大悲,让我们的心境永远漂浮在平静快乐之中。

忘却生活曾给我们的不幸,轻装上阵,回归生命以自然,在纷繁复杂的社会上,保持一种最本真的生活姿态,避开一切庸人自扰的失去,小圈子里的恩恩怨怨,将烦恼化为一阵风拂面而过。用忘却的心境对待锱铢必较,用忘却的心境对付蝇营狗苟。以忘却回避所有可以伤害到残存的记忆,只保留生活中的真与美。

苏格拉底曾经对一位生活几近绝望的年轻人讲过着样一个故事:

有一次，苏在商店看中一套高贵的衣服，爱不释手，店主问他要不要，你猜他怎么说？他说质地太差，不要！其实，并非真的是质地的原因，而是他口袋里没有钱。苏对年轻人说，也许你就是这件被遗弃的衣服。年轻人说：您真会安慰人，可惜您还是不能把我从失落的痛苦中引出。苏：时间会抚平你心灵的创伤。年轻人：但愿我也有这一天，可我的第一步该从哪里做起呢？苏：去感谢那个让你失望的人，为他祝福。年轻人：为什么？苏：因为他给了你忠诚，给了你寻找幸福的新机会。

生活中，有些事情我们应该永远的记挂，亲人的呵护，朋友的帮助，陌路的恩惠——而有些事情我们还是忘记的好，误解、欺骗、伤害、失去——所有这些，如果一直耿耿于怀，念念不忘，就等于拿了别人做错的事情来惩罚自己，这又何必？其实，忘却是一种生存的智慧！

6月8日　挣脱生命的束缚

有感于一个故事

这是一个听来的故事：

清觉禅寺的心明禅师，是一位盲人，他悟性很高、感应灵敏，对禅对世间万象有另一种"察觉"和体悟。而他脸上常年挂着祥和的微笑，更是令人为之动容。

有一天，心明禅师正坐在寺院的石凳上晒太阳，有一位信众看到他笑眯眯的自在相，就问他："您老笑什么呢？""笑这明媚温暖的阳光！"心明禅师随口答到。

有一天，阴雨连绵，心明禅师坐在禅房里参禅，一位前来上香的居士看到他笑眯眯的恬然的样子，就问他"您老笑什么呢？""笑这润物无声、金贵如油的春雨！"心明禅师顺口答到。

又有一天，寺院里游人稀少、冷冷清清，心明禅师在寺院里悠闲漫步。有一位前来挂单的云水僧看到他笑眯眯的神情，就问他："您老笑什么呢？""笑那高山流水、笑那鸟语花香！"心明禅师随口答到。

还有一天中午，心明禅师坐在一棵树下打盹，有一位女施主看到他打盹的时候还笑眯眯的样子，就问他："您老笑什么呢？""笑你看我时怪怪的表情，笑我又将有个美丽的梦心境！"心明禅师顺口答到。

听罢这个故事你作何感想呢？人这一生注定要经历许多的磨难，也这是这种被称为磨难的东西，让人的这一生从此丰富多彩起来。人都是感情动物，都向往拥有平静的幸福，然而事实上正是因为人类丰富的感情才要经过不断地历练、磨练，只有经历痛苦、经历挫折，才有对人生更深入的认识，才能在认识中不断地充实提高。"不经历风雨，怎么见彩虹"，是否我们也应该学习心明禅师的境界与悟性做到"宠辱不惊""不以物喜，不以己悲"呢？鹰击长空的胸怀是何等的博大，驼涉沙漠的毅力耐心是何等的让人敬佩，动物尚且如此，人何以堪？

我们很幸运的成为人，这地球上最聪明最智慧的生物；又很幸运的活着，既然活着占据了一个生命的位置，就要好好的珍惜。

我们要紧握住自己所掌握的能力，不与任何一个机会错失，奏响黎明前的号角，高唱我们人生战斗的凯歌，在困难中挺进，在困惑中摸索，在光明中前行，向着胜利推进！

生活杂记

生活中、事业中难免会有一些不顺心之事，不顺耳之辞，当然也少不了不顺眼之人。这些都属正常。

社会群体的构成本身就容纳了个体特征的存在。有些人、有些事并非我们所想象中的那样完美。可事实上，我们每个人都在尽力追寻一种趋于完美的可能。这也属正常。

往往，由于个体的差异，个性也会成为外显的存在。不苟同、不趋从尊为一部分人的生活信条。这是再正常不过的事情了。

何必在"举杯浇愁愁更愁"的愁闷中凄切，殊不知"是非成败转头空"后的洒脱；又何必有"小园香径独徘徊"时的哀怨，倒不如"便引诗情到碧霄"的豁达。一定要知道，生活中本来就有很多难以言表的潜规则存在。

苏轼的大江东去，洗尽了多少人间浮华；李白的对酒当歌，吟诵了多少世间情愁。古人能有如此心境，今人又有几人能随？或许我们没有苏轼的豪放，没有李白的浪漫。也或许鲁迅沉默中的呼喊，不是宿怨，是真性情的迸溅。

在熙熙攘攘的尘俗中，难得有一份安适清闲的心境，寄情游云，对饮晴空，一袭暗香盈袖，一轮皓月当空，再约挚友几人，聊叙心迹，则心旷神怡，其情远矣。

这样的生活，还很遥远么？

→
6月11日　原来幸福可以如此简单

写在雨天

又到了周一，今天已是六月十一号。

明天学生就要离校了，两天后的此刻他们正坐在中考语文的考场上。

天上下着蒙蒙的细雨，楼层的外围顺淌下续断的雨帘，一如我扯不断的思绪。一阵风吹过，楼外的白玉兰树上洒下让人愈加烦躁不安的雨滴。

人活一世，草长千秋．日月的轮回就这样永不停歇的进行着。不管你是快乐着享受生活，还是痛苦着苟且偷生，残喘于人世间，生命的进程都如河水般留过，没有回转的可能，没有商量的余地，更没有因你感情的蜕变、意志的转移而改变其既定的方向。

生活就是这样刚正，它带给每个人的是一个完整的躯体和有着足够发展趋向的空间；生活又是如此的不公，它吝惜地给了每一个人所不同的机会，不仅让你有别于他人的均等，又使得再高贵的人也有致命的缺憾。这也许是我的怨天尤人，又有可能是宿命论的一种自我开脱，但不管怎么说，该拥有的一定要尽力去争取，该放弃的时候也要学会让自己变的洒脱一些。不要为一时的得失斤斤计较，也不要被一时的胜利冲昏了头脑。

坐在办公桌前，两眼呆望着窗外，我的心早已游走到另外的一个时空。

也是一个细雨迷蒙的季节里，在一棵粗大的合欢树下，有一个壮志未酬的少年。伫立凝望着远方，他的目光是坚毅的，是无须质疑的，甚至是可以穿透时光的甬道，到达曾经让自己心灵悸动的理想彼岸的。

"自在飞花轻似梦，无边丝雨细如愁"思绪就这样越飘越远，越想越模糊起来，就连先前曾经在脑海中出现过几千次几万次的身影，在心底存蓄了日思梦萦的脸庞也变得黯淡无光，许是时光的流水早已冲涮了记忆的沙滩，许是人情的冷眼早已习惯了冷漠，熟悉了忘却。该去的去，该来的来，该留的留，该忘的忘——

好象是年龄越长，思考的越多，忘却的时间也就越短，我实在不知道这算不算记忆的规律或遗忘的法则，因为现在的社会有太多不能用惯用的思维去思考。这是时代的弊病，更是人类的悲哀。

我知道窗外的雨还在不停地下着，学生们也都在为中考做着最后的准备。离别是再所难免的，竞争更是无处不在的。

雨天有雨天里的心情。在这个平常的雨天，我的心经历了一次不平常的旅行……

打捞记忆，珍存幸福

我们大多关注储存的财富多少，却很少会想到储存记忆的美妙。储存记忆是一项很辛苦的劳动，也是一件很幸福的事情。

——题记

初次看到《读者》中"打捞记忆"的标题，感觉很温馨很熟悉，就如同与一位久别的老友重逢后的默契。

记忆是怎样打捞的呢？请看这样一段文字：

写作是一项留有个人记忆的行为。一个人的贫富贵贱，也无论活得幸福还是痛苦，每个人只能成为自己，而不能成为别人。确定究竟是自己，还是他人，主要依靠自己的个体记忆。也就是说记忆使我们每一个人有别于他人的存在，写作时珍藏记忆的最好方式。

的确，一个人如果回头一想，自己经历过的事情没有记住多少，那说明，或许这个人的一生本来就是如此苍白；抑或者，自己的人生本身不乏精彩，因为自己的遗忘，而变得苍白了。而一旦人生变得苍白，我们的生命就少了很多应有的色彩，每天都是在浑浑噩噩的简单重复中度过了。

写作便是不断打捞记忆，从而拒绝遗忘的一种有效方法。对于教师又何尝不是，在教授别人知识的同时也收获了自己的记忆的喜悦，在给学生提供人生经验的同时，自己也在阅读世界、发现世界，从而阅读自己、发现自己，以此确定自己和世界的关系，以及自己存在的价值（人生真的奇怪，自己存在的价值总是要在别人身上体现出来）。

原来幸福可以如此简单。只需要我们用一支笔随时记录下自己的成长足迹，在回忆的打捞中悉心体味生活带给我们的乐趣，这种乐趣不是转瞬即逝的，而是愈经历了时光的打磨，它越会在我们的心底沉淀为一种永恒的景致。文字的确有这般魔力的，它可以化无形的言语为有形的存在，将打捞出的记忆晾晒出阳光的味道。

这——便是幸福。

6月12日 感恩生活

（一）

匆促之间，半年的时间已过，日历在不经意间翻到了 6 月 12 日。我来广州思源，正好是四个月的时间。

本学期的工作在紧张忙碌中即将归于片刻的平淡。回望来路的足迹，深浅之中少有逆行的改变。于是我暗自庆幸：我一直在走着属于自己的路。

在所有的脚步中，也许有如音符般的欢快，那是得意时的忘形于外；也许有残月般的缺憾，那是跌足时的模糊记忆；或许，还如铁杵般的沉重，那是迷惘途中举首前路的思索。

风雨泥泞中，我们一路走来，没有回旋的机会，更没有放弃的可能，正如斯科特与阿蒙森探险路上的角逐，在没有硝烟的战场上，比的是智慧、精神和魄力。人生的字典上本不该有"失败者"的名词，因为经历的本身就是一笔财富。

有些许遗憾的是，在教育"屋檐下"的众生早已习惯于讨来的甘醴，很少去追忆曾经的宏愿。于是，便有不少施舍者重演着"嗟食""盗水"的闹剧。孰不知，在这种惯有的举止强化下，原有的"不可能"就逐渐被"可能"所替代，后来就演化成了评价此类人时所谓的"高素质"。年与时驰，意与日去，此类人的思想完全被别人所取代，表面看似驯服的面孔下终究掩盖不了麻木的心。

在这个万物共存的社会中，我们从不否认的是，人与人之间必有一种相互依附的关系来维系。社会生活的节奏不允许我们有丝毫的倦怠，大多匆匆赶路的人中，就少有人伫立思考：我将要去哪里？怎样走才能更快地到达？只是等到站牌已过，才陡然发觉自己搭错了登程的列车，这种悲剧的上演只能说明：我们还不会走路！你能怪列车行驶的路线吗？你能怪目的地的位置吗？

一句话：朋友，走好自己的路！

（二）

生活就是这样的。我们谁也无法提前预想明天会是怎样，只有今天才是自己可以把握的。而就是今天，我们也无法完全左右自己的行动。因为我们每一个人都不是孤立存在的，除了我们自己，还有亲人、朋友、同事、陌生人等等充盈于我们生活的范围内。有时我们会感觉到很累，好像只有呼吸时属于自己的，于是呼吸声中就多了一份沉重的叹息；但不管怎么说，父母赐给我们生命的同时，就赋予了我们生的权利和活的意义，我们还有作为儿女应尽的义务。正是这份责任感，让我们不得不清醒自己的头脑思考自己的行动，应给他人带来哪些有益的帮助或无益的损伤。

生活的色彩原本没有太多修饰的必要。它本来就是多彩交织，不用我们费心的勾勒与渲染。在享受自然享受生命的同时，我们能明显的感受到生活之于每个人都是那样的友好和善。即便有些所谓的"打击"也是人生中一笔不可缺少的财富。所以，感恩生活让我们成熟，感恩工作让我们睿智，感恩父母赐予我们生命，感恩自然给予我们生存的空间……也许在怀揣感恩之心的同时，才会有"心无杂念天地宽"的惬意，才会做到"凡事从理解和爱出发"，对事坦然从容，对人豁然大度。

6月13日　　假如有一天，我离开了您

自2012年2月10日来到广州，到今天终于写完了20万字。再做整理后，这应该是我的第三本书。

第一本《高效课堂》由科学出版社（龙门书局）出版于2010年5月，是集合了我参加工作九年的材料，内容涉及学校教改历程、学科管理与教学、班级管理等，现在看来，那本书的部分内容还有不少稚嫩的地方，但毕竟是自己心血的结晶。经两次修版后，内容对想要进行课堂教学改革的学校有一些诚恳地建议。

第二本《杜郎口密卷》是2012年3月由中国出版集团现代教育出版社出版的。主要是收集了我上的一些语文课堂的实录和课堂设计，虽学科特点比较明显，但内容相对比较单一，可能更适合语文教师参考借鉴。

而这一本书是我自2012年2月10日来广州，历时四个月，写就的教学日志。内容涉及班级管理、学科教学、教研活动、教师成长、学校发展等诸多方面。以日志体随笔的方式，真实记录了我在思源的教学心得及管理实例，对于尝试开放式教学，强化班级管理，探索学校可持续发展的管理者及各位教师的都应该有所思考。

对于一个打字速度很慢的我来说，这本书更凝结着自己的一番心血。记得来广州之前，我在心里暗暗给自己定下了一个目标：每周坚持写一万字，记录下我在广州的点滴。在广州一个学期的时间，几乎周一到周五的每个晚上，我都会梳理一下一天的工作。平时担任初三两个班的语文教学，一个班的班主任，除此之外，还要随时到初中、高中的课堂中去查课、听课，与上课老师进行交流、座谈，时间很紧，工作也很充实。虽然我在班级管理和课堂教学上仍有不小的缺陷，还没有取得太大的成绩，但我一直在努力。最终学生对我的信任度和认可度也较为满意。

现在，我的打字速度也有很大的提高。虽然现在仍然不能盲打。但打字时看着一个个文字如同精灵般跃出，真是一种享受！

眼看着，这学期就要结束了。我的博客也将暂停一个时期。当得知下一个学期还有很大可能在广州的时候，我突然想起两年前写过的一篇文章，送给我的灵魂栖息地——杜郎口中学，也权当做为一个小节——

假如有一天，我离开了您

假如有一天，我离开了您，绝不是因为您名字的平凡，在中国素质教育的背景下，您的名字被赋予了太多太多不平凡的含义。作为我，一名普通的教师，您名字的含义将给我终身的体会，也让我终生铭记。

假如有一天，我离开了您，也不是因为您守候在这贫瘠的黄土地，在新课改的春风吹拂下，无数教育界的信徒踏上您这片教育的圣土。您是教育者精神的家园，我会永远用心守护属于您的宁静。

假如有一天，我离开了您，并非我心中生出了无端的苦闷，您作为中国农村名校的代言，每天用笑脸迎接来自祖国四面八方的宾朋。我又怎敢以您主人的身份自居？您强大的羽翼包裹了太多的柔弱，却实在掩盖不了我自惭形秽的躯体。

假如有一天，我离开了您，也许是因为我懂得了生存和生活是两个完全不同的概念。我并非为了生存而活着，所以我想换一种思考的方式来生活。我可以不读书，我可以不写作，但我不能不思索。久栖于此，我的身融入了您，是您其中的一分子，可我的心却总浸泡在彷徨的沼泽里；更可悲的是，这种彷徨不是因为您给我的心情，而是我自己给自己的思索。

假如有一天，我离开了您，是因为我不想因为自己的无知的彷徨亵渎了"教育"这个神圣的字眼，更不想因为自己每日的辗转无奈而成为您身上一处难以拂去的疤痕。我怕，我怕一曲好的歌舞，会因为我无意中不和谐的音符介入，或不经意间的举止而难登大雅之堂，这会是您的遗憾，也将成为我再难弥补的罪过。

假如有一天，我离开了您，不是因为您明灭难辨的身影和少有出现的神情，而是我想以更快的步伐追赶您的身影，用自己些微的进步给您增添点滴的喜悦。

假如有一天，我离开了您，您要清楚地知道：我的身体属于我的亲人，我的思想会忠实于您，可我的灵魂、我的心只能也只会属于我自己。

假如有一天，我离开了您，完全是因为我的无能令我丧失了归属于您的勇气，而非他人所言的你的刻薄，使我畏惧于自己的存在给您的价值和意义。

忆数昨日，您给我的温存，您给我的机遇，让我度过充实的每一天成为了今天的我；您对我的严格，您对我的磨练，让我勇敢面对周围一切的纷繁复杂，让我坚强面对我身边的困难和不幸。您对我的考验是从结识您进行的，我对自己的挑战，从离开您的那一刻，才刚刚开始。

假如有一天，我离开了您，并非是出于一时冲动，更不是我对您的背叛和无情，而是我固有的率直秉性，让我的抉择变得从容而淡定。

假如有一天，我离开了您，试想您也不会因我的鲁莽而不解。我能理解您历经十年的伤痛，可属于我自己的苦衷您永远不会懂。

悉数与您有关的每一个昨日，一切的美好被定格在记忆的相册里，任岁月的磨砺抚平时间的纹理，我会清晰地记得 2001 年 9 月 24 日我走进您靠近您的温馨，定会时常想起您领域内的每一寸土地。在那里，我品过甘苦，尝过酸甜，洒下过汗水，付出过心血，收获过喜悦。与您相伴的每一个日子，都令我有过难以言表的幸福感觉充实着我。

遥想明日，当我与您挥手作别的一刻，您双眸里是否也会留有闪光的泪痕。不，这不是我想要的结局，我期望的结果依然是您真诚的灿烂，抑或对我祝福的言语。

假如有一天，我离开了您，我的脚步会匆匆而逝，但请您不要忘记，这远行的脚步会在您的凝望中留下坚实的印迹。我的作别是暂时的调节，不是久远的舍弃。试想某一天我会在一个不知名的远处，眺望有您的方向，也会在您将要把我忘记的时刻，送上我的祝福；但是，请您明了的知道，当我踏上远征路途的那一刻，我不再是您心目中的我，而您也将不再是我印象中的您！

我们相守的日子毕竟是有限的，别离的岁月却是无期的。在离开您的日子里，我不会忘记您曾对我悉心的叮嘱，更不会忘记您留给我的精神财富。您的理念是我的教学思想的支柱，您的精髓更不会随时间的洪流隐退在历史的舞台上。

假如有一天，我离开了您，我们都会知道，相识是一种缘分，相知是一种默契，相惜是一种尊重，相离莫不是另外一种意义上的珍惜。我曾经辛苦的付出过，是因为我不止一次的憧憬过有您的幸福，我也快乐的收获，是因为您对我的给予远远超出了我的想象，使您促发了我对教学的思考，促进了我对课堂的研究，更增添了我面对挑战的勇气。

假如有一天，我离开了您，请用您有力的手臂送我踏上启程的列车。不要，请不要用失望的眼神看我，更不要对我摇首叹息，请您谅解我辞别的心情。我的离去可能辜负了一脸真诚、满怀期待的您，却是为了活出真实的我自己。还是让我们举杯共饮，互道珍重，用共同的心声祈愿：我们的明天会更好！